저금리 시대, 당신이 꼭 알아야 할

채권투자의 비밀 수정판

손진흥 · 박성규 · 양철욱
장동혁 · 조경신 · 최성욱

지구문화

머리글

2016년 금융투자회사에서 채권상품 업무를 하고 있는 비슷한 또래들이 모여서 해외채권 관련 스터디를 시작했습니다. 해외채권이 워낙 생소하다 보니 각자 일을 하면서 해결하지 못했던 고민들을 공유할 모임에 대한 갈증이 있었고, 보다 안전한 해외채권을 고객들에게 안내하겠다는 의지로 똘똘 뭉쳐서 고민을 풀어냈습니다.

우리나라의 채권시장 규모는 2015년 말 기준 약 1,780조 원(잔존 발행액)의 시장입니다. 일반인 들이 친숙해하는 주식시장(코스피+코스닥)의 시총(시가총액) 규모가 1,444조 원이라는 것에 비하면 더 큰 시 장이라고 할 수 있습니다. '채권은 어려워', '채권은 진짜 돈 많은 사람들이 투자하는 거지, 내가 무슨 돈이 있어 채권투자 하겠어?'라는 인식 때문에 주식을 비롯하여 예금이나 펀드에 비하여 채권은 대중들에게 아직은 낯선 투자상품입니다. 하지만 개인들도 안정적인 투자 포트폴리오를 갖추기 위해서 채권투자의 필요성이 크게 대두되고 있는 현실이기 때문에 필자들은 부족하나마 가지고 있는 자료와 자원을 최대한 활용하여 개인들도 가능한 한 쉽게 채권투자를 시작할 수 있도록 책을 준비하였습니다.

이 책 Ⅰ장에서 Ⅲ장까지는 채권이 과연 무엇인지, 채권에 대한 기본적인 내용을 최대한 직관적으로 쉽게 이해할 수 있도록 설명하였습니다. Ⅳ장에서 Ⅵ장은 실제로 채권에는 어떤 상품이 있는지, 투자사례 중심으로 설명하였습니다. 특히 최근 해외투자에 대한 내용을 자세히 설명하였습니다. Ⅶ장에서 Ⅸ장까지는 심화된 내용을 가볍게 읽어도 숙지되도록 구성된 내용들입니다. 부록은 실제로 증권사에서 채권업무가 어떤 것인지 설명하고, 이에 대한 내용을 Q&A 방식으로 설명하였습니다. 마지막으로 금융/채권의 용어해설을 정리함으로써 완전한 채권투자 교과서가 되도록 노력하였습니다.

1년 넘는 동안 함께 고생한 필자들과 책 쓰는 일에 전폭 지원해 준 교보증권/미래에셋증권/신한금융투자/유안타증권/한국투자증권/현대증권 채권 · 자산금융 본부장님들을 비롯한 채권마케팅부 부서장 선배, 그리고 동료 여러분들께 심심한 감사를 드립니다.

그리고 주말마다 이 역적모의(?)로 소외시킨 필자 가족들에게도 바다같이 넓은 이해를 구합니다, 또한 이 책이 햇빛을 볼 수 있게 큰 그릇에 담아주신 지구문화사 임직원, 편집디자이너, 삽화가 등 애쓰신 모든 분들께도 심심한 감사를 드립니다.

끝으로 이 책을 통해서 채권투자 업무를 하는 채권투자맨은 물론, 대중들이 채권투자에 대한 관심과 이해가 높아지길 바라며, 아울러 우리나라 채권투자분야, 나아가서 금융시장 발전에 또 하나의 디딤돌이 되기를 기대해 봅니다.

기해년 중추에

필자 대표

차례

Contents

차례

Contents

I

현명한 채권투자를 위한 기초지식

증권사에서 채권관련 일을 한다고 하면 지인들 중에 꼭 되묻는 경우가 있습니다.

"증권회사에서 주식이 아니라 채권을 한다고? 사람들한테 빚 갚으라고 독촉전화하고 찾아 다니는 건가? 정말 힘들겠다."

많은 사람들에게 '증권사' 하면 떠올리는 것이 여전히 주식일 것입니다. 아직 채권이 대중에게 여전히 낯선 존재인 것을 잘 알고 있습니다. 마치 사채업자들과 연관이 있을 것으로도 짐작하며 걱정해 주셨던 분들도 이 책을 한 장씩 넘기면서 "나도 채권 한 번 해볼까?"라는 생각을 하실 수 있도록, 익숙지 않은 그 길을 안내하고자 합니다.

이를 위한 준비운동으로 첫 장은 따분한 이론이나 공식이 아닌, 채권 투자자들이 문의해 오는 가장 빈번한 오해들을 바탕으로 한 기초지식들로 구성하였으니 가벼운 마음으로 페이지를 넘겨 봅시다.

1. 0.1%가 아쉬운, 바야흐로 채권의 시대 : 채권이란?

많은 사람들이 흔히 은행은 예금처럼 안정적인 금융상품을 취급하는 곳인데 비해 증권사는 주식, 펀드나 **파생상품** 등 높은 위험이 있는 반면에 높은 수익을 추구하는 금융상품들을 공급하는 곳으로 생각하곤 한다. 사람들이 '증권사=위험'이라는 공식을 떠올리는 것은, 증권사가 취급하는 안정형 금융상품인 "채권"에 대해서 알지 못하기 때문이다.

은행의 안정형 금융상품인 "예금"이 예금보험공사가 원리금 5,000만 원까지는 보장해 주기 때문에 사람들은 모든 은행 금융상품들을 안정적이라고 여기곤 한다. 반면에 증권사에서 대한민국 중앙정부 또는 지방정부가 발행하는 채권에 투자할 경우 투자금이 1억 원이든 100억 원이든 원금과 이자 전액을 보장받을 수 있다는 사실을 알고 있는가? 이러한 사실을 감안하면 채권투자의 매력이 조금씩 눈에 들어올것이다. 하지만 곧 이런 의문이 들 것이다.

"국채는 돈이 정말 많은 사람들이나 하는 것이 아니냐?"

그러나 이런 편견과는 달리, 채권투자를 하고자 할 때 많은 돈이 필요하지는 않다. 증권사는 단돈 천 원단위로 국채와 지방채 및 우량 공기업채권, 그리고 회사채 등을 팔기 때문이다.

간접 금융(예금/대출)과 직접 금융(채권매매)의 비교

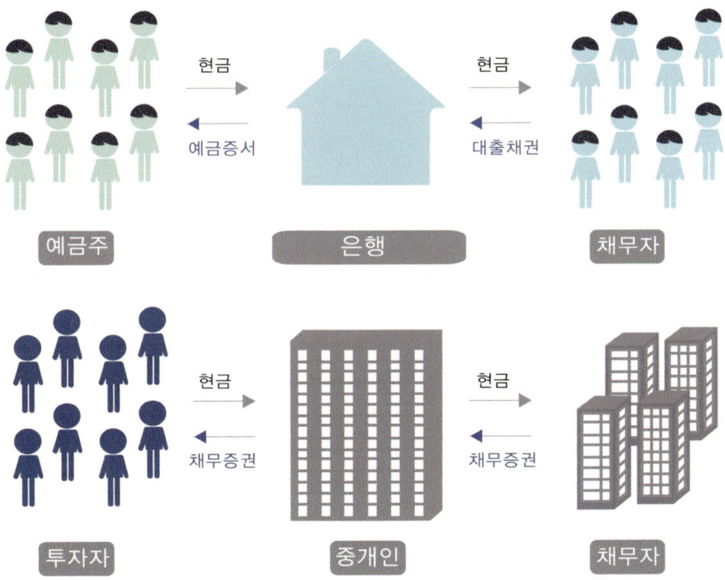

채권은 또 난해한 금융상품일까? 은행의 대표상품인 "정기예금"의 구성과 채권의 기본적인 구성에는 큰 차이가 없기 때문에 채권은 그다지 어려운 금융상품이 아니며 오히려 은행에만 투자하는 "정기예금"과는 달리 국가, 공기업, 금융회사, 그리고 일반회사 등 다양한 투자처를 제공 하기까지 한다.

위의 그림처럼, 정기예금은 예금주가 은행에 돈을 빌려 주는 구조이다. 은행은 예금주들에게 받은 돈을 대출자들에게 다시 빌려 준다. 예금주는 대출자가 누군지 몰라도 상관없다. 어차피 예금주에게 정기예금의 원리금과 이자를 지급해 주는 상대방은 은행에서 돈을 빌린 대출자가 아니라 은행이기 때문이다. 은행은 예금주와 대출자 사이에서 자금을 중개해 줌으로써 양쪽의 금리 차이를 수익으로 한다.

그 반면에 채권은 예금주와 대출자 사이에 존재하는 은행이라는 장막이 거둬진 것이라고 보면 된다. 채권시장에서 예금주는 채권자라는 이름으로 불리게 되는데, 채권자는 직접 자신이 돈을 빌려 줄 대상(대출자=채권시장에서는 채무자)을 고를 수 있다. 즉, 발생 가능한 대출자의 부도 위험을 은행이 대신 감수해 주는 것이 정기예금이라면, 채권자가 직접 채무자의 부도 위험을 감수함으로써 보다 높은 이자를 받을 수 있는 것이 채권투자이다.

채권과 예금 모두가 정해진 기간 동안에 돈을 빌려 주고 만기가 도래하면 원금과 이자를 받는 것은 비슷하지만, 구조가 매우 단순한 정기예금에 비해서 채권은 이자지급 방식이 다양하고 시장에 다양한 잔존 만기 채권이 유통되고 있기 때문에 더욱 투자자에게 적합한 포트폴리오Portfolio 구성이 가능하다.

정기예금과 채권의 비교

항 목	정기예금	채 권
만 기	고정 (은행이 제시)	고정 (채권시장에서 다양한 만기 선택이 가능)
이자 지급	만기일시지급	정해진 주기로 지급 (1/3/6개월, 만기일시지급 등)
중도 매도	가능 (원금과 소액의 이자만 지급)	가능 (금액은 수익 또는 손실 사이에서 변동)
부도 위험	은행이 감수	투자자가 직접 감수
예금자 보호	명의당 5,000만 원까지	없음

또한, 채권은 중도 매도가 가능하며 부도 위험을 투자자가 직접 감수하면서 다양한 발행자의 채권에 투자할 수 있다. 정기예금과 채권 모두가 만기까지 보유하게 되면 약속한 원금과 이자를 지급해 주는 것은 같다.

하지만 정기예금을 중도에 찾고자 한다면 이자가 거의 없는 원금 수준만 돌려받게 되는 반면, 채권은 중도 매각 시에 예상했던 금액보다 높게 팔 수도 있다.

따라서 투자자는 본인이 감내 가능한 기간과 부도 위험을 가진 채권에 투자하면서 만기보유 시의 원금과 이자금액을 확정하고, 한편으로는 만기 이전이라도 중도 매도가 유리해지는 시점이 오면 채권을 중도에 매도하여 추가적인 이익을 얻는 것이 채권의 기본적인 투자 전략이다.

대부분 대형 은행들의 예금상품은 은행의 신용으로 비슷한 금리를 제시하기 때문에 다양성이 부족하다. 그 반면에 채권은 투자자가 직접 채무자의 신용을 선택하게 되므로 채권들 간의 금리 차이는 큰 편이다. 따라서 투자자 판단으로 부도 위험이 낮다고 생각되거나 부도 위험 대비 금리가 높다고 판단되는 채권에 직접 투자함으로써 예금금리 이상의 이자를 기대해 볼 수도 있다.

2. 사자마자 손실인가요? : 채권의 매매가와 현재가

위의 사례는 채권을 처음 투자하는 투자자들이 흔히 경험하게 되는 사례이다. 대부분의 경우에, 채권은 사자마자 손실로 표시되는 경우가 많은데, 이는 계좌에 현재가로 표시되는 민평가보다 채권의 매수단가가 더 높기 때문이다. 그렇다면 왜 매수단가가 민평가보다 높은 것일까?

증권사의 소매채권 부서는 고객에게 채권을 판매하기 위한 목적으로 장외채권시장에서 일반적으로 100억 단위의 채권을 매수한다. 이를 고객들에게는 최소 천 원 단위부터 판매하게 되는데, 장외채권시장에서 100억 미만의 수량은 거래가 원활하지 않으므로 제 값에 거래하기가 어려워지며 다 팔지 못하고 보유하게 된 채권은 금리 변화에 따른 가격 변동 리스크 등 다양한 리스크에 노출되는 어려움이 발생한다.

마치 우리가 시장에서 도매로 물건을 사서 소매로 물건을 파는 유통구조를 떠올리면 되는데, 예컨대 한여름에 마트에서 파는 수박을 생각해 보자. 마트는 도매시장에서 낮은 가격으로 다량의 수박을 들여와서 이를 소비자들에게 높은 가격으로 판매한다. 하지만 수요 대비 너무 많은 재고가 쌓여서 다른 곳에 되팔아야 할 때는 어떨까? 가지고 있는 수박을 다른 데다가 다시 팔아야 하는데 박스째가 아니면 제 값에 되팔 수도 없고 시간이 흐르면서 결국 수박은 썩어 문드러져 버릴 것이다. 수박 판매를 통해 얻었던 마트의 일정 이윤 부분은 이렇게 수박이 팔리지 않아서 발생하는 문제에 대한 대비이기도 하다.

위와 같은 이유로 개인 투자자가 증권사에서 채권을 살 때는, 도매가격인 민평가보다 비싸게 사게 된다. 또한 개인 투자자가 채권을 중도에 매각하는 경우에도 도매가격인 민평가보다 싸게 팔아야 하는데 그 이유도 비슷하다. 증권사 입장에서 불필요한 재고(팔다 남은 채권 또는 고객이 중도매도한 채권)를 가지게 되는 데 따른 각종 부담에 대한 대가를 요구하는 것이다.

그렇다면 민평가와 매매가 사이의 차이는 모든 채권이 동일할까? 먼저 매수가의 경우는 증권사별로 민평가와의 차이가 다를 수 있다. 이는, 해당 증권사의 정책적인 측면과 채권의 유동성 또는 희소성에 따라서 달라진다.

유동성이란 장외시장에서 매매가 잘 이루어지는 정도라고 생각할 수 있다. 유동성이 높아서 채권시장에서 쉽게 사고 팔 수 있는 채권의 경우, 민평가와 매수가의 차이가 크지 않은 경우가 많다. 그 반면에 인기가 많지만 구하기 어려운 희소성 있는 채권의 경우는 민평가 대비 매수가가 더 비싼 경우도 있다.

이는, 충분히 높은 가격을 지불하고도 매수하고자 하는 투자자가 많이 존재하기 때문이다.

고객 입장에서 민평가와 매도가의 차이는 매도하고자 하는 채권의 '유동성'이 가장 큰 영향을 준다. 매수의 경우와 마찬가지로 유동성이 높은 채권일수록 민평가와 매도가의 차이는 작아지게 된다. 유동성이 가장 높은 채권은 바로 국채이고, 국채 중에서는 발행만기별로 가장 최근에 발행된 국채('지표물'이라고 한다)의 유동성이 가장 높다. 이러한 이유로 만약에 향후 시장금리의 하락을 예상하여 중도매도 차익을 얻기 위한 목적으로 장기채권에 투자하는 경우, 회사채보다 국채에 투자하는 것이 매매 때의 스프레드spread를 줄임으로써 보다 나은 수익률을 기대할 수 있다.

물가채 11-4의 매매 스프레드 예시

일 자	종목명	매매수익률			민평(3사)	
		최고	최저	평균	수익률	스프레드
2019/08/06	물가01750-2806(18-5)	0.562	0.502	0.531	0.51	0.021
2019/08/03	물가01750-2806(18-5)	0.545	0.51	0.525	0.546	-0.021
2019/08/02	물가01750-2806(18-5)	0.6	0.427	0.53	0.598	-0.068
2019/08/01	물가01750-2806(18-5)	0.634	0.585	0.609	0.575	0.034
2019/07/31	물가01750-2806(18-5)	0.597	0.55	0.582	0.57	0.012
2019/07/30	물가01750-2806(18-5)	0.572	0.566	0.569	0.555	0.014
2019/07/27	물가01750-2806(18-5)	0.562	0.549	0.553	0.54	0.013
2019/07/26	물가01750-2806(18-5)	0.542	0.52	0.534	0.51	0.024
2019/07/25	물가01750-2806(18-5)	0.54	0.51	0.529	0.541	-0.012
2019/07/24	물가01750-2806(18-5)	0.55	0.548	0.549	0.555	-0.001

또한 동일한 종류의 채권이라고 하더라도 채권 장외시장에서 선호되는 수량단위에 맞춰서 매수나 매도를 한다면 매매 스프레드를 줄일 수 있다. 채권 시장에서는 수량 단위가 100억, 10억, 1억, 1천만 원 단위로 갈수록 선호도가 떨어지고 따라서 매매 스프레드가 커지면서 매매 가격 또한 불리한 쪽으로 적용받게

된다.

만약에 증권사에서 제시하는 매도가가 마음에 들지 않는다면, 장내 채권시장을 통해서 원하는 가격에 매도 주문을 내는 것도 한 방법이다. 다만, 채권의 경우는 '워낙 그 종류가 많고 참여자는 많지 않기 때문'에 장내 채권시장의 거래량이 현저하게 떨어지는 경우가 많다. 그러므로 급하게 팔고자 하면 증권사를 통해서 매도 주문을 하고, 시간적 여유가 있다면 장내 채권시장에 매일 매도 주문을 내보는 식으로 진행해 보는 것도 괜찮은 방법이다.

3. 이자를 받으니 가격이 떨어졌다! : 이표락과 보유기간 과세제도

다행히 위 에피소드의 주인공은 가격이 하락한 만큼 이자를 지급받았기 때문에 손해를 본 것은 아니지만 불필요한 수고를 하게 된 격이다.

그렇다면 왜 이런 오해가 불거졌을까? 이는 채권의 가격에 이자의 가치가 항상 녹아 있다는 개념인 **더티 프라이스** Dirty Price를 몰랐기 때문이다. 직역하면 깨끗한 가격인 클린 프라이스 Clean Price와 대비되는 더러운 가격인데, 바로 와 닿지 않는 것이 사실이다. 채권 이자의 지급은 3개월이나 6개월 등 정해진 기간마다 이뤄지더라도 채권의 가격에는 날마다 하루치 이자가 붙게 된다. 이렇게 불어난 이자가 이자지급일이 되면 한꺼번에 지급되면서 채권 가격이 하락하게 된다. 이렇게 채권 이자의 지급과 동시에 가격이 떨어지는 현상을 '이자락 또는 이표락'이라고 한다.

Clean Price + 경과이자 = Dirty Price

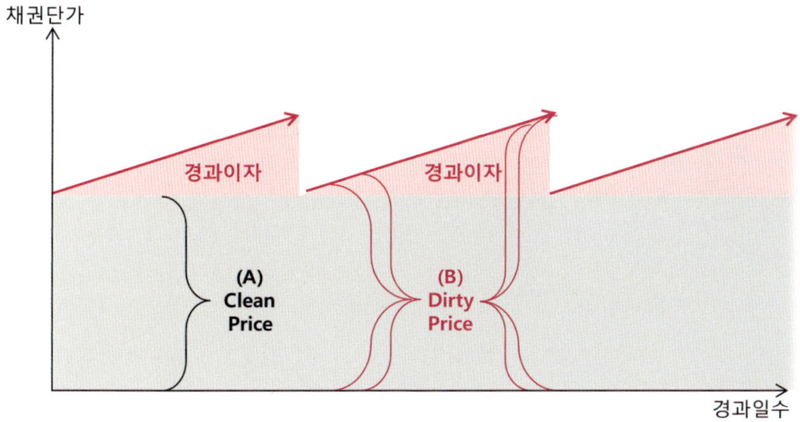

지난 번 이자지급일부터 오늘까지 계산상으로 누적된 이자가 경과이자이다. 즉, 이자가 매일 지급되었다면 이미 지급되었을 금액이지만 지급주기로 인해 실제로는 아직 지급되지 않은 금액이다.

만약에 채권의 발행일부터 만기일까지 금리(채권가치)의 변화가 없다고 가정한다면, 클린 프라이스는 액면가가 그대로 유지되기 때문에 그림의 (A)와 같이 평평한 모습을 보이게 된다.그 반면에 같은 조건에서의 채권의 더티 프라이스는 클린 프라이스에 경과이자가 더해지다가 이자 지급과 함께 가격이 떨어지므로 앞의 그림의 (B)와 같이 톱니바퀴 모양을 하게 된다.

미국에서는 일반적으로 채권 거래 시, '수익률' 또는 경과이자를 제외한 클린 프라이스를 이용하는데 그 이유는 클린 프라이스가 채권 가격변동 추세를 보다 직관적으로 보여줄 수 있기 때문이다.

Summary

- **이표락:** 이자 지급일에 채권의 Dirty Price가 이자지급액만큼 하락하는 현상
- **클린 프라이스:** 이자분을 제거한 채권의 실질 가격
- **더티 프라이스:** 미지급된 이자 포함 가격

4. 만기일에 돈은 언제 들어오나요? : 만기상환 프로세스

은행에서는 예/적금 만기 시, 당일 오전에 돈을 찾을 수 있는 데 반해 채권 만기 상환은 오전에 이뤄지지 않는 경우가 많다. 따라서 자금사용계획을 채권의 만기일에 맞춰서 해놓은 위 에피소드처럼 문제가 발생하곤 한다. 증권사는 발행사와 투자자를 이어주는 플랫폼Platform일 뿐이기 때문에 증권사가 만기자금을 선지급하는 것이 불가능하다.

증권사는 발행회사로부터 만기상환 자금을 받아야 채권투자자에게 자금을 배분할 수 있다.

일반적으로 채권 만기자금 결제는 3시에서 5시 사이에 이뤄지지만 가끔은 5시가 넘어서야 처리되는 경우도 있다. 더욱 자세히 살펴보면 국공채는 오전 중에 상환되고 은행채는 3시에서 4시에 상환되며, 회사채와 전자단기사채 및 CP 등은 3시에서 5시 사이에 상환된다.

최근 많은 투자자들이 선호하고 있는 전자단기사채의 경우, 빈번하게 5시 이후에 상환 처리되기도 하므로 만기자금의 사용 계획 시에는 주의가 필요하다.

채권의 만기상환은 왜 늦는 것일까? 채권의 만기상환이 늦어지는 이유는 크게 두 가지로 말할 수 있다.

첫째로는 발행회사가 자금지급을 늦게 처리하는 경우이다. 발행회사나 기관의 사정으로 말미암아 만기상환에 필요한 자금 조성이 늦어진 경우도 있고, 단순하게 회사의 자금 담당자가 업무 상의 문제로 늦어지는 경우도 있다. 둘째로는 만기상환 프로세스의 중간 지점인 은행이나 예탁결제원의 사정으로 늦어지는 경우가 있으나 일반적으로는 첫 번째 이유로 늦어지는 경우가 많다.

채권의 만기상환 프로세스

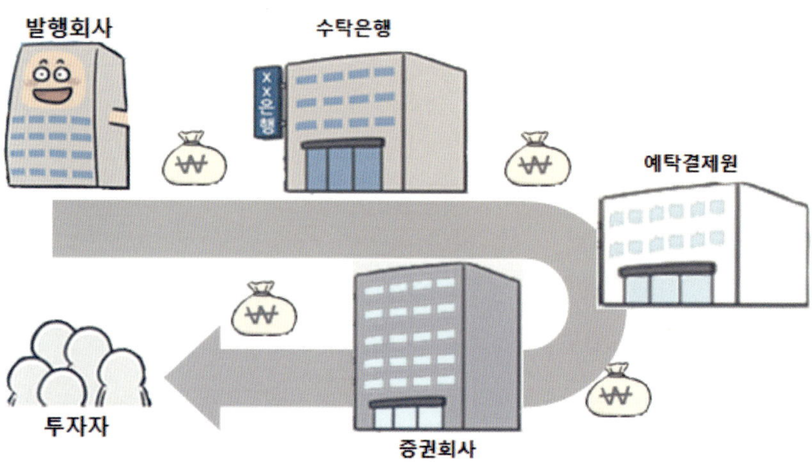

Summary

- **예탁결제원:** 정식 명칭은 한국예탁결제원(KSD : Korea Securities Depository)으로 채권 · 주식을 포함한 유가증권의 중앙 예탁결제기관이다. 쉽게 말해서 유가증권을 보관(예탁)하고 유가증권과 거래대금(결제대금)을 교환해 주는 장소라고 생각하면 된다.

5. 그때그때 달라요 : 채권의 매매단위

여기서 독자들은 채권의 액면금액과 매매금액이 어떻게 다른지가 궁금할 수 있다. 채권의 액면금액이란 채권 자체의 권면에 기재된 금액, 즉 채권 자체의 원금을 의미한다. 우리가 흔히 이야기하는 채권의 단가는 액면 10,000원당 얼마의 가치가 있는지를 말한다.

채권시장에서 채권을 거래할 때는 흔히 채권의 액면금액을 수량 단위로 사용한다. 그러나 일반 투자자들의 경우는 이 액면금액 단위의 거래에 대한 지식이 없는 경우가 많기 때문에 헷갈리게 된다. 가령 투자자가 액면 10,000원당 단가로 10,100원인 채권을 1억 원만큼 구해달라고 하면 증권사의 채권 팀에서는 액면 금액 1억 원어치를 준비해 두고 매매시키지만, 투자자는 나중에 계좌에서 매입금액이 101,000,000원인 것을 보고 항의하기도 하는 것이다. 따라서 투자자들은 채권의 매매할 금액을 말할 때, 금액으로 1억 원어치를 살 것인지 혹은 액면금액으로 1억 원어치를 살 것인지 등의 의사를 명확히 전달해야 한다. "채권 1억 주세요."는 채권시장에서 액면금액으로 1억 원어치를 사겠다는 의미로 해석되기 때문이다.

채권의 거래단위는 다소 큰 경우가 많다. 여기에는 이유가 있는데, 첫째는 위의 사례처럼 기관 간의 장외 시장에서 암묵적인 매매단위가 형성되어 있는 경우이고, 둘째는 법으로 규제된 경우이다.

암묵적인 매매단위가 형성된 기관 간 장외 시장

장외 시장에서 거래를 할 경우는 투자자와 거래하는 증권사 간의 상대매매이기 때문에 판매하는 증권사가 단위를 정할 수 있다. 투자자가 증권사를 방문하여 증권사에서 제시하는 채권을 매수하는 경우도 대부분 장외 거래에 속한다.

하지만 일반적으로 채권시장에서 말하는 장외 시장은 기관투자자 간의 장외 채권시장을 가리킨다. 이러한 기관투자자 간의 장외 시장에서는 100억 단위로 채권이 거래되며 소액 거래라고 하더라도 50억 단위, 10억 단위, 5억 단위 등 최소 일정수량이 되어야 거래되는 경우가 많다.

금액이 천 원 단위까지 쪼개져도 매매될 수는 있지만 이럴 경우에는 유동성이 더욱 떨어지기에 매매 스프레드가 크게 벌어져서 불리한 거래가 될 가능성이 크다.

증권사가 직접 보유한 채로 일반 투자자에게 판매하는 채권의 경우는 수량단위를 제한하지 않을 수는 있지만, 증권사가 상품계정(판매를 위해 채권을 보유하는 계정)에 보유하지 않은 채권의 경우는 기관 사이의 장외 시장을 이용해야 하므로 암묵적으로 정해진 거래단위에 따라서 일반 투자자들에게 제시하는 경우가 대부분이다.

외화채권의 경우에도 채권의 종류마다 다르지만 대부분이 기관 간의 장외 시장에서 거래되기 때문에 암묵적인 거래단위가 존재한다. 이러한 이유에 따라 증권사에서 판매할 때는 최소단위를 정하는 경우가 많다.

법이나 규정에 의한 규제

최근 일반투자자들로부터 큰 인기를 끌고 있는 전자단기사채(전단채)의 경우, 전자단기사채법이라는 법으로 액면 1억 원 이상의 거래를 원칙으로 정해 놓았다. 1억 원 이상으로 거래할 경우에 원칙적으로 매매 금액은 1원 단위로 증액이 가능하지만, 증권사별로 1억 원 이상 1원 단위 또는 1억 원 이상 1천만 원 단위 등 자체적으로 규정을 정하는 경우도 있다. 1억 원 미만 투자를 원할 경우, 증권사의 일반계좌(위탁계좌)를 통한 거래는 어렵고, 증권사나 은행의 특정금전신탁(신탁계좌)을 통해서 전자단기사채에 투자할 수가 있다.

신탁계좌를 통해 매수하는 경우는 여러 명의 투자자를 특정 금전신탁의 수익자로 두고, 해당 특정 금전신탁의 계정으로 1억 원 이상 큰 단위의 전자단기사채를 매수한 후에 만기 때 수익자들에게 원리금을 배분해 준다.

CP의 경우는 발행할 때 권종으로 나뉘어진다. 발행일에는 권종에 따라 코드번호가 다 다르게 매겨지는데 발행 때에 정해진 권종의 단위(액면 10억 원이나 50억 원 등)로만 거래가 가능하다. 위탁 계좌로는 처음에 발행한 단위 아래로는 절대로 매매될 수가 없다. 하지만 CP 역시 특정금전신탁을 통해서 투자할 경우에는 권종 이하로도 거래가 가능하다.

장내 채권시장을 통해 거래할 때에도 한국거래소에서 정한 장내 채권시장의 매매 규정에 따라서 거래단위가 제한된다. 한국거래소는 장내 채권시장을 누구든 참여할 수 있는 일반시장과 소액시장, 그리고 면허가 있는 기관들만 거래할 수 있는 국채전문유통시장(KTS)으로 나누어 운영하고 있다. 또 각 시장에 따라서 거래단위가 다르게 적용되고 있다.

국채전문유통시장의 경우는 액면 10억 원 단위의 거래가 이루어지지만, 일반 투자자는 참여할 수 없으므로 굳이 설명하지 않겠다. 장내 일반채권시장에서는 주식처럼 매수 매도 호가를 보면서 1천 원 단위로 채권을 매매할 수 있다. 시장에 따라 조금 차이가 있으므로 이번 기회에 장내 시장과 장외 시장의 차이를 비교하고 확인해 보도록 하자.

장내 시장과 장외 시장의 비교

시장구분	장내 시장		장외 시장
	장내 일반시장	장내 소액시장 (첨가소화채)	
대상채권	국채, 지방채, 특수채, 회사채 등 거래소에 상장된 모든 채권 거래	첨가소화채권 전월 및 당월물	상장, 비상장
거래장소	증권거래소		거래증권사
거래방법	경쟁매매		상대매매
거래시간	09:00~15:30		각 증권사 영업시간
결제방법	당일결제(실제 결제시간 15:30 이후)		즉시결제
매매단위	액면 1천 원 단위		일반적으로 100억 원 단위 (액면 1천 원 단위 소액도 가능)

Summary

1. 채권의 수량 단위: 액면수량 = 액면금액

계좌 내에 표시되는 수량(잔고) 역시 사실 채권의 액면금액을 표시해 준다. 다만, 대부분 증권사에서 수량 표시 때 "천 원" 단위를 생략하고 있으므로 이를 유의하도록 하자.

(예) 액면가 10,000,000원의 계좌표시

매입가	현재가	잔고	매입금액	평가금액
9,900원	10,500원	10,000	9,900,000원	10,500,000원

2. 매매단위: 기본 매매단위는 1천 원

(1) 기관투자자 사이 장외 시장: 암묵적으로 매매 단위 형성 - 100억 원, 50억 원, 10억 원 단위

(2) 법이나 규정으로 규제

① 전단채 액면 1억 원 이상, CP 정해진 권종 (단, 모두 특전금전신탁을 활용하여 원하는 금액으로 매매 가능한 경우도 있음)

② 한국거래소에서 규정으로 정함. (장내 채권 시장, 표 참조)

6. 자금 담당자만 보세요. : 법인 채권투자 시의 고려사항들

몇 년 전만 해도 채권투자는 주로 개인들과 일부 대기업들 몫이었다. 하지만 이젠 중소법인들도 채권투자에 눈을 돌리고 있다. 과거에는 예금금리가 매우 높기도 했으며, 많은 중소법인들이 은행 대출을 하고 있었기 때문에 유보 현금 또한 은행에서 동시에 운용하는 것이 타당한 선택이었다.

하지만 예금금리는 급속하게 떨어지는 데 반하여 유보 현금은 늘어나 투자처를 찾지 못하는 중소법인들이 많아지면서 채권투자에 관심이 높아졌다. 채권투자는 다양한 만기와 상대적인 고금리 매력을 가진 회사채 투자도 가능하며 장기 국고채를 투자하는 경우에는 최상의 안정성을 얻고 금리하락 시에 추가수익을 추구할 수 있기 때문에 단연 인기를 얻고 있다.

그러나 중소법인들은 채권투자에 익숙하지 않으므로 채권투자 시에 어떤 수익률을 사용해야 하는지, 또는 채권의 회계 처리는 어떻게 해야 하는지 등을 여전히 어려워하는 경우가 많다. 그렇기에 여기서는 법인의 채권투자 시의 체크 포인트와 채권의 회계처리에 대해서 알아보자.

세후수익률 vs 세전수익률 : 세전수익률을 보자

개인투자자들이 채권의 투자수익률 비교를 위해 예금환산수익률을 활용하는 것과는 달리, 법인투자자들은 세전수익률을 활용하여 투자수익률을 비교한다.

그 이유는 법인투자자의 경우, 이자소득뿐만 아니라 자본차익도 과세 대상 소득에 해당되기 때문이다.

다만, 이자소득은 이자소득 발생 시에 증권사에서 원천징수를 하지만, 자본차익은 이익실현 시(만기상환 또는 중도매도)에 과세표준으로 더해지게 된다. 이자소득에 대한 원천징수 세율은 15.4%이지만, 이는 선급법인세(선납세액)로 처리되어 결산 시의 산출세액에서 기납부세액의 항목으로 차감되게 된다.

결과적으로는 여타 이익과 동일하게 법인세율로 세금을 납입하는 것과 같게 된다. 만일 당기 중에 이자소득 원천징수로 인해 선급법인세를 낸 상황에서 당기에 결손이 발생하여 법인세 산출세액이 없거나 기중 원천징수세액을 초과하는 경우, 관할 세무서장에게 기간 내에 환급신청서를 제출하여 그 차액을 환급받을 수 있다.

채권투자수익의 과세체계

과세표준에 포함 : 채권투자수입 (세전 이자수입(+)자본차익(−)자본손실)

과세표준 x 법인세율 = 산출세액

산출세액 − 기납부세액 = 납부세액

* 기납부세액 ⊃ 원천징수 세액

회계 처리 : 채권의 분류 – 만기보유금융자산, 매도가능금융자산, 지정당기손익인식금융자산

투자된 채권은 회계처리 시에 투자 성격에 따라 '금융자산' 항목에서
다음 세 가지로 분류되어 계산된다.

계정	정의	회계처리
만기보유금융자산	채권을 만기까지 보유할 적극적인 의도와 능력이 있는 경우	(장부가평가) 상각 후 취득원가에 이자수익만 인식하며, 평가손익은 따로 처리하지 않음
당기손익인식지정금융자산	주로 단기간 내의 매매차익을 목적으로 취득한 유가증권으로 매수와 매도가 적극적이고 빈번하게 이루어지는 것	(시가평가) 공정가액으로 평가하며, 미실현 보유손익은 당기손익 항목으로 처리
매도가능금융자산	단기매매증권이나 만기보유증권으로 분류되지 아니하는 채권	(시가평가) 공정가액으로 평가하며, 미실현 보유손익은 자본항목으로 처리하고, 그 누적금액은 유가증권을 처분하거나 감액 손실을 인식하는 시점에 일괄하여 당기손익에 반영

* 참고: 부록, 기획재정부 보도자료 (2010. 09. 29)

상각표를 작성하기 위해 필요한 유효이자율은 증권사에서 일반적으로 '매수수익률' 또는 '매수금리'라고 부른다. 채권 매수 시, 증권사에 '유효이자율'을 요청하거나, '유효이자율'로 사용할 '매수수익률'을 알려달라고 요청하면 된다. 또는 채권 투자 시에 제공되는 현금흐름 예시표에서 매수수익률 항목을 참조하면 된다.

물가연동국채의 경우는 물가상승률에 따라 원금이 변동되고 이자 현금흐름이 불명확하여 회계년도마다 유효이자율이 변경될 가능성이 높기 때문에 일반적인 채권의 회계 처리와는 다른 방식이 적용된다. 이와 관련해서 2010년 기획재정부에서 제공한 방안을 참고하여 회계 처리할 수 있다.

채권을 활용한 절세 팁(Tip)

채권투자로 발생한 이익은 매 회계년도 말에 다른 손익에 합산되므로, 이를 활용하면 채권 중도매도 시에 발생되는 자본차익에 대한 법인세를 최소화할 수 있다. 법인 자금운용에 보편적으로 채권을 활용하는 미국의 경우, 표면금리가 낮은 장기 국채에 투자한 뒤에, 결손이 발생하는 회계년도에 채권투자의 자본차익을 실현하여 법인세를 아끼는 방법이 대표적인 법인세 절세 방법으로 알려져 있으며 활용되고 있다.

(일반적으로 기업이 손실을 내는 불황기에는 국채 금리가 낮게 떨어지는 경향이 있기 때문에 호황기 때 여유자금으로 장기 국채를 매수한 후 불황기에 이익실현을 할 수 있다.)

다만, 국내의 경우는 아직 법인자금 운용 시에 채권투자가 많지 않아서 잘 활용되고 있지 않는 상황이다. 따라서 국내의 법인회계 특성상 공공연하게 절세 방법으로 활용하기가 쉽지 않을 수 있으므로 사전에 세무법인으로부터의 컨설팅을 받아보는 것이 좋다.

II

채권의 신용등급

발행자 및 그 채권의 신용등급은 간단한 기호로 표시되는데 이를 통해서 발행자 및 채권의 안정성에 대하여 쉽게 비교할 수 있기 때문에 채권투자 시, 반드시 확인하는 필수적인 요소입니다. 학점이 A+부터 F까지의 등급으로 부여되는 것처럼 발행자 및 채권의 신용도도 비슷한 방식으로 등급을 부여하게 됩니다. 이 장에서는 신용등급과 이 신용등급을 부여하는 평가사들에 대해 알아보도록 하겠습니다.

1. AAA 〈 A30 ??? : 신용등급의 정의와 체계

은행은 직장인에게 신용대출을 해줄 때, 재직 중인 회사와 연봉, 직급, 은행과의 거래실적이나 대출이력 및 현황 등 조회가능한 모든 금융 정보들을 파악하고 이를 체계화하여 1등급에서 10등급까지 등급을 책정한다. 낮은 숫자 등급일수록 신용이 높기 때문에 대출금리가 낮아지고 높은 숫자의 등급으로 갈수록 신용이 낮다는 의미가 되기 때문에 대출금리가 높아지거나 대출 자체가 거절되기도 한다.

기업도 마찬가지이다. 자금이 필요하여 회사채를 발행하고자 할 때, 원리금의 상환 능력이 높을수록 좋은 신용등급을 받게 되어 채권 발행 금리가 낮아지고 상환 능력이 낮은 기업일수록 좋지 않은 신용등급이 부여되어 채권 발행 금리가 높아진다.

기업 및 채권의 신용등급은 숫자로 표현되는 개인 신용등급체계와는 다르게 알파벳 ABC로 표현이 되며 +, 0 , - 등의 기호로 다시 구분된다. 처음 신용등급을 접하는 투자자에게는 이런 부분이 생소하게 느껴질 것이고 앞의 삽화 주인공처럼 혼동하는 경우가 발생하기도 한다.

앞에서 소개한 사례처럼 채권의 신용등급을 정확히 알지 못하면 오해의 여지가 있을 수가 있다. 다음은 신용등급과 신용등급을 읽는 방법 및 신용등급의 상대적인 정의를 나열한 표이다. 이 책을 읽는 독자들은 다음 표를 반드시 숙지하여 채권등급과 친숙해질 수 있도록 하자.

장기 신용등급 명칭과 정의

(출처 : 한국기업평가)

등급기호		한글명칭	포괄적 장기 신용등급의 정의
등급	Notch		
AAA	AAA	트리플에이	최고 수준의 신용상태, 채무불이행 위험 거의 없음
AA	AA+ AA0 AA−	더블에이플러스 더블에이제로 더블에이마이너스	매우 우수한 신용상태, 채무불이행 위험 낮음
A	A+ A0 A−	싱글에이플러스 싱글에이제로 싱글에이마이너스	우수한 신용상태, 채무불이행 위험 낮음
BBB	BBB+ BBB0 BBB−	트리플비플러스 트리플비제로 트리플비마이너스	보통 수준의 신용상태, 채무불이행 위험 낮지만 변동성 내재
BB	BB+ BB0 BB−	더블비플러스 더블비제로 더블비마이너스	투기적인 신용상태, 채무불이행 위험 증가 가능성 상존
B	B+ B0 B−	싱글비플러스 싱글비제로 싱글비마이너스	매우 투기적인 신용상태, 채무불이행 위험 상존
CCC	CCC	트리플씨	불량한 신용상태, 채무불이행 위험 매우 높음
CC	CC	더블씨	매우 불량한 신용상태, 채무불이행 불가피
C	C	싱글씨	최악의 신용상태, 채무불이행 불가피
D	D	디	채무불이행 상태

신용평가사에서 기업을 평가할 때에는 각 신용평가사마다 업종별 및 채권 형태별 평가조직을 가지고 이에 따라 정량적 • 정성적 방법을 통해서 평가하여 등급을 부여한다. 이에 대한 자세한 내용은 이번 장의 제4절에서 자세히 언급하도록 하겠다.

단기 신용등급 명칭과 정의

(출처 : 한국기업평가)

등급기호		한글명칭	단기 신용등급의 정의
등급	Notch		
A1	A1	에이원	매우 우수한 단기 신용상태, 단기적인 채무불이행 위험 매우 낮음
A2	A2+ A20 A2−	에이투플러스 에이투제로 에이투마이너스	우수한 단기 신용상태, 단기적인 채무불이행 위험 낮음
A3	A3+ A30 A3−	에이쓰리플러스 에이쓰리제로 에이쓰리마이너스	보통 수준의 단기 신용상태, 단기적인 채무불이행 위험 낮지만 변동성 내재
B	B+ B0 B−	비플러스 비제로 비마이너스	불안정한 단기 신용상태, 단기적인 채무불이행 위험 상존
C	C	씨	불량한 단기 신용상태, 단기적인 채무불이행 위험 상존
D	D	디	채무불이행 상태

신용등급은 장기 신용등급과 단기 신용등급으로 구분되는데, 이는 해당 채권의 상환능력을 장기와 단기로 구분하여 따로 평가하기 때문이다. 하지만 전체적인 맥락은 크게 다르지 않기 때문에 장기 신용등급과 단기 신용등급은 아래 표와 같이 매칭시킬 수 있다. 다만, 점선으로 장기 신용등급 A+와 단기 신용등급 A1이 매칭될 수 있는 것처럼 단기의 채무상환능력이 장기 채무상환능력보다 우수한 경우, 장기 신용등급에 대비하여 한 등급 높게 평가를 받을 수도 있다

단기 신용등급과 장기 신용등급의 위험도 매칭

(출처 : 한국기업평가)

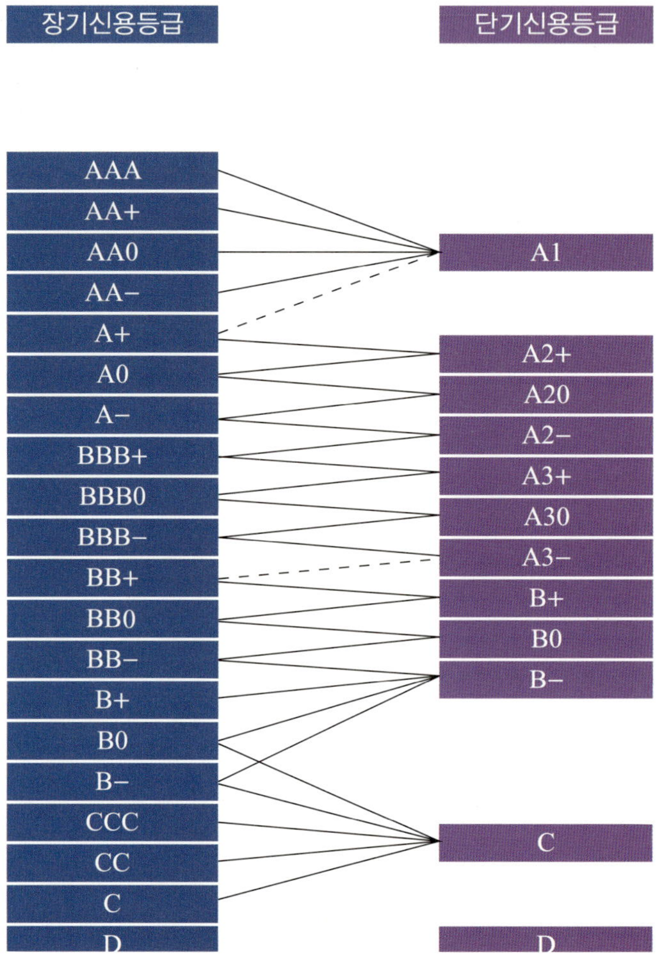

[채권 퀴즈]

다음 회사들의 이름을 살펴보자. 우리가 아는 대기업들도 있고 규모가 작은 회사들도 있는데 이들 회사를 아래 신용등급에 매칭matching해 보자.

국민은행 이엘케이 이랜드월드 한솔테크닉스 신세계 대우건설
기아자동차 경남은행 한진해운 현대건설 SK하이닉스 신원
GS 호텔신라 포스코플랜텍 LG유플러스 대우조선해양 아시아나항공
대한항공 현대자동차 삼성전자 유안타증권 디비메탈 만도
CJ 동국제강 교보증권 대림산업 현대백화점 LS 효성 팜한농
두산엔진 서희건설 SK실트론 한진 두산 현대삼호중공업
KB투자증권 LG전자 현대엘리베이터 한국전력 SKT 포스코건설

구분	등급	회 사
투자등급	AAA	
	AA+	
	AA0	
	AA−	
	A+	
	A0	
	A−	
	BBB+	
	BBB0	
	BBB−	
투기등급	BB+/BB0/BB−	
	B+/B0/B−	
	CCC	
	CC	
	C	
	D	

정답은 다음 페이지에서 확인할 수 있다. 내가 생각하는 대기업의 신용등급이 생각보다 낮은 회사도 있을 것이고, 규모가 작은 기업이라 신용등급이 낮을 것 같지만 의외로 양호한 회사도 있을 것이다. 그러나 일반적으로 대중들이 가지고 있는 기업의 브랜드 및 이미지와 신용등급은 또 다르다는 것을 명심해야 한다.

[퀴즈 정답]

구분	등급	회 사
투자등급	AAA	국민은행, 현대자동차, 삼성전자, 한국전력, SKT
	AA+	기아자동차, 신세계, 현대백화점, 경남은행
	AA0	KB투자증권, LG전자, GS, 호텔신라, LG유플러스, SK하이닉스
	AA−	만도, 현대건설, CJ만도, 현대건설, CJ
	A+	교보증권, LS, 대림산업, 팜한농, 유안타증권, 효성
	A0	포스코건설, SK실트론, 현대엘리베이터
	A−	대우건설
	BBB+	한진, 두산, 현대삼호중공업, 대한항공, 한솔테크닉스
	BBB0	두산엔진, 이랜드월드
	BBB−	아시아나항공, 신원, 서희건설
투기등급	BB+/BB0/BB−	동국제강
	B+/B0/B−	-
	CCC	대우조선해양, 디비메탈
	CC	-
	C	포스코플랜텍
	D	이엘케이

*기준일: 2019.07.31

2. 들어는 본 것 같은 무디스, 에스앤피, 피치

우리나라에서 가장 안전한 채권은 당연히 대한민국 정부가 발행하는 국채이다. 하지만 대한민국 국채가 전 세계 투자자들 관점에서도 가장 안전한 채권으로 보일 수 있을까?

3대 국제신용평가사인 무디스(Moody's), 에스앤피(S&P), 피치(Fitch)가 대한민국에 부여하는 신용등급을 통해 가늠할 수 있다. 이 3대 국제신용평가사들은 전세계에서 가장 신뢰받고 있는 평가사들로 국내 신용평가사들처럼 회사들을 평가할 뿐만 아니라 GDP, 환율, 국가부채, 수출입 등 거시경제 데이터를 기반으로 평가하여 국가의 신용등급을 부여한다.

현재 우리나라 국가 신용등급은 Aa2(Moody's) • AA(S&P) • AA−(Fitch)로 높은 편이긴 하지만 AAA 등급인 독일이나 호주 등에 비하여 안전하다고 보기는 어렵다. 다음 페이지의 선진국들과 개발도상국들의 국가 신용등급을 함께 살펴보면, 미국이나 독일 등 선진국일수록 신용등급이 높은 편이지만 브라질이나 베트남 등 이머징 국가들의 신용등급은 아직 낮은 편임을 확인할 수 있다.

국제신용평가사의 등급 체계(장기)

Moody's	S&P	Fitch
Aaa	AAA	AAA
Aa1	AA+	AA+
Aa2	AA	AA
Aa3	AA−	AA−
A1	A+	A+
A2	A	A
A3	A−	A−
Baa1	BBB+	BBB+
Baa2	BBB	BBB
Baa3	BBB−	BBB−
Ba1	BB+	BB+
Ba2	BB	BB
Ba3	BB−	BB−
B1	B+	B+
B2	B	B
B3	B−	B−
Caa	CCC	CCC
Ca	CC	CC
C	C	C

뒤의 그림을 통해 우리나라의 국제신용등급 변천사를 한 번 살펴보자. 무디스의 평가 기준으로 1990년 A1 등급에서 1997년 IMF 투기등급인 Ba1까지 하락했다가 이후 점진적으로 신용등급이 상향된 것을 알 수 있다. 선진국이라고 신용등급이 항상 높은 것은 아니지만, 일반적으로 이머징 국가들에 비해 재정 상황이 좋고 통계지표의 신뢰성이 높다는 사실이 신용등급 평가 시에 반영되었다고 볼 수 있다. 대한민국 신용등급은 작년에 Aa2 등급에 이르기까지 상향 조정되면서 이웃 선진국인 일본의 신용등급 A1보다도 두 단계나 높은 등급을 부여받았다.

대한민국의 신용등급 추이 (Moody's)

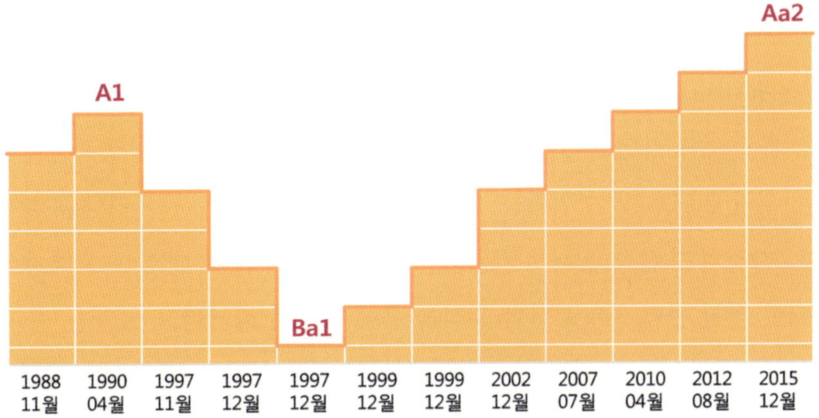

국제신용평가사의 국가별 등급 체계(장기)

평가사	Moody's	S&P	Fitch
독일	Aaa	AAA	AAA
호주	Aaa	AAA	AAA
네덜란드	Aaa	AAA	AAA
덴마크	Aaa	AAA	AAA
미국	Aaa	AA+	AAA
프랑스	Aaa	AA	AA
한국	Aa2	AA	AA−
타이완	As3	AA−	AA−
중국	A1	A+	A+
일본	A1	A+	A
인도네시아	Baa2	BBB	BBB
브라질	Ba2	BB−	BB−
베트남	Ba3	BB	BB

3. 채권투자의 매뉴얼 : 신용평가서

신용평가사는 재무적 · 비재무적 요소들을 바탕으로 기업을 평가한다. 경영환경 분석을 통해 사업의 유형과 위험수준을 파악하고 기업의 경쟁력이 현재와 미래의 수익창출력 및 영업활동 현금흐름의 안정성에 미치는 영향을 분석한다. 또한, 기업의 종합적인 채무상환 능력을 점검하고, 기타 환경 요소와 우발 상황에 대한 대처 능력까지 포함한 분석을 통해 기업을 평가하고 있다.

채권을 투자하는 개인투자자 입장에서 이 모든 내용을 직접 파악해서 투자하기에는 많은 어려움이 있다. 따라서 지금부터는 신용평가서에서 제공하는 정보를 어떻게 활용하여 회사의 재무 상태 및 상환 능력을 파악할 수 있을지를 알아보도록 하자.

가장 먼저 신용평가서를 찾아야 한다. 부록의 '4절 채권관리 사이트'에 첨부한 3대 신용평가사의 홈페이지로 들어가서 찾고자 하는 회사의 이름을 검색하면, 유료로 제공되는 상세 신용평가서는 볼 수 없지만 무료로 제공되는 요약 신용평가서는 로그인 없이도 볼 수 있으니 이를 활용해 보도록 하자.

다음 내용은 NICE신용평가의 홈페이지에서 특정 회사로 검색한 결과이다. 다음 그림과 같이 채권, 후순위채권, 하이브리드 채권, 기업어음, 전자단기사채 등 해당 회사가 발행한 장단기 채권에 대한 평가 정보를 확인할 수 있다. 재무재표를 비롯한 재무정보는 물론이고 신용등급의 최근 변화 추이, 평가일자, 발행한 회사채, CP 등의 신용등급을 한눈에 볼 수 있다.

NICE신용평가 홈페이지에서 '국민은행'을 검색하여 신용평가서를 살펴보자. 첫 장에는 채권이름, 등급, 등급추이, 주요 재무지표, 평가 요지 등이 나와 있어서 첫 장이 가장 요긴하게 사용된다.

여러 회사 채권을 급하게 비교해야 한다면, 첫 장에 제시되어 있는 지표를 비교하여 어떤 채권투자가 나을지 가늠해 보는 것도 한 방법이 될 수 있다.

요약 신용평가서는 10페이지 이내의 분량으로 기업의 신용등급 평가를 어떤 근거로 산출하는지에 대해 요약해서 설명하고 있다. 따라서 이 자료만 간단히 살펴보아도 회사의 전반적인 내용을 쉽게 알 수 있다. 신용평가서는 몇 백 페이지가 넘는 채권의 증권신고서 내용을 간략히 담았다고 할 수 있으니 채권투자 시에 꼭 숙지해야 할 내용이다.

㈜국민은행 Kookmin Bank

수석연구원 홍준표 02.2014.6215 jphong@nicerating.com 금융평가1실장 이혁준 02.2014.6265 libero@nicerating.com

평가등급

AAA/Stable

3609 외 선순위 무보증사채
본평가
등급 확정일 2016.08.31

유효등급	
기업신용등급 (원화/외화)	AAA/Stable
무보증채권 (선순위)	AAA/Stable
무보증채권 (바젤Ⅱ: 후순위)	AA+/Stable

등급추이

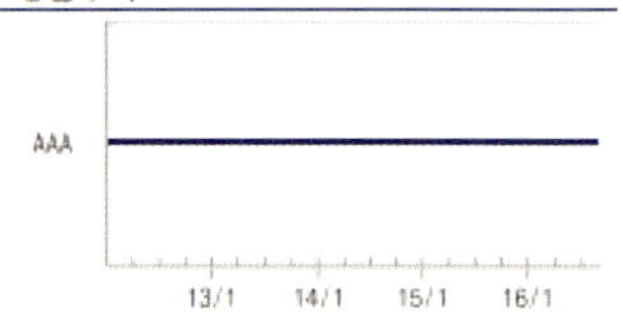

평가근거

사업위험	AAA	**AA**	A	BBB	BB	B
재무위험	**AAA**	AA	A	BBB	BB	B
전망/기타고려요소	+		**0**		-	
계열/정부지원	**+**		0		-	

- 공고한 사업기반과 소매금융 부문의 경쟁우위
- NIM 하락에 따른 이익창출력 저하
- 시중은행 평균 대비 우수한 자산건전성
- 이익누적에 기초한 매우 우수한 자본적정성
- 예수금 중심의 자금조달 구조를 바탕으로 안정적인 유동성 유지
- 유사시 정부로부터의 지원 가능성

주요 재무지표

단위: 억원, %

회계기준	K-IFRS	K-IFRS	K-IFRS	K-IFRS	K-IFRS	K-IFRS
재무제표기준	별도	별도	별도	별도	별도	별도
구 분	2011	2012	2013	2014	2015	2016.06
핵심이익	73,855	71,360	63,064	61,515	59,353	29,116
당기순이익	20,086	12,996	8,775	10,659	10,557	7,599
대손준비금조정이익	16,461	12,558	7,835	8,813	10,814	5,571
총자산	2,726,139	2,746,679	2,820,419	2,963,736	3,199,150	3,326,080
자기자본	190,084	198,775	204,853	218,454	225,804	230,966
총자산순이익률(ROA)	0.7	0.5	0.3	0.4	0.4	0.5
순이자마진(NIM)	2.5	2.2	1.9	1.8	1.6	1.6
고정이하여신비율	1.4	1.4	1.6	1.3	1.1	1.0
충당금/고정이하여신	158.9	161.2	120.0	138.0	0.0	168.1
BIS자본비율	13.5	14.4	15.4	16.0	16.0	15.9
ROA(Peer)	0.8	0.5	0.4	0.4	0.3	0.5

핵심이익 = (이자수익-이자비용)+(수수료수익-수수료비용)
ROA(Peer)는 일반은행(시중은행, 지방은행) 평균 기준임
총자산=은행계정 총자산 + 신탁계정 총자산 - 은행신탁간 상호거래
2016 년 상반기 ROA(Peer) 수치는 잠정치 기준임

등급변경요인

하향조정 검토요인

- 시장지위가 크게 저하되거나
- 기본자본비율이 10.0%를 지속적으로 하회할 것으로 판단되는 경우

평가근거

NICE신용평가㈜는 ㈜국민은행(이하 '은행')의 상기 사채에 대한 신용등급을 **AAA**로 평가한다.
저금리 기조 심화 영향으로 순이자마진(NIM)이 하락하고 경쟁강도가 높아지며 수익성 저하 압력이 상승하고 있으나, 비용효율성 제고 노력을 기울이는 가운데 경쟁 은행 대비 우수한 자산건전성 및 자본적정성을 유지하고 있어 등급에 미치는 영향은 제한적인 것으로 판단된다.

등급전망은 **Stable**이다.

NICE신용평가는 은행이 공고한 사업기반을 바탕으로 제반 경영지표를 우수한 수준으로 유지할 것으로 판단하고 있다. 은행에 대한 등급전망은 방대한 영업네트워크에 기초한 안정적인 고객기반, 그리고 유사시 정부의 지원 가능성 등을 바탕으로 환경 변화에 적절히 대응할 것으로 예상되는 점을 고려한 것이다.

주요 모니터링 요소

은행은 전체 은행업계 내에서 높은 시장점유율을 유지하고 있으며 이는 유사시 정부로부터의 지원 가능성을 높게 만드는 요인으로 작용하고 있다. 한편 은행의 자본적정성은 매우 우수한 수준이나 저금리 심화, 국내외 경기침체 지속으로 은행업의 사업환경이 악화되고 있어 향후 수익성 및 자산건전성 저하 시 자본적정성도 저하될 우려가 존재한다. 이와 관련하여 은행의 총자산, 총수신, 총여신 점유율과 기본자본비율(Tier 1) 추이를 면밀히 모니터링할 계획으로, 시장지위가 크게 저하되거나 기본자본비율이 10.0%를 지속적으로 하회할 것으로 판단되는 경우 등급하향을 검토할 예정이다. 은행의 시장지위는 공고한 수준으로 유지되고 있으며, 자본적정성 지표가 하향조정 검토요인을 크게 상회하고 있어 장기적으로 동 검토요인의 발생가능성은 제한적인 것으로 판단된다.

| 표 | 주요 등급조정 검토요인 지표 추이 (단위: %)

구 분	2011	2012	2013	2014	2015	2016.6
총자산점유율	13.9	13.6	13.5	13.0	13.1	12.9
총수신점유율	17.8	17.5	17.4	17.3	17.1	17.1
총여신점유율	14.6	14.4	14.0	13.5	13.4	13.5
BIS자본비율	13.6	14.4	15.4	16.0	16.0	15.9
기본자본비율	10.3	10.9	12.6	13.4	13.7	13.9

자료: 각 은행 공시자료
주: 2016. 6 점유율 수치는 1분기 기준

회사개요

은행은 2001년 11월 구 국민은행과 구 한국주택은행의 합병으로 출범하여 국내 수위권의 시장지위를 유지해오고 있는 시중은행이다. 국민주택기금의 주요 운용처로서 주택담보대출 중심의 영업을 전개했던 구 한국주택은행을 모태로 하고 있어 소매금융 부문의 경쟁력이 높다. 2008년 9월 KB금융지주의 100% 자회사로 전환된 이후 지배구조의 변동 없이 유지되고 있다.

재무제표로 쉽게 찾아낼 수 있는 공통 위험징후

• 몇 가지 간략한 재무제표 정보만 안다면 최소한의 정보로도 부도위험을 피해 갈 수 있다. 아래 항목들을 살펴보도록 하자.

1. **부채비율 증가**

기업이 어려워지면 가장 먼저 변하는 것이 매출액이 줄고 부채비율이 높아지는 것이다. 신규 투자 시에 차입을 하는 경우도 있지만, 이러한 경우는 일시적으로 부채비율이 높아졌다가 투자효과가 나타나면 매출액이 늘면서 부채비율이 감소해야 한다. 신규투자 없이 부채비율이 높아지고 있다면 더욱 위험한 회사라고 할 수 있다. 비용은 계속 증가되는데, 신규 유입되는 현금이 없으므로 보유 중인 현금을 소진하고 있음을 짐작할 수 있기 때문이다.

2. **영업활동 적자 지속**

영업활동은 회사가 행하는 가장 중요한 활동인데 여기서 나오는 현금흐름을 영업현금흐름이라고 하며, 이는 흑자여야 한다. 순이익이 흑자라도, 영업활동으로 발생하는 현금흐름이 반드시 흑자가 아닐 수 있으니 꼭 영업활동으로 발생하는 현금을 확인하여야 한다. 만약에 영업 현금흐름이 적자가 발생하고 이 적자 금액이 매출액에 비해서 큰 경우는 조심해야 한다.

3. **잉여 현금흐름 적자 지속**

잉여 현금흐름은 영업 현금흐름에서 자본적 지출을 뺀 금액을 말한다. 일반적으로 회사는 영업활동으로 번 수익으로 투자를 하는데, 자금이 부족할 때라면 차입하는 경우도 있다. 영업에서 발행하는 현금흐름이 흑자라도 잉여 현금이 적자라면 외부에서 증자나 차입을 한다는 뜻으로 이는 장기적으로 회사에 악영향을 미친다.

4. **이자보상배율 1.0 미만 지속**

이자보상배율은 영업이익을 금융비용으로 나눈 배율을 말한다. 이 기업이 영업활동을 통해 번 돈으로 은행 대출이나 회사채 이자 등의 이자를 갚을 수 있는 능력이 있는지를 확인하는 재무지표이다. 금융감독원이 제시하는 '부실기업 판정 가이드라인guideline'의 기준의 하나로 부실기업을 판별하는 가장 기본적인 지표이다. 2~3년 연속 이자보상배율이 1.0 미만이라고 하면 회사의 재무상태가 심각하다고 판단할 수 있다.

단순히 위에서 언급한 재무제표 확인으로 모든 기업의 부도위험을 피할 수는 없다. 대표적으로 봐야 하는 지표들로 최소한 회사의 현재를 살펴보는 기준은 될 수 있을 것이다. 재무제표를 보면서 투자하여 나만의 지표를 찾아서 정리해 보는 것은 어떨까?

4. 이 채권, 부도 나지 않을까? : 업종별 사업항목 및 재무항목 평가

각 회사가 영위하는 업종과 사업범위에 따라서 재무지표를 해석하는 방법이 달라지기 때문에 각 산업별 산출기준을 확인해 볼 필요가 있다. 최근 개인투자자들이 많은 관심을 가지고 있는 업종인 건설업을 비롯하여 항공운수업의 예를 들어 살펴보도록 하자.

한국기업평가의 건설업종의 평가요소와 신용등급 간의 기준은 다음과 같다.

건설업종의 평가요소와 신용등급 간의 기준

(출처: 한국기업평가)

주요 평가요소			AA	A	BBB	BB	B
사업항목	매출액	다각화업체	≥ 3.5조 원	≥ 1조 원	≥ 2천5백억 원	≥5백억 원	< 5백억 원
		주택업체			≥ 3천5백억 원	≥ 8백억 원	< 8백억 원
	시공능력평가액 순위		≤ 8위	≤ 30위	≤ 80위	≤ 150위	> 151위
	공사물량 확보 능력		다양한 지역에서 난이도 있는 공사의 시공경험 풍부, 브랜드 인지도 매우 우수, 양질의 풍부한 공사물량 확보	시공경험 풍부, 브랜드 인지도 우수, 풍부한 공사물량 확보	시공경험 양호, 브랜드 인지도 양호, 적정 공사물량 확보	시공경험 열위, 브핸드 인지도 열위, 공사물량 다소 부족	시공경험 부족, 브랜드 인지도 매우 열위, 공사물량 부족
재무항목	EBIT/매출액		≥ 8%	≥ 6%	≥ 4%	≥ 2%	< 2%
	차입금의존도		≤ 27.5%	≤ 35%	≤ 45%	≤ 55%	> 55%
	부채비율		≤ 100.0%	≤ 150.0%	≤ 200.0%	≤ 300.0%	> 300.0%
	순차입금/EBITDA		≤ 1.5배	≤ 3.5배	≤ 7.0배	≤ 10.0배	> 10.0배
	EBIT/금융비용		≤ 7배	≤ 4배	≤ 2배	≤ 1배	> 1배
	재무융통성		매우 우수	우수	양호	열위	매우 열위

사업항목에 '시공능력평가액순위'라는 용어가 보인다. 대한건설협회에서 해마다 발표하는 순위로 건설사의 전년도 실적, 재무상태, 기술능력 등을 평가하여 각 업체가 1건 공사를 수행할 수 있는 능력을 금액으로 환산하여 이를 공시하는 것이다. 당연한 말이지만 시공능력평가액순위가 높을수록 건실한 건설회사라는 뜻이다. 또한 부채비율과 차입금의존도는 낮을수록, 그리고 매출액과 총 금융비용에 비하여 EBIT가 클수록 높은 신용등급을 가진 회사로 평가된다.

다음은 한국기업평가의 항공운수업의 평가요소들이다. 규모의 안정성에 '조정항공기 규모' 항목이 있다. 항공사는 원가경쟁력을 확보하기 위해 규모의 경제를 갖춰야 한다.

이는 일정 규모 이상의 운용 항공기 및 지원시설을 보유하여야 고정비 부담을 최소화할 수 있기 때문이다.

항공운수업의 평가요소와 신용등급 간 기준

(출처: 한국기업평가)

주요 평가요소			AAA	AA	A	BBB	BB	B
사업항목	규모의 안정성	매출규모	≥ 10조 원	< 10조 원	< 6조 원	< 3조 원	< 1조 원	< 0.5 조원
		조정항공기 규모	≥ 10조 원	< 10조 원	< 6조 원	< 3조 원	< 1조 원	< 0.5 조원
	위험분산 능력	국내외 노선별 매출 편중 정도, 화물 매출비중, 운송사업 외 기타사업 매출 수준, 환 · 유가 Hedge정책 등 사업위험 완화 수준	최고 수준	매우 우수	우수	양호	열위	매우 열위
	시장지배력	경쟁구조 및 점유율	확고한 독과점적 시장지위	과점적 시장구도 내 최상위권의 견고한 시장지위 유지	과점적 시장구도 내 상위권의 우수한 시장지위 견지	경쟁구도하 중상위의 시장 지위, 경쟁심화에 따른 점유율 변동성 내재	경쟁구도하 중하위 수준의 시장 지위, 점유율 변동성 높은 수준	시장지배력 결여
	사업경쟁력	브랜드인지도, 기재경쟁력(항공기 노후화 정도/항공기종 구성)	최고 수준	매우 우수	우수	양호	열위	매우 열위
	운항효율성	가동률(L/F) 및 Yield 추이, Network 수준	최고 수준	매우 우수	우수	양호	열위	매우 열위
재무항목	수익성	EBITDAR / 매출액	≥ 30%	< 30%	< 25%	< 20%	< 15%	10% >
	커버리지	EBITDAR / (I+R)	≥ 3배	< 3배	< 2.5배	< 2배	< 1.5배	< 1배
		조정순차입금 / EBITDAR	< 3배	< 4배	< 5배	< 6배	< 7.5배	7.5배 ≤
	레버리지	조정순차입금 / 조정총자산	< 30%	< 40%	< 50%	< 60%	< 70%	≥ 70%
	재무정책과 융통성		건전 · 안전위주 정책/양질의 무담보 비영업자산 완충력 최고	건전 · 안전위주 정책/비영업자산 담보여력 우수	건전재무정책기조 양질의 영업자산 담보 여력 양호	확장적 재무정책 기조/영업자산 담보여력 보유	불건전 재무정책 기조/보유재산 담보 여력 열위	투기적 재무정책/보유자산 담보 여력 부족

주 : (1+R) − (Interest + Rant)

운항효율성 지표는 항공사업을 평가할 때만 쓰이는 지표이다. 가동률이 높아지면 고정비 부담이 경감되어 영업수익성이 개선될 수 있다.

경쟁력 네트워크는 전세계 각지에 분산된 취항 공항 수와 노선분포 등의 통신망을 의미한다. 이는, 보다 많은 공항에 취항해 다양한 노선을 확보하는 한편, 항공사 동맹체를 활용한 글로벌 네트워크global network를 확대할수록 운항효율성을 높일 수 있다는 뜻이다.

이상으로 건설업과 항공운수업의 평가항목에 대해서 살펴보았다. 산업별로 평가하는 기준이 다르며 재무제표의 숫자뿐만 아니라 주요평가요소로 선정된 부분을 꼭 확인하고 채권투자에 나서야 한다는 점을 기억하도록 하자.

5. 오빠 믿지? : 신용평가사의 뒷북 평가

II

지금까지 신용등급을 기준으로 여러 이야기를 풀어 왔다. 하지만 아쉽게도 신용평가서 및 신용등급만 믿고 채권투자를 하는 경우에는 낭패를 볼 수 있다.

신용평가사들의 가장 큰 한계점으로 지적되는 것은 재무제표에 숨겨진 손실을 비롯하여 CEO의 의지 등 채권투자에 있어서 핵심적인 일부 사항들을 정확하게 파악하지 못하는 문제가 종종 발생한다는 것이다.

대우조선해양의 회사채 신용등급 변동 내역(회사채무보증)

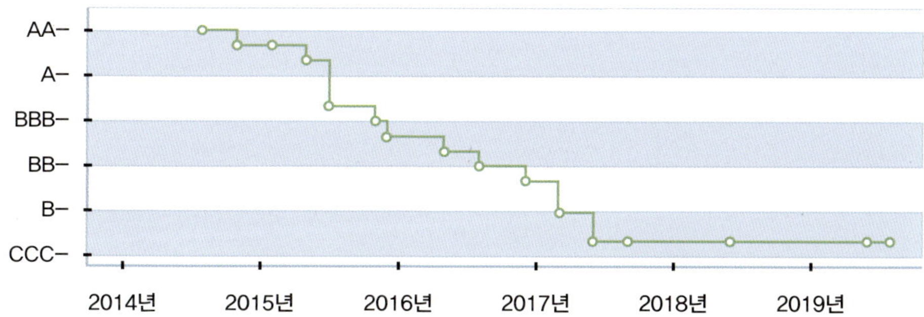

최근 대우조선해양의 사례가 이에 적합하다. 대우조선해양은 2015년까지만 해도 신용등급이 AA−로 우량채에 속했다. 하지만 2019년 7월 현재는 CCC까지 신용등급의 하락이 이어지고 있다. 사전에 리스크를 평가하고 반영해야 할 신용평가사들이 정확한 손실규모 예측에 실패하면서 사후적으로 신용등급을 연달아 조정하는 뒷북 평가를 해왔기 때문이다.

그러므로 신용평가사가 제공하는 신용평가서나 신용등급을 확인은 하되, 항상 옳은 것이란 기대는 하지 않도록 하자.

III

금리의 정의

중견 건설사 중 하나인 태영건설(A0)의 잔존만기 3년 채권의 금리는 1.936% 입니다. (기준일 2019.08.13.) 이 채권은 상대적으로 높은 금리 덕분에 발행 당시 투자자들에게 큰 인기를 끌었습니다. 그러나 정확히 1년 반 전인 2018년 2월 13일의 잔존만기 3년 국고채 금리는 2.272%나 되었습니다.

불과 1년 반 전만 하더라도 신용위험이 없고 유동성이 풍부한 국고채 금리가 1.5년 후의 회사채 금리보다도 0.33% 높았던 것입니다. 하지만 그 당시에 우리는 어떤 생각을 하고 있었을까요? 굳이 2%초반의 금리를 얻기 위해 국채를 살 필요는 없다고 생각하여 국고채 투자에 전혀 관심을 두지 않았을 것입니다. 그러나 최근에는 그보다 낮은 2% 금리의 회사채에도 많은 돈이 몰리고 있습니다.

최근 미국과 중국의 무역전쟁, 미국의 금리 인하 정책등을 보면 국내 시중금리도 꾸준히 하락할 것만 같습니다. 그렇다면 우리는 1.936%의 수익을 제공하는 회사채 투자라도 당장 서둘러야 하는 것은 아닐까요?

이 장에서 이러한 고민에 대한 명백한 답을 얻을 순 없습니다. 하지만 채권에 있어서 핵심이라고 할 수 있는 "금리"에 대해 이해하고, 채권 투자자로서 현명한 판단을 하는 데에는 도움이 될 수 있을 것이라고 생각합니다.

1. 금리 이야기, 시작! : 금리의 종류

이와 같은 에피소드는 증권사 영업점에서 꽤 빈번하게 발생한다. 당황스럽긴 하지만, 하나의 채권은 여러 가지의 수익률 또는 금리를 가지고 있다. 이번 절에서는 다양한 채권 금리들을 이야기하려고 한다. 채권의 금리를 논하기에 앞서 우리가 채권투자를 왜 하는지에 대해 먼저 생각해 보자.

III

현재가치 vs 미래가치

채권투자는 쉽게 말해 돈이 필요한 사람에게 돈을 빌려주었다가 정해진 일자에 이자를 더하여 되돌려 받는 약속이다. 여기서 이자를 받는 이유는 여러 가지가 있겠으나, 가장 큰 이유는 현재 내가 빌려주는 돈의 가치가 미래에 되돌려 받을 돈의 가치보다 크다고 보기 때문이다. 그만큼의 가치 차이에 대해 돈을 빌려 쓰는 사람이 빌려주는 사람에게 보상을 해준다고 생각하면 된다.

예컨대 1년 후의 손에 들어올 1,000만 원과 당장 손에 들고 있는 1,000만 원은 그 값어치에 있어서 큰 차이가 있다. 하지만 1년이 지나야 손에 들어올 돈이 1,500만 원이라면 그 돈은 당장 내일 생길 1,000만 원과 비교해서 더 가치가 있을 수도 있다. 만약 1년이 지나서 손에 들어올 돈이 1,250만 원이라면 어떨까?

이처럼 미래에 들어올 금액에 있어서 1,000만 원과 1,500만 원 사이에 어느 선엔가 당장 나에게 들어올 1,000만 원의 가치와 동일한 금액이 있을지도 모른다. 그 금액을 당장 들어올 1,000만 원의 “미래가치(Future Value 또는 *FV*)”라고 부르자. 예를 들어 그 금액은 1,200만 원일 수 있다.

한편 1년 후 미래에 발생할 1,200만 원과 동일한 가치를 갖는 현재 시점에서의 금액을 미래에 발생할 1,200만 원의 “현재가치(Present Value 또는 *PV*)”라고 부르자. 그 금액은 바로 1,000만 원이다.

결국은 현재 시점의 1,000만 원과 미래 시점의 1,200만 원이 동일한 가치를 가질 경우, 두 금액 사이의 관계를 정립해 주는 공식이 만들어진다.

$$1{,}000\text{만 원} \times (1+\textit{이자율}) = 1{,}200\text{만 원}$$

위의 식을 풀면, 이자율은 20%라는 것을 발견할 수 있다.

이를 종합해 보면, 항상 특정 금액에 있어서 1년 사이의 현재가치와 미래가치의 차이를 정의해 주는 이자율(r)이 존재하게 된다. 결국 아래와 같은 수식이 성립한다.

$$PV \times (1+r) = FV$$

이자율이 20%이고 변하지 않는다고 가정할 때, 현재 1,000만 원에 대한 2년 후의 가치는 어떻게 알 수 있을까? 다음과 같은 계산이 가능할 것이다

1,000만 원×(1+20%)×(1+20%)=1,440만 원

$$PV \times (1+r) \times (1+r) = FV$$

$$PV \times (1+r)^2 = FV$$

이를 공식화하면, 어떤 현재 금액의 n년 후의 가치는 현재가치에 $(1+r)$만큼을 기간 연수(n)만큼 제곱하면 산출할 수 있는 것이다.

반대로, 미래 어떤 금액의 현재가치는 어떻게 계산할까? 식을 조금 변형하여, 3년 후의 3,000만 원의 현재가치를 계산해 보면

$$PV = FV/(1+r)^2$$

현재가치=3,000/(1+20%)³

=1,736.11

계산기를 통해 계산할 경우, 위와 같은 금액을 얻을 수 있다.

요약하자면, 미래 발생할 돈과 현재에 발생할 돈은 사람마다 그 가치가 다르며, 이를 비교하기 위해 우리는 "미래가치"와 "현재가치"라는 개념을 사용한다. 그리고 그 차이를 일치시켜 주는 것이 바로 이자율인 것이다.

그런데 이자율은 왜, 그리고 어떻게 만들어지는 것일까? 충치로 말미암아 치아 치료가 시급한 누군가에게는 현재의 100만 원이 2년 뒤에 받을 200만 원보다 소중하다. 그 반면에 물질적으로 부유한 삶을 사는 누군가는 당장 100만 원

을 받기보다 2년 뒤에 110만 원을 받는 것을 선호할지도 모른다.

이처럼 이자율은 사람마다 완전히 제각각일 수밖에 없다. 하지만 수많은 투자자들이 참여하는 금융시장에서 개개인 별로 서로 다른 이자율을 사용한다면 어떤 일이 벌어질까? 아마도 거래 때마다 큰 혼란이 발생할 것이다.

그래서 우리는 금융시장에서만큼은 통일된 기준을 사용한다. 즉, 이자율에 있어서 우린 항상 "경제적"인 측면만을 고려한다. 여기서 말하는 "경제적"인 측면이란, 금융시장에서 통용되는 금리(이자율)만이 미래가치와 현재가치를 정의하고 있다는 말이다. 즉, 현재 소유하고 있는 100만 원의 2년 후의 가치는 필자에게도 독자에게도 동일해야 한다는 것이다. 그리고 이 미래가치와 현재가치의 차이는 금리에 의해 결정되어야 한다.

문제는 금리를 논할 때도 몇 가지 다양한 개념이 나온다는 것이다. 조금 어렵게 느껴지더라도 다음 세 가지 개념은 꼭 익혀야 한다.

(1) 표면금리(액면이자율, 쿠폰)

채권의 권면에 기재된 이율로서, 1년 기준으로 채권발행자가 채권소유자에게 지급하는 이자를 액면으로 나눈 값이다. 액면이 ₩10,000일 때 1년에 한 번 ₩1,000을 지급하는 경우나 1년에 4번 ₩250을 지급하는 경우나 표면금리는 10%로 동일하다. 이표채의 경우, 다음 표와 같이 액면 금액에 표면이율을 곱하면 지급되는 이자 총액이 계산된다. 다만, 복리채 및 할인채는 이자를 구하는 계산방식이 다르다.

2016/1/1 에 액면 ₩10,000 인 채권에 투자할 경우,
아래 두 채권 모두 표면금리는 10%

A 채권 현금흐름		
2016.04.01.	₩250	이자
2016.07.01.	₩250	이자
2016.10.01.	₩250	이자
2017.01.01.	₩250	이자
	₩10,000	원금
총 수령액	₩11,000	

B 채권 현금흐름		
2016.04.01.	–	
2016.07.01.	–	
2016.10.01.	–	
2017.01.01.	₩1,000	이자
	₩10,000	원금
총 수령액	₩11,000	

현명한 투자자라면 왼쪽 채권을 선택할 것이다. 채권 #1은 중간중간에 250원씩을 지급 받아서 다른자산에 재투자가 가능한 반면, 채권 #2의 경우는 만기에 이자가 일시 지급되므로, 중간에 재투자를 할 수 없기 때문이다.

어떤 독자는 표면금리가 결국 정기예금에 있어서 이자율과 같은 개념이 아니냐고 반문할 수 있다. 만약 채권이 시장에서 거래될 수 없는 상품이라면, 표면금리는 계약금액과 계약기간에 따르는 수익률이라는 점, 그리고 과세의 기준이 된다는 점 등에서 둘은 큰 차이가 없다.

채권이 정기예금과 다른 점은, 채권은 유가증권이기에 매매가 가능하고 가격이 존재한다는 것이다. 따라서 채권을 유통시장에서 거래한다는 것은 바로 '어떤 표면금리만큼의 이자를 얻을 권리'를 사고 판다는 개념으로 볼 수 있다. 그리고 그 권리의 가치가 시중금리에 의해 상승하거나 하락하게 된다.

(2) 매매수익률 (YTM, Yield to Maturity)

만기수익률 등으로도 불린다. 채권투자로부터 발생하는 현금흐름의 합계액과 현재의 그 채권가격을 일치시키는 할인율을 의미한다.

채권시장에서 채권거래 시에 채권가격의 대체제로 널리 사용된다. 즉, 주식이 가격(Price)으로 호가를 제시하고 거래되는 반면, 채권은 매매수익률로 호가를 제시하고 거래된다.

좀더 자세히 살펴보면 아래와 같다. 현재의 채권 가격이 PV_0이고, 만기는 T, 그리고 초기부터 만기 T까지 앞으로 t 시기마다 발생하는 각각의 현금흐름이 FCF_t라고 하면, 아래 식을 만족시키는 할인율(여기에서는 R이라고 함)이 바로 매매수익률이다.

$$PV_0 = \sum_{t=1}^{T} \frac{FCF_t}{(1+R)^t} = \frac{FCF_1}{(1+R)^1} + \frac{FCF_2}{(1+R)^2} + \cdots + \frac{FCF_T}{(1+R)^T}$$

아주 간단한 예를 들어보면, 1년 후 10,000원을 받는 채권의 매수가격이 9,100원이라고 정하면 매매수익률은 얼마일까?

다음 식을 풀어 보면,

$$FCF_1 = 10{,}000,\ PV_0 = 9{,}100$$

$$9{,}100 = \frac{10{,}000}{(1+R)^1}$$

계산 결과 R은 9.89%로 도출된다. 즉, 매매수익률이 9.89%이다.

좀더 복잡한 현금흐름을 생각해 보자. 표면금리가 10%이면서 1년에 1회로, 말일에 이자가 지급되는 채권의 잔존기간이 3년 남았다고 가정해 보면,

T=3까지이고, 액면이 ₩10,000이라면 FCF_1=FCF_2=₩1,000, 그리고 만기시점의 현금흐름인 FCF_3는 원금과 만기이자가 합산되어 FCF_3=₩11,000 이다. 현재 이 채권의 가격이 PV_0=₩10,500이다. 이 상황을 그림으로 표현해 보면 다음과 같다.

채권 현금흐름 예시

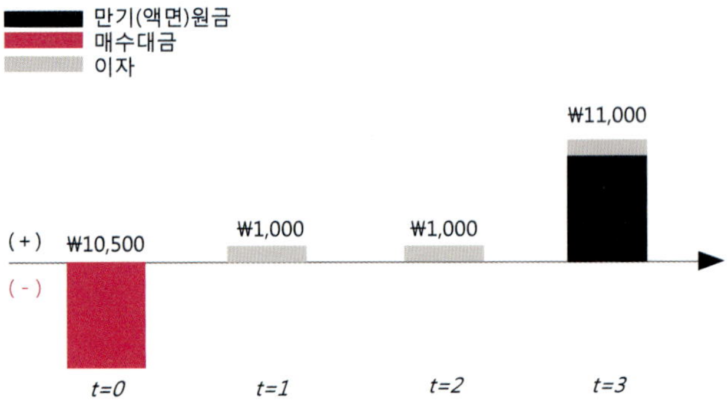

그림에서 보는 바와 같이, t=1부터 t=3까지 발생하는 현금흐름들의 현재가치와 현재의 가격(PV_0=₩10,500)을 일치시키는 R을 구해 본다.

아래 식은 3차 방정식이기 때문에 재무계산기를 사용한다.

$$10{,}500=\frac{1{,}000}{(1+R)^1}+\frac{1{,}000}{(1+R)^2}+\frac{11{,}000}{(1+R)^3}$$

식을 풀어보면,

$$R\cong 8.058\%$$

따라서 위 채권의 매매수익률(=R)은 8.058%라고 할 수 있다. 위 채권이 시장에서 거래될 때에는 매수자와 매도자가 채권의 가격인 ₩10,500 대신 8.058%라는 정보를 주고받으며 협상을 할 것이다. 왜 그럴까? 시장에 존재하는 채권을 투자할 때에는 그 채권을 통해 얻을 경제적인 이익의 수준이 가장 중요한데, 이는 곧 그 채권으로부터의 수익률이다. 그리고 매매수익률은 그 수익률의 지표가 된다.

그 반면에 채권의 가격은 서로 다른 두 채권의 수익성이 동일하더라도 표면금리, 이자지급일정, 만기일, 이자지급방법 등에 따라 천차만별일 수 있기 때문에 직관적이지 못하다.

매매수익률 개념은 약간의 가정이 첨부되었다고 볼 수 있다. 바로 중도에 발생하는 현금흐름들이 똑같은 매매수익률로 재투자된다는 가정이다. 예컨대 위의 예에서 첫 해에 받은 ₩1,000은 어떻게 해야 할까? 절묘하게도 이를 다시투자할 똑같은 투자대상이 존재하며, 그 투자수익률 역시 위 매매수익률(≅ 8.058%)과 동일하다는 가정이 숨어 있다. 그 밖에도 채권시장의 각 투자기간별 금리가 모두 동일하다는 가정 역시 포함된다.

정리하면, 매매수익률은 실제 채권시장에서 채권거래 시에 널리 사용되는 수익률이지만 투자자들에게는 익숙하지 않은 개념이다. 쉽게 생각해서 매매수익률(=만기수익률=YTM)은 채권의 가격수준을 나타내는 개념이라고 볼 수 있다.

(3) 예금환산수익률

앞에서 채권은 표면금리를 바탕으로 과세가 이루어진다고 했다. 만약에 어떤 채권에 투자했을 때에 매수가격과 표면금리, 그리고 이에 따라 발생하는 이자소득세를 모두 감안하여 분석해 보니 세후로 연평균 3%를 얻는 채권이 있었다고 가정해 보자. 과연 이 채권은 세전 3.5%를 얻는 정기예금 대비 우월한 수익률을 제공하는 것일까?

증권사들은 고객들이 채권투자로 얻을 수 있는 수익률을 빠르게 판단하기 위하여 예금환산수익률이라는 개념을 도입하였다. 이는, 채권의 세후 현금흐름을 투자기간(연)으로 나누어서 구한 세후 연평균수익률에 이자소득세율을 적용하여 세전으로 역산한 수익률로, 은행예금과 직접 비교 가능한 수익률이다. 그 식은 아래와 같다.

$$\text{예금환산수익률} = \frac{\text{세후 연평균수익률}}{(1-\text{세율})}$$

예금환산수익률은 채권에 관련된 교과서에는 잘 나오지 않는 수익률 개념이다. 이는 채권의 수익률을 투자자들에게 가장 친숙한 금리 상품인 정기예금과 직접 비교할 수 있도록 국내시장에서 만들어진 개념이다. 하지만 실질적으로 개인투자자들에게 있어서 가장 중요한 지표 중 하나가 될 것이다.

지금까지 설명한 것처럼 채권의 수익률을 거론할 때는 다양한 개념이 서로 뒤섞여 있을 수 있으므로 투자자들 입장에서는 용어가 혼동될 수 있다.

이들을 계산하는 방식 또한 각기 다르다. 채권 자체의 현금흐름이 정기예금처럼 단순하지가 않고 유형도 다양하기 때문이다. 단순하게 투자자는 예금환산수익률로 계산된, 그 채권투자에 대한 효용을 알면 된다. 하지만 좀더 현명한 투자를 위해서는 위의 3가지 수익률이 서로 어떻게 작용하는지를 정확히 알고 설명할 수 있어야 한다.

3가지 수익률의 개념 정리

	매매수익률	표면금리	예금환산수익률
개념	채권투자로부터 발생하는 현금흐름의 합계 액과 현재의 그 채권가격을 일치시키는 할인율	채권의 권면에 기재된 이율로서, 1년 단위로 채권발행자가 채권소유자에게 지급하는 이자를 액면으로 나눈 값	채권의 투자수익률을 정기예금의 수익률과 쉽게 비교하기 위해 세후 수익률로부터 역산하여 계산한 수익률
용도	채권거래 시에 채권가격의 지표	현금흐름 도식화 및 소득세 과세의 기준	개인투자자의 채권투자 수익성 분석
주의사항	중도 발생 현금흐름에 대해서 똑같은 매매수익률로 재투자된다는 가정	실제로 투자의 수익성을 판단하기에는 부적합한 금리 개념	단리 개념이기 때문에 복리채의 수익성이 과장되는 부작용 존재
같은 의미 표현	만기수익률 / YTM / 매매금리	표면이자율 / 발행금리 / Coupon Rate	없음

2. 예금인 듯 예금 아닌 예금 같은 너 : 예금환산수익률 계산 실전

예금환산수익률이란 특정 채권의 세후 연평균수익률을 이자소득세율을 적용하여 세전으로 역산한 수익률이다. 정기예금 금리와의 수익성을 직접 비교하기 위한 개념이라고 앞 절에서 정리하였으며, 다음 식과 같이 정의되어 있다.

$$\text{예금환산수익률} = \frac{\text{세후 연평균수익률}}{(1-\text{세율})}$$

만약에 정기예금 금리가 4%이고, A회사채의 세후 연평균수익률이 3.5%라면, 어떤 상품이 더욱 높은 수익성을 제공할까? 세율이 15.4%일 경우에 정기예금의 세후 연평균수익률은 아래와 같다.

$$4\% \times (1-15.4\%) = 3.384\%$$

정기예금의 세후 연평균수익률이 3.384%인 반면에 채권의 세후 연평균수익률은 3.5%이므로 이 경우에 채권의 수익성이 더 우수하다고 할 수 있겠다.

그러나 매번 이렇게 계산하도록 요구한다면 투자자 입장에선 다소 피곤할 것이다. 따라서 증권사들은 차라리 채권의 수익률을 정기예금과 같이 세전 금리로 환산하여 제시하고 있는 것이다. 앞의 경우에서는 예금환산수익률이 아래와 같이 계산된다.

$$\text{예금환산수익률} = \frac{3.5\%}{(1\text{-}15.4\%)} = 4.137\%$$

이 채권의 예금환산수익률이 4.137%이라면 정기예금 4%보다 더 높은 수익성을 얻을 수 있는 것이다. 증권사들은 이와 같이 채권들의 표면금리나 만기수익률, 또는 세후 연평균수익률 대신에 예금환산수익률을 제공함으로써 고객들이 정기예금 금리와 쉽게 비교하고 투자판단을 즉각적으로 할 수 있도록 돕는다.

그런데 위에서 세전으로 환산하는 과정에서 세율을 15.4%로 가정하였다. 왜 일까? 아래 도표를 한 번 살펴보자.

개인에 적용되는 소득세율

구 분	세 율	
이자소득세율(원천징수)	15.4%(지방소득세 포함)	
분리과세율	33.0%(지방소득세 포함)	
*종합소득세율	~ 1,200만 원	6.6%(지방소득세 포함)
	1,200~4,600	16.5%(지방소득세 포함)
	4,600~8,800	26.4%(지방소득세 포함)
	8800~1.5억 원	38.5%(지방소득세 포함)
	1.5억 원~5억 원	41.8%(지방소득세 포함)
	3억 원~5억 원	44.0%(지방소득세 포함)
	5억 원~	46.4%(지방소득세 포함)

*금융소득종합과세(2,000만 원을 초과하는 금융소득) 대상자의 경우, 초과분에 대해 종합소득세율을 적용

세율과 관련해서 경험이 충분하지 않다면 위의 표를 이해하는 데에 다소 어려움이 있을 수 있다. 5장 채권과 절세 부분에서 자세히 언급할 것이므로, 여기서는 다음과 같이 간단히 짚고 넘어가자.

– 금융소득이 연 2,000만 원 미만일 경우, 이자소득에 대해 15.4%의 세율을 적용받는다. 정기예금이나 채권투자 시, 이자소득세 14% 및 지방소득세1.4%는 금융기관을 통해서 원천징수가 된다. 따라서 예금환산수익률 환산 시에는 15.4%를 적용한다.

– 금융소득이 연 2,000만 원 이상인 경우, 거액자산가일 가능성이 높다. 예컨

대 연 4%의 수익률로서 한 해 동안 2,000만 원의 금융소득을 얻었다면, 금융자산이 적어도 5억 원이 넘는 투자자일 것이다. 이 범주에 속하는 경우에 **금융소득종합과세**제도로 말미암아 2,000만 원을 초과하는 금융소득에 대해 종합과세 세율이 적용됨을 고려해야 하는데, 앞(개인에 적용되는 소득세율)의 표와 같이 세분화되어 있으니 참고하면 된다.

어떤 채권의 예금환산수익률을 계산하기 위해서는 약간의 시간이 소요된다. 만약에 동일한 채권을 더 싼 가격에 매수할수록 싸게 산 만큼에 해당하는 "자본차익"이 발생하는데, 이는 비과세 소득이 되기 때문에 세후 연평균수익률 및 예금환산수익률 계산이 복잡해지기 때문이다. 좀 더 자세히 알아보기 위해 아래 세 가지 경우를 비교해 보자. 세 채권의 매매수익률이 동일해도 예금환산수익률은 천차만별일 수 있다.

세 종류의 채권의 매매수익률과 예금환산수익률의 예

	표면금리(발행금리)	액면 10,000 투자 시 발생수익		세후수익(수익별)	세후수익(합계)	채권단가	세후연평균수익률	예금환산수익률
Case 1	2%	이자수익	200	169	169	10,000	1.69%	2.00%
		자본차익	0	0				
Case 2	1%	이자수익	100	84	184	9,900	1.86%	2.20%
		자본차익	100	100				
Case 3	3%	이자수익	300	253	153	10,100	1.51%	1.79%
		자본차익	-100	-100				

⇨ 가정 : 매매수익률(YTM) 2%, 1년만기 이표채(듀레이션≅1), 이자소득세율15.4%

Case 1 2%(표면금리, 액면에 대해 이자지급), 10,000원으로 발행된 채권을 2%의 매매수익률로 사는 경우이다. 채권의 매수단가는 10,000원이 된다. 이 채권에서 발생하는 세전 이자수익은 200원이고, 세후 금액으로 산정해 보면 이자수익은 15.4%의 이자소득세율을 적용 받아서 169원이 된다. 이 외에 다른 수익요소는 없으므로 이것이 이 채권의 세후 총 투자수익이 된다. 세후 연평균수익률은 1.69%이며, 이를(1−15.4%)로 나눠서 역산하면 약 2.00%의 예금환산수익률을 구할 수 있다.

Case 2 1.0%(표면금리, 액면에 대해 이자지급), 10,000원으로 발행된 채권을 2%의 매매수익률로 사는 경우이다. 이 채권에서 발생하는 이자 수익(과세)은 100원이고, 만기 때 세전 10,100원을 받는다. 이를 1년 매매수익률 2%로 할인하면 아래와 같이 단가가 계산된다.

$$\frac{10,100}{(1+2\%)}=9,901.96$$

채권 매수가격은 쉽게 9,900원이라고 가정하자. 9,900원을 투자하여 만기 때 10,100원을 받으므로 세전 이익은 200원이다. 이 중 100원이 이자수익으로서 과세가 이뤄지며, 나머지 차액 100원은 자본차익이어서 과세되지 않는다. 이자에 대한 세후 금액은 100원×(1−15.4%)=84원이며, 자본차익은 세전 100원이지만 비과세대상소득이다. 이 모두를 합친 세후 연평균수익률은1.86%이고, (1−15.4%)로 나눠서 역산하면 약 2.20%의 예금환산수익률을 구할 수 있다.

Case 3 3.0%(표면금리, 액면에 대해 이자지급), 10,000원으로 발행된 채권을 2%의 매매수익률로 사는 경우이다. 이 채권에서 발생하는 이자 수익(과세)은 300원이고, 만기 때 세전 10,300원을 받는다. 이를 1년 매매수익률 2%로 할인하면 아래와 같이 단가가 계산된다.

$$\frac{10,300}{(1+2\%)}=10,098.04$$

III

쉽게 이해하도록 채권 단가를 10,100원이라고 가정하자. 10,100원을 투자하여 만기 때 10,300원을 받으므로 세전 수익은 동일하게 200원이다. 그러나 실제로는 300원의 이자수익과 -100원의 자본차익(즉, 자본손실)이 발생한다.

이자수익에는 과세가 이뤄지며, 마이너스 자본차익은 과세되지 않는다. 이자에 대한 세후 금액은 300원×(1－15.4%)=253원이며, 자본손실은 100원이다. 이 모두를 합친 세후 수익은 153원이며, 연평균수익률은 1.51%이고, (1-15.4%)로 나눠서 역산하면 약 1.80%의 예금환산수익률을 구할 수 있다.

⇨ **Case 1, 2, 3** 에서 표면금리와 매매수익률이 예금환산수익률에 미치는 영향을 확인할 수 있다.

표면금리 ＜ 매매수익률 : 예금환산수익률 ↑
표면금리 = 매매수익률 : 예금환산수익률 ↔
표면금리 ＞ 매매수익률 : 예금환산수익률 ↓

즉, 표면금리보다 높은 금리(싼 가격)에 채권을 매수한다면 상대적으로 세금이 적게 발생하여 예금환산수익률이 상승하고, 반대로 표면금리보다 낮은 금리(비싼 가격)에 채권을 매수한다면 세금이 많이 발생하게 됨으로써 예금환산수익률이 낮아진다. 결론적으로 낮은 표면금리의 채권을 높은 매매수익률로 사는 것이 투자자들에게 가장 유리하다.

Summary

예금환산수익률은 특정 채권의 세후 연평균수익률을 이자소득세율에 적용하여 세전으로 역산한 수익률로, 정기예금과 채권의 수익성을 직접 비교하기 위한 개념이다. 다음과 같이 계산한다.

$$예금환산수익률 = \frac{세후연평균수익률}{(1-세율)}$$

예금환산수익률은 투자자에게 적용되는 세율에 따라 달라질 수 있다. 한계소득세율이 38.5%인 경우라면 세후 연평균수익률을 (1－38.5%)로 나눔으로써 예금환산수익률을 계산할 수 있다.

표면금리보다 매매수익률이 크다면 이는 채권을 액면가격 이하로 매수하는 경우이다. 이 경우 자본차익이 발생함으로써, 일반적으로 예금환산수익률이 매매수익률보다 높아진다.

그 반대로 표면금리가 매매수익률보다 크다면 액면가격 이상으로 매수하는 경우이다. 이 경우에 자본손실이 발생하는데, 손실로 말미암아 세금을 보전받는 경우는 없기 때문에 세후 연평균수익률이 낮게 나오고 결국 예금환산수익률도 매매수익률보다 떨어지기 마련이다.

3. 채권금리가 떨어지면 왜 가격이 오를까? 매매수익률과 가격의 관계

III

채권금리와 채권가격 간의 이론적인 정의는 버튼 고든 말킬B. G. Malkiel의 채권에 대한 5가지 일반적인 원칙이 주로 인용된다. 그러나 일반적인 채권투자자들에게는 제1정리 및 제2정리만으로도 충분한 지침이 될 것이다.

말킬의 채권가격정리 (Bond Price Theorem)

제1정리 채권가격은 매매수익률에 반비례한다.

채권가격(P)은 확정된 미래의 현금흐름을 매매수익률(Y)로 할인하는 개념으로, 매매수익률이 커지면 할인하는 분모의 계수가 커지는 것이므로 채권가격은 하락하게 된다.

$$P = \frac{FCF}{(1+Y)}, \langle \text{Y가 커지면 P는 작아진다.} \rangle$$

예컨대 액면가 10,000원이고 표면금리 10%에 잔여만기 3년이며 이자지급방법은 3개월 후급인 이표채의 경우, 다음 표와 같이 매매수익률이 10%에서 5%로 하락하면 채권가격은 10,000원에서 11,384원으로 상승하게 된다. 그 반면에 매매수익률이 15%로 상승하면 채권가격이 8,809원으로 하락하여, 결국은 채권가격이 매매수익률과 반비례하고 있다는 사실을 잘 보여주고 있다.

매매수익률, 표면금리, 만기와 채권가격의 관계

만기	표면금리	채권가격 (r=10%)	r=5%		r=15%	
			채권가격	가격변동률	채권가격	가격변동률
3년	5%	8.717	10,000	(+)14.72%	7,619	(−)12.60%
	10%	10,000	11,384	(+)13.84%	8,809	(−)11.91%
	15%	11,282	12,769	(+)13.18%	10,000	(−)11.36%
	20%	12,564	14,154	(+)12.65%	11,190	(−)10.94%
5년	5%	8.051	10,000	(+)24.21%	6,526	(−)18.94%
	10%	10,000	12,199	(+)21.99%	8,262	(−)17.38%
	15%	11,948	14,399	(+)20.51%	10,000	(−)16.30%
	20%	13,897	16,599	(+)19.4%	11,737	(−)15.54%

말킬의 채권가격 : 제1정리

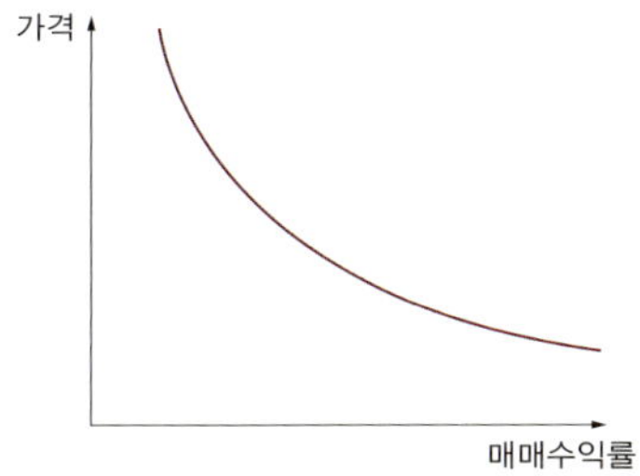

매매수익률이 상승하면 채권가격은 하락하며, 매매수익률이 하락하면 채권가격은 상승하는 등의 두 요소가 서로 반비례하는 관계를 보여준다.

제2정리 일정 수준의 매매수익률 변동에 대해 채권의 만기가 길수록 채권가격의 변동폭은 커진다 (동일한 매매수익률 변동에 대해 장기채의 가격변동폭이 단기채에 비해 더 크다).

앞의 표를 다시 살펴보자. 표면금리가 10%인 만기 3년 채권의 매매수익률이 10%에서 5%로 하락하는 경우에 가격은 10,000원에서 11,384원으로 13.84%가 상승하지만, 표면금리 10%인 만기 5년 채권의 매매수익률이 10%에서 5%로 하락하는 경우에 가격은 10,000원에서 12,199원으로 21.99%가 상승한다.

이처럼 동일한 매매수익률 변동(−5%)에 대해 만기가 긴 채권의 가격변동폭이 더 크다는 것을 알 수 있다. 반대로 매매수익률이 5% 상승하는 경우는 3년 만기 채권의 경우에 −11.91%인 반면, 5년 만기 채권의 경우는 −17.38%로 가격하락폭이 더 큰 것을 알 수 있다. 즉, 어느 경우든지 장기채권의 가격 변동성이 단기채권에 비해 크다.

말킬의 채권가격정리 : 제2정리

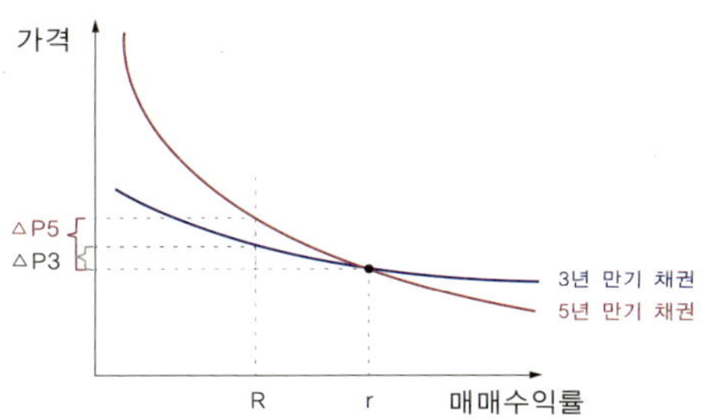

만기가 긴 채권일수록 매매수익률 변화에 따른 채권가격변화가 크다.
매매수익률이 r에서 R로 이동할 때 만기 5년 채권의 가격이 더 높게 오른다.

그 밖에도 다음과 같은 채권가격 – 매매수익률 간의 정리가 존재하므로 관심 있는 독자들은 살펴보길 바란다.

제3정리 매매수익률 변동에 의한 채권가격변동폭은 만기가 길어질수록 증가하나 그 증감률은 체감한다.

제4정리 만기가 일정할 때 매매수익률의 하락으로 말미암은 가격상승폭은, 같은 폭의 매매수익률 변동으로 인한 가격하락폭보다 크다.

제5정리 표면금리가 낮은 채권이 표면금리가 높은 채권보다 일정한 채권수익률 변동에 따른 가격변동폭이 더 크다.

버튼 고든 말킬(Burton Gordon Malkiel, 1932. 8. 28. ~)은 미국의 경제학자이자 작가이며, 채권의 가격과 수익률 간의 관계를 정리한 '채권가격정리'와 '주식시장은 효율적이기 때문에 원숭이와 전문가의 투자 대결의 결과는 알 수 없다'라는 충격적인 주장을 했던 저서 "A Random Walk Down Wall Street"(1973년)로 유명하다. 1973년 당시 프린스턴 대학 경제학 교수였다.

30년 국채 투자 사례

2012년 12월, A씨는 경제신문에서 30년 국채에 관련된 기사를 읽으며 투자를 고민하다가 B증권사 지점을 찾았다. 한창 30년 국채 판매에 열을 올리던 B증권사였기에, 투자에 긍정적인 의견을 줄 것이라고는 예상은 했던 바였다. 그는 한국이 일본과 같은 저출산 고령화 사회로 가고 있는 상황에서 결국에는 일본과 같은 초저금리의 시대로 가게 될 것이고, 일본과 같은 저금리 상황이 온다 해도 연 3%의 이자와 원금을 2042년까지 국가에서 지급을 보장한다는 PB의 논리에 공감했다.

결국 A씨는 노후자금으로 저축 중이었던 예금을 털어서 2억 원을 30년 국채에 투자하게 되었다. 투자 당시 30년 국채의 매수수익률은 3.2%였다.

그런데 투자하자마자 사단이 났다. 2013년 5월이 되자 미국이 경기부양을 위해 실시해 온 양적완화정책을 점차 축소하겠다고 이야기하기 시작했다. 이른바 테이퍼링tapering이었다. 그러자 테이퍼링이 개시된 2013년 12월까지 시장금리가 가파르게 오르기 시작하였다.

30년 동안 3%의 안정된 이자를 받겠다는 생각으로 노후자금을 투자했던 A씨였지만, 2013년 8월쯤 경제신문을 보고 마음이 다급해졌다. 30년 국채 투자자들이 20% 이상의 평가 손실을 보고 있다는 내용이 있었기 때문이다.

깜짝 놀란 A씨는 증권사에 방문하여 평가잔고를 확인하였다. 역시나 25% 손실이 찍혀 있었고, 평가손실은 무려 5천만 원에 가까웠다. 당황한 A씨에게 PB는 "미국 등 외부의 영향으로 갑자기 금리가 급등해서 발생한 평가손실이다. 고객님이 실제로 팔기 전까지는 손실이 아닌 말 그대로 평가손실일 뿐이다.

계속 보유한다면 이자는 매년 3%씩 나올 것이고, 만기인 2042년에는 원금도 정확하게 국가가 지급한다."라고 말하며, A씨를 진정시켰다.

찜찜한 마음으로 돌아오긴 했지만, 힘들게 모은 노후자금이 마이너스 5천만 원이 찍혀 있는 모습을 잊을 수가 없어서 며칠 밤낮을 설치며 당장에라도 매도해서 '1억 5천만 원이라도 건져야 하나' 고민하였다. 경제신문과 인터넷에서도 더 큰 손실을 보기 전에 매도하는 투자자들도 늘고 있다는 말도 들렸다. 혼자 고민하던 A씨는 다시 증권사 PB에게 전화를 해서 답답함을 토로했다.

증권사 PB는 "만기가 30년인 국채이지만 투자하시고 1년 만에 금리가 급등했듯이 30년 안에 금리가 크게 떨어지는 날도 있을 것입니다. 국채이기 때문에 만기까지 보유하면 손실 가능성은 전혀 없습니다. 같이 기다려 보시지요. 처음에 고객님 생각처럼 우리나라도 결국 일본처럼 초저금리를 경험하게 될 것입니다. 그 때가 되면 버티길 잘했다는 생각을 하실 것입니다."라고 설득했다.

결국 A씨는 연간 3%의 이자를 받으면서 30년 국채를 계속 보유하기로 결심했다. 시장이 잠잠해지며 금리가 다시 내려오기 시작하였고, 안심하면서 다시 평가에 대해서는 잊고 지내게 되었다. 시간이 점차 지나자, 결국 A씨가 처음 투자하며 생각했던 것처럼 초저금리 시대가 도래하면서 30년 만기 국채의 시장금리는 약 1.5%까지 하락하였다.

투자 후 약 4년이 되어가는 시점에서 확인한 A씨의 계좌 평가금액은 약 2억 7천만 원이다. 그 동안 받은 7번의 이자금액만 합해도 2,000만 원이 넘는다. 수익률은 누적으로 약 45%, 연환산 수익률은 약 15.5%이다.

요즘 A씨는 계좌를 볼 때마다 든든하다. 국채에 대한 믿음과 자신감도 생겨서 '수익 중 일부를 팔아서 해외채권에 도전해 볼까'를 고민 중이다.

4. 기준금리의 의미

요즘 경제신문을 보면 한국은행이 조만간 기준금리를 내릴 것이라고 하던데… 다음 기준금리 결정이 언제인가요?
기준금리를 결정하는 금융통화위원회는 다음주 목요일에 진행됩니다. 무슨 투자 아이디어가 있으신가요?
대리님이 지난번에 금리가 내려가면 채권 가격이 올라간다고 했잖아요? 다음주에 기준금리가 내려갈것 같으니 만기 20년 국채를 사두려고요.
시중금리가 내려가면 채권 가격이 올라가는 것은 맞습니다. 그런데 기준금리가 내려가면 시중금리가 꼭 내려가지는 않거든요.
네? 기준금리랑 시중금리랑 다른건가요?
네, 다릅니다. 서로 영향을 미치기는 하지만, 언제나 같이 움직이지는 않아요.

급하게 증권사에 전화해서 국고채 20년물을 매수해 달라고 요청하는 고객에게 필자는 채권시장의 금리 수준이 기준금리 인하를 예측하여 이미 많이 떨어져 있다는 사실을 알려주었다. 채권시장이 기준금리보다 먼저 움직였다는 것인가? 한국은행의 기준금리 결정이 채권시장 금리에 영향을 미친다고 알고 있던 고객은 잠시 혼란스러워하였다.

기준금리(Key Interest Rate)란?

한국은행에서는 매월 둘째 주 목요일(변동 가능)에 금융통화위원회(금통위)를 열고 한국은행 총재를 포함한 7명의 금통위 위원들이 모여서 회의를 진행한다. 이 회의에서는 현재의 경제상황과 정책적인 내용들에 대한 논의가 이루어지고, 물가와 고용 상황을 비롯한 경제지표들의 현황과 전망을 토대로 기준금리의 수준을 결정한다. (금통위 일정 : 2017년부터 연 12회에서 연 8회로 축소)

이 기준금리란 무엇일까? 상당수의 투자자들은 이 기준금리를 시장금리와 혼동하고 있다. 하지만 기준금리는 시장금리 또는 채권금리와는 다른 개념이다. 시장금리는 채권시장의 참여자들 사이의 수요와 공급에 의해 자율적으로 결정되고 계속해서 변동하는 것이다.

그 반면에 한국은행이 금통위를 통해서 결정하는 기준금리는 금융기관간의 환매조건부증권(RP) 매매를 비롯하여 자금조정 예금 및 대출 등의 거래를 할 때 기준이 되는 정책금리이다. 간단하게는 '금융기관이 한국은행으로부터 단기 자금 거래를 할 때에 기준이 되는 금리'라고 할 수 있다.(출처: 한국은행 홈페이지)

기준금리와 시장금리의 인과관계

일반적으로 기준금리가 시장금리에 영향을 미친다고 생각하지만, 사실 기준금리와 시장금리 간의 인과관계는 명확하지 않다. 은행 예금과 대출 금리의 경우에 대부분 기준금리 변화를 후행적으로 따라가는 경향이 있다. 다만, 은행들의 경우에 수익성을 위해 기준금리 인하기에 예금금리를 먼저 떨어뜨리고, 기준금리가 인상될 때는 이를 대출금리에 먼저 반영하기도 한다.

기준금리가 채권시장의 금리에 영향을 주는 것은 맞다. 그러나 시장금리가 기준금리의 변화 상황을 예측하여 미리 움직인 경우에는 좀 상황이 다르다. 시장금리가 이미 예측된 기준금리 변화에 대해 반응하지 않거나 오히려 반대의 움직임을 보이기도 한다.

III

한편으로는, 기준금리는 움직이지 않는데 채권금리가 기준금리 변화에 대한 기대로 말미암아 오르락내리락하기도 한다. 이는 과거의 사례를 보면 더욱 명확하게 확인할 수 있다.

기준금리와 국고채 (3년, 10년) 금리 추이

(출처: KOSCOM)

시장금리 역시 채권의 등급별 • 잔여만기별로 서로 다른 움직임을 보이는 경우가 많기 때문에 단순한 예측은 불가능하다. 따라서 채권투자를 통해 자본차익을 얻기 위해서는 기준금리 변화에 대한 예측도 매우 중요하지만, 채권시장이 이미 기준금리 변화를 예측하고 반영되어 있는 것인지의 여부와 함께 경제상황과 채권시장의 수요와 공급 등 많은 요소들을 함께 고려할 필요가 있다.

기준금리의 결정 근거와 작동 메커니즘

한국은행에서는 언제 기준금리를 인상하거나 인하하는 걸까? 한국은행 홈페이지에 들어가 보면, 통화정책의 목표에 대해서 이렇게 설명하고 있다.

> 「한국은행법」 제1조제1항은 "한국은행을 설립하고 효율적인 통화신용정책의 수립과 집행을 통하여 물가안정을 도모함으로써 국민경제의 건전한 발전에 이바지함"을 동 법의 목적으로 규정하고 있다. 따라서 한국은행의 통화정책이 추구하는 최우선 목표는 물가를 안정시키는 일이라고 하겠다. (출처: 한국은행 홈페이지)

2019년 현재 한국은행이 고시한 물가안정목표수준은 소비자물가상승률(전년동기대비) 기준 2.0% 이다. 매월 초가 되면 전월의 소비자물가상승률이 발표되는데, 이 소비자물가상승률을 물가안정목표수준으로 유지시키는 것이 한국은행의 목표인 것이다.

물가가 목표수준보다 낮은 상태가 지속되면 한국은행은 기준금리를 내리려고 한다. 일단 기준금리가 내려가면, 일반적으로 약간의 시차를 두고 은행의 예금 금리와 대출 금리가 함께 내려간다. 저축을 해봐야 받는 이자가 별로 없으니 사람들은 저축하기보다는 소비를 하게 된다. 또한, 돈을 빌릴 때에 내는 이자가 낮아지므로 미래에 계획했던 소비를 현재에 하게 된다.

이렇게 소비가 늘어나게 되면 전반적으로 물건의 값(물가)이 오르게 되는데, 이것이 바로 기준금리 인하가 물가 상승을 유발하는 메커니즘이다. 그 반대의 흐름으로 물가가 목표수준보다 높아질 경우에 한국은행은 기준금리를 올려서 물가수준을 끌어내리게 된다.

한편, 미국의 Fed미국의 중앙은행 격인 연방준비제도 이사회는 성장률 • 물가상승률 • 고용률 목표를 설정한다. 과거에는 중앙은행들이 성장률 • 환율을 주로 타깃팅하기도 하였다가 최근에는 물가상승률을 가장 많이 타깃팅하고 있다. 물론, Fed처럼 다양한 경제지표를 타깃팅할 수도 있겠으나 각 국의 경제상황에 맞춰 다양한 거시경제지표를 감안한 정책을 펼치고 있다.

시장금리를 예측할 수 있는 몇 가지 근거들

III

시장금리라는 말은 국채 금리, 회사채 금리, 은행금리 등을 통틀어서 이야기하는 말이다. 채권투자와 관련해서 당연히 국채와 회사채의 금리가 중요한데, 사실 채권시장에서 "시장금리가 상승 / 하락한다"는 이야기는 보편적으로는 국채금리의 움직임을 말하는 것이다. **그럼 국채금리는 언제 어떻게 변하는 걸까?** 국채금리에 영향을 미치는 요인들에 대해서는 제6절에서 자세히 다루겠지만 여기서는 대표적인 세 가지 경우를 이야기해 보려고 한다.

첫 번째는 경제 전망이다. 시장의 돈이 투자되는 곳은 크게 위험자산과 안전자산으로 나뉜다. 주식은 대표적인 위험자산이고, 국채는 대표적인 안전자산이다. 경제 전망이 어둡다면 주식시장의 약세가 예상되기 때문에 시장의 돈은 주식시장을 빠져 나와서 안전한 국채시장으로 들어온다. 국채를 매수하려는 수요가 커지게 되면 국채가격은 올라간다. 즉, 국채금리는 하락한다.

반대로 경제 전망이 좋아진다면 투자자들은 더 높은 수익률을 기대할 수 있는 주식을 사기 위해 국채를 팔기 시작하고, 결국 국채가격은 내려간다.(=국채금리는 상승한다) 경제 전망과 관련해서는 장기 국채의 금리가 더욱 큰 변동성을 보이는 경향이 있다.

참고로 안전자산에 대한 수요가 매우 급하게 형성될 경우(위험회피), 국채금리는 하락하고 회사채금리는 급등하는 흐름이 나올 수도 있다. **크레딧스프레드** credit spread가 빠르게 증가하는 시기이다.

두 번째는 물가의 움직임이다. 물가가 너무 낮은 수준을 보이고 있다면 중앙은행이 기준금리를 내릴 것으로 예상해 볼 수 있다. 이럴 경우에 국채금리 또한 하락하게 된다. 그 반대로 인플레이션이 심해질 경우에 중앙은행이 기준금리 인상을 단행할 것이며 따라서 국채금리가 상승하게 된다. 국채시장에서는 단기금리는 기준금리의 영향을, 장기 금리는 물가상승률의 영향을 많이 받는 것으로 알려져 있다.

국고채와 회사채 금리 추이

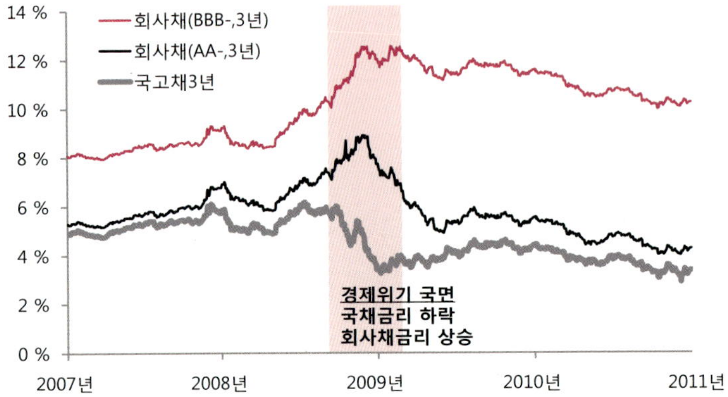

(출처: KOSCOM)

세 번째는 시장의 유동성이다. 2008년에 일어난 글로벌 금융위기에서 독특한 현상이 벌어졌다. 예측하지 못했던 파생상품 시장의 붕괴로 세계 최대 금융기관들과 기업들이 연이어 부도 또는 부도에 가까운 상태에 이르게 되자, 금융시장 전반에 걸쳐서 불안감과 불신이 확산됨으로써 단기 금융시장 경색이 나타났다. 이로써 '신용 경색'이라는 표현이 등장했다.

단기 금융시장이 경색되자 단기 금리가 급등했다. 신용 경색에 따라 글로벌 유동성이 메마르게 되자 벌어졌던 기현상이었다. 즉, 자본시장의 유동성이 줄어든다면, 국채금리도 상승하게 된다.

위의 세 가지를 종합해 보면, 국채 투자에 가장 좋은 시기는 경기 하락 국면이다. 즉, 물가는 낮게 유지되면서 유동성은 풍부할 때이다. 2008년 글로벌 금융위기 이후에 미국의 양적 완화 정책으로 말미암아 글로벌 유동성이 풍부했던 지난 몇 년 동안, 채권 투자자들이 매우 큰 수익을 올릴 수 있었던 이유는 바로 위의 세 가지 조건이 모두 들어맞았기 때문이었다.

III

채권시장에서 '라이언 인 더 정글'이 유행하는 까닭

연합인포맥스, 2012.8.9.

연합인포맥스 권용욱 기자에 의하면, 최근 들어 서울채권시장에 '라이언 인 더 정글(Lion in the jungle)이란 신조어가 유행이다. 금리가 조금이라도 오르면(밀리면) '사자(매수)'로 대응한다는 '밀림 사자'라는 용어를 영어식 표현으로 재미있게 패러디한 것이다.

9일 채권업계에 따르면 이날 열리는 8월 금융통화위원회를 앞두고도 이와 같은 '밀림 사자'의 스탠스(Stance)를 취하는 기관들이 적지 않은 것으로 알려졌다. 금리 동결 결정 등으로 채권금리가 조금이라도 상승한다면 넘쳐나는 유동성 속에 재빠르게 매수 타이밍을 가져가고자 하는 참가자들이 그만큼 많다는 의미다.

채권금리는 이달 들어서도 가파른 하락세를 이어 가는 와중에 이번 주 들어서 금통위에 대한 경계 등으로 하락 속도는 다소 주춤해진 상황이다. 다만, 국고채 금리는 3년물이 2.7%대 중반으로 떨어지고, 10년물도 2%대 진입을 목전에 두는 등 여전히 역사적 저점 수준이다.

국고채 금리의 전반적인 하락세 속에 넘쳐나는 유동성의 향방을 가늠해야 하는 시장 참가자들의 탐색전도 치열해지고 있다. 보험사 등 장기투자기관들은 크레딧물을 포함해 조금이나마 하락 여지가 커 보이는 종목에 뒤늦게나마 매수세를 집중하고 있으며, 단기 트레이딩 계정(Trading Book)도 상대적으로 높은 레벨의 금리를 사담은 뒤에 다른 종목으로 갈아타는 '커브 타기' 전략을 꾸준히 취하고 있다.

전반적인 저금리 장기화 시대에도 금리가 조금이라도 오르면 바로 매수 대응에 나서고자 하는 것은, 우호적인 수급 여건과 국내외 실물경제 부진 등이 함께 나타나고 있기 때문이다.

이런 이유로 비단 '밀림 사자'뿐만 아니라 '안 밀려도 산다.'라는 기관도 적지 않게 찾아볼 수 있는 실정이다.

채권업계 관계자는 "시장은 역사적 저점 수준으로 낮아진 금리 레벨에도 넘쳐나는 유동성을 처리하지 못해 고민하는 기관들이 많다"며 "일례로 공사채 발행시장 등에 발을 들이지 않던 일부 큰 손들도 최근에는 공사채 물량을 자신들에게 우선적으로 넘겨달라고 주문하는 경우가 많아졌다."라고 설명했다.

그는 "보험업계도 역마진 심화 때문에 경영 압박이 상당하다."라며 "그나마 스프레드 여유가 있는 중장기물 크레딧물에 매수세를 집중하는 상황"이라고 전했다.

증권사의 한 딜러는 "전반적인 시장의 '롱'(long. 매수) 심리가 꺾이지 않는 가운데 금통위 등을 계기로 금리가 밀리면 바로 사자는 기관들도 어렵지 않게 볼 수 있다."라며 "만일 금리가 동결되더라도 금리의 상승폭은 예상보다 크지 않을 수 있다."라고 전망했다. …(후략)

Summary

기준금리는 시장금리와 다른 개념이다.

각국의 기준금리의 정의는 나라마다 다르지만, 주로 단기 금융시장 금리를 정책적으로 조정하는 목표금리라고 볼 수 있다.

기준금리는 시장금리에 영향을 주지만 항상 같은 방향으로 영향을 주지는 않는다. 기준금리가 하락한 직후 시장금리가 급등하는 모습도 간간히 볼 수 있는데, 이는 결국 시장금리가 향후 기준금리의 향방을 예측하여 먼저 움직이려는 경향이 있음을 나타낸다. 또한, 이는 기준금리의 향방을 예측하는 것이 매우 중요함을 암시한다.

기준금리는 경제 전망(경기과열/경기부진), 물가 전망, 시장 유동성 등에 따라 정책적으로 결정된다.

5. 개별 채권금리를 바라보는 방법 : 크레딧 스프레드

III

"최고전력"이라는 회사(신용등급 A+)가 5년 만기 채권을 신규로 1,000억 원을 발행하기로 했다. 국내 주요 보험사 및 기관 투자자들은 이 채권에 투자하기 전에 투자만기, 발행사의 신용도, 주요 권리 등 여러 가지를 고려할 것이다. 그리고 이런 것들을 기반으로 하여 가치를 측정을 할 수 있는지가 가장 중요하다. 결국 그래서 적정금리가 얼마냐는 것이다. 내가 생각하는 것보다 비싼지 (또는 금리가 낮은지) 아니면 싼지 (또는 금리가 높은지) 판단할 수 있어야 한다.

그렇다면 시장에서는, 한 회사가 발행한 채권의 금리가 어떻게 결정될까? 일반적으로 국채금리를 기준점으로 삼는다. 그리하여 국채금리에 대비하여 추가적으로 일정 수준의 금리(**가산 금리**, 또는 **스프레드**)가 붙는 방식으로 그 회사채 금리를 추정한다. 예를 들어 A+ 등급 3년 만기 회사채 금리는 국채 3년 금리에 "A+ 등급 3년 만기 회사채 가산 금리"가 붙는 식이다.

2019년 7월 31일 기준으로 국채 3년 금리는 1.289%이고, A+ 등급 3년 만기 가산 금리는 0.504% 정도이기 때문에 A+ 등급 3년 만기 회사채 금리는 1.793% 정도가 될 것이다. A+ 등급 10년 만기 회사채 금리는 어떨까? 국채 10년 금리에 A+등급 10년 만기 가산금리를 더하며 될 것이다. 현재 국채 10년 금리는 1.385%, A+ 등급 10년 만기 회사채 금리는 3.052%이다. 이 둘의 차이는 1.667%인데, 앞에서 기술한 A+ 등급 3년 만기 가산금리에 비해 훨씬 높다. 이처럼 일반적으로 가산 금리는 잔여 만기가 길어질수록 더 확대되는 모습을 보인다.

또한 앞서 말한 국채 3년 금리 및 국채 10년 금리에 해당하는, 실제 거래되는 국채 종목이 각각 존재한다. 이들이 국내 채권시장의 각 채권금리의 지표 역할을 하기 때문에 이들을 "**지표물**"이라고 부른다. 회사채 금리는 투자기간이 유사한 이 지표물 금리에 가산금리(또는 Credit spread 크레딧 스프레드)를 더한 것으로 결정된다.

국고채와 회사채 금리 비교(2019.7.31 기준)

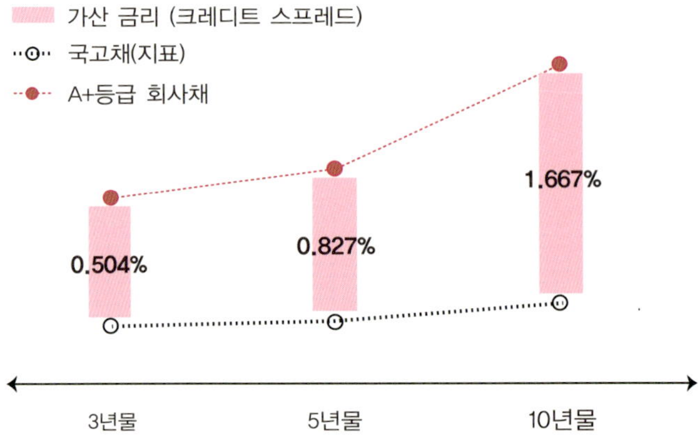

사실 앞에서 기술한 A+ 등급의 가산금리는 A+ 등급에 속하는 회사들의 금리 레벨을 집계하여 산출된다. 만약 A+등급 5년 만기 회사채 금리가 2.48%이고, "최고전력"의 5년 만기 채권금리가 2.18%로 30bp나 낮다면 "최고전력"의 신용도나 재무상태가 다른 A+ 등급 회사 집단에 비해 우월할 가능성이 높다. 같은 등급 내에 있지만 각 회사별로 신용도의 차이가 일부 있을 수 있다는 얘기이다. 혹은 이미 AA- 등급으로 등급 상향이 필요한 상황이지만 아직 A+ 등급에 속해 있었을 가능성도 있다.

여기서 참고해야 할 것은, 지금까지 논한 채권금리는 정상적이고 일반적인 상황 아래에서의 평가금리 측면으로 이해해야 한다는 것이다. 채권의 매매 시에는 여기에서 거론하지 않은 다양한 요소가 고려되면서 매매수익률이 결정된다. 역시 가장 중요한 것은 수요와 공급이다. 채권 매도자보다 채권 매수자가 더 급한 경우, 당연히 채권 매매수익률은 평가금리 아래로 하락할 것이다.

만약에 "최고전력"이 신규 발행하는 채권금리가 2.05% 로 결정되었다면? 굳이 이 채권에 투자할 이유가 과연 있을 것인까? 그 답은 시장 상황에 따라 다를 수 있다. 해당 발행사의 채권을 꼭 편입해야 하지만 기존에 발행했던 유통물이 시장에서 구하기 어려울 때에는 울며 겨자 먹기 식으로 신규 발행물을 매수할 수도 있다. 그 반면에 투자대상 선택 및 투자시점을 자유롭게 가져갈 수 있는 투자자의 경우는 좀 더 느긋하게 관망할 수도 있다.

Summary

채권은 주식과 같이 빈번하게 거래되는 상품이 아니므로 시장가치를 산정하기 어렵다. 따라서 보통 국채 금리를 지표로 하여 스프레드(가산 금리)를 더하는 방식으로 가격을 평가한다. 국채와 달리, 국채가 아닌 채권들(회사채 등)은 신용위험이나, 유동성 위험 등이 수반되기 때문에 투자자가 더 높은 보상을 요구하기 때문이다. 이렇게 평가되는 각 채권들은 그러나 실제 거래 시에 이 평가금리와 동떨어진 매매수익률로 거래되는 일도 빈번하다. 역시 가격은 시장에서의 수요와 공급에 따라 결정된다는 점을 명심하자.

III

패닉 상태일 때 하이일드를 장외로 사고 팔며 매매 때마다 수수료 차이만큼을 벌어라

필자는 종종 지점 및 본사 타부서 직원들을 대상으로 채권을 강의하는 일을 한다. 아무래도 담당분야가 아닌 채권에 대해서 전문적으로 공부하기가 어렵다 보니 직원들 입장에서는 채권 업무 담당자가 핵심 부분만 딱딱 찍어 주는 것을 공부하는 것이 효율적이기 때문이다. 여느 때와 같이 강의가 끝나자 지점장 한 분이 오셔서 말했다.

"혹시 00 채권에 대해 물어봐도 될까요?" 전에 이런 질문을 들은 적이 있었다. 그 채권은 저가항공발 항공대란으로 수익성이 악화되었다고 난리가 난 회사의 채권이었다. 전 국민이 다 아는 대기업이지만 수익성이 악화되고 있어서 주식가치가 계속 하락하고 있던 상황이다. 지점장의 큰 손인 고객 한 분이 이 주식으로 손실을 많이 봤는데 어떻게 수익을 회복시켜 주어야 할지 고민이라고 하였다. 사실 이 회사에 대해 많이 조사를 해보았는데 항공기 리스 비율도 생각보다 높지 않아서 현금흐름이 현재 나쁘지는 않지만 미래 성장성이 없어서 주가가 하락하고 있다고 솔직히 대답했다.

필자는 여기에 채권 관점에서 분석한 설명을 덧붙였다. 회사의 이익이나 미래성장성은 모르겠지만 원리금 갚는 것에 문제만 없다면 해당 채권이 싸게 거래될 경우나 좋은 매수기회가 되겠다고 말이다.

최근 채권 거래추이를 보면 일반장내에서 개인들의 실망매물이 쏟아지고 일부 기관들은 채권평가사에서 부정적 평가를 하고 애널리스트analyst들이 미래 예측주가 수준을 낮추자 리스크 축소를 위해 시장에 대규모 물량을 던져버리고 있던 상황이었다.

이런 상황에서 지점장 고객의 판단은 이러했다. 그 나라를 대표하는 항공사는 쉽게 망하지 않겠지만 부도난 일본 항공사인 JAL의 사례에서 보듯이 방심은 금물이라고 생각하여 수수료를 아끼기 위해 소액의 채권까지 번거로워도 모두 장외로 매수하였다. 그리고 ○○항공에서 태국이나 중국 등 인기노선의 항공 티켓을 담보로 발행한 유동화한 채권을 대거 매수하였다. 패닉 상태가 된 시장에서는 항공사 자체 채권과 거기서 따로 떼어내어 유동화가 가능했던 자산까지 묶여서 싸게 거래되고 있었다.

이 고객은 또한 이러한 패닉 상황에서 주식을 추가로 사서 평균매수단가를 낮추기보다는 오히려 채권을 샀다. 그리고 패닉이 진정되고 한데 묶여 도매금되던 채권들의 내재가치가 다시 주목받으며 일반 회사채와 우량한 자산을 묶은 유동화 채권의 가격에 차이가 생겼을 때, 수수료를 아끼기 위해 장외로 매도하였다.

이렇게 이 고객은 2014년 주식에서 발생한 손실을 채권으로 메울 수 있었다. 현재 이 고객은 그 때 매도한 대금으로 디폴트 우려 등의 기사가 나올 때마다 일반장내에 나오는 채권을 장외로 매수하여 시장이 진정되면 장외로 매도하며 꾸준히 안정적인 수익을 내고 있다.

이 고객은 HTSHome Trading System을 통하지 않고 객장에 찾아와서 장외거래를 하며 일반장내 수수료의 차액을 먹는 갭핑gapping 거래로 현재까지 매년 꾸준히 8~10% 수준의 수익을 내고 있다. 일반장내채권의 호가는 어느 정도 유동성이 많은 종목에서 호가가 장외거래를 할 경우의 수수료만큼 벌어져 있지만 수시로 그 차액이 좁혀졌다 벌어지기 때문에 거래수수료가 없는 장외거래로 하루 종일 모니터를 보다 보면 돈을 벌 기회를 여러 번 포착할 수 있다.

6. 채권의 나침반 : 채권시장 금리를 움직이는 것은

III

내일의 주가를 예측할 수 없는 이유는 어떤 경제 변수들이 주가에 어떻게 영향을 미칠 것인지에 대하여 예상하기 힘들기 때문이다. 만약에 시장을 전반적으로 예측할 수 있다고 하더라도 자기가 보유하고 있는 종목은 지수와 다르게 갈 수도 있기 때문에 반드시 투자에 성공한다는 보장 또한 없다. 채권투자도 마찬가지로 다양한 경제변수들의 영향을 받게 된다. 이를 **내적 요인**과 **외적 요인**으로 나누어 볼 수 있다.

내적 요인과 외적 요인에 대한 이해를 돕기 위해서 채권보다 친숙한 주식을 예로 들어보자. 주식의 가격이 그 해당 기업 실적에 따라서 변동한다면 이는 내적 요인에 의해 움직인 것이라고 할 수 있다. 그 반면에 해당 기업의 뉴스가 아닌 해외시장이나 국내 경제의 전반적인 충격에 의해 주가가 변동된다면 이는 외적 요인에 의해 움직인 것으로 구분할 수 있다.

채권으로 다시 돌아와서 채권에 영향을 주는 내적 요인들은 아래 표와 같이 간단히 요약할 수 있다. 이 장에서의 "금리"는 채권의 매매수익률에 관한 논의로 정의한다. 직관적으로 생각해 보면 결국 위험한 상황일수록 채권의 금리가 높아진다.

내적 요인 : 채권의 종류 및 특성에 따른 수익률의 결정 요인

구 분	채권 금리에 대한 영향
잔존만기	일반적으로 잔존만기가 긴 채권의 금리가 높음
발행자 신용도	Default Risk가 높을수록(신용도가 낮을 수록) 금리가 높음
(신규발행물의) 표면금리	신규발행물의 표면금리가 높을수록 채권 금리가 상승함
유동성	유동성이 높을수록 금리가 낮아짐

잔존만기

잔존만기가 길수록 더 많은 보상 위험 프리미엄Risk Premium을 필요로 한다. 왜일까? 우선 신용위험 측면에서 불확실성이 더욱 커지기 때문이다. 기간이 길수록 어떤 일이 발생할지 알 수 없기 때문에 사람들은 잔존만기가 긴 채권일수록 더욱 높은 위험을 짊어지게 된다고 생각한다. 중도에 시장에 매도하는 것 역시 짧은 만기의 채권보다 좀더 어렵다. 즉, 유동성이 떨어지기 때문에 결국에는 더 높은 금리를 요구하는 것이다.

한편, 무위험 채권인 국채의 경우에도 장기 금리가 단기 금리보다 높은 것이 일반적이다. 이는, 장기 금리가 미래의 금리수준에 대한 기대를 반영하고 있다는 이론 등 다양한 이론이 거론된다. 하지만 이 책의 범위를 벗어나므로, 금융시장 내에 그러한 경향이 있다는 정도로만 이해하기로 한다.

발행자 신용도

은행에서 대출을 받을 때를 생각해 보자. 대출신청자의 신용등급이 높다면 낮은 금리로 대출을 받을 수 있지만 신용등급이 낮은 대출자는 높은 금리로 대출을 받아야 한다. 어쩌면 제2, 제3 금융권으로까지 전전해야 할 수도 있다. 채권도 같은 선상에서 생각해 보면 쉽게 이해할 수 있다. 다른 조건이 동일할 경우, 채무불이행 가능성이 높은 채권일수록 투자자는 높은 '위험 프리미엄'을 요구할 것이며 채권 금리는 높아질 것이다.

무보증 회사채 5년 금리 (2019년 07월 31일 기준, 출처 : 금융투자협회)

(단위: %)

등급	AAA	AA+	AA0	AA−	A+	A0	A−	BBB+	BBB0	BBB−
채권 수익률	1.541	1.584	1.645	1.745	2.147	2.560	3.145	5.293	6.340	7.762

III

(신규발행물의) 표면금리

기업이 새로 자금을 조달할 때에 그 발행물의 표면금리가 시장의 예상보다 높다면 그 기업은 예상보다 높은 이자부담을 앞으로 지게 되는 것이다. 이는, 결국에 기업의 재무적 부담으로 작용할 것으로 기대되며, 앞서 언급한 채무불이행 위험도를 키우게 된다. 따라서 그 기업이 발행했던 다른 채권금리도 상승하게 된다.

유동성

투자자들은 유동성이 낮은 채권보다 유동성이 높은 채권을 선호한다. 그렇기에 어느 발행사의 채권이 낮은 유동성일 때에 이 회사가 채권을 신규 발행하기 위해서는 발행사가 투자자에게 낮은 유동성에 따르는 위험(적시에 매도할 수 없는 위험 등)에 상응하는 보상을 지불해야 하며, 결국에는 채권 금리가 상승한다.

한편, 외적 요인은 개별 채권에 영향을 미치는 변수가 아니라 채권시장 전체에 영향을 미치는 요인들을 말한다. 어떠한 채권을 샀든지 간에 외적 요인에 해당하는 영향을 유사하게 받는다는 것이다. 외적 요인에는 수많은 거시 변수들이 있을 수 있다. 모든 경제지표들은 사실 외적 요인이라고 할 수 있지만, 아래 표에서 일반적이고 대표적인 요인을 정리해 보았다.

외적 요인: 채권의 종류에 관계없이 금리에 영향을 미치는 요인

구 분	채권 금리에 대한 영향
수급요인	채권수요 감소 시 금리 상승
통화량	통화량 감소 시 금리 상승
물가	물가상승 시 금리 상승
경기동향	경기 성장 국면에서 금리 상승
금융정책	통화량 변동에 비추어 판단
국제금리	상승 시 국내 금리 역시 일반적으로 상승

시장수급요인

흔히 알고 있는 공급과 수요의 법칙과 같이, 채권 수요가 늘면 채권가격은 오르고 채권 금리는 떨어진다. 채권 공급이 늘면 반대의 현상이 발생하는 것이다. 일반적으로 수요가 공급보다 수익률 결정에 더 큰 영향을 준다. 채권 공급은 국채든 회사채든 간에 각 주체의 계획하에 이루어지지만 수요는 경제사정 및 심리상황에 따라 급격히 변화하기 때문이다.

통화량 (Money Supply)

시중에 유통되는 돈이 많을 경우에는 금융시장을 통해 융통하려는 시도가 늘어난다. 즉, 채권투자 수요가 증가한다는 것이다. 그 반면, 시중에 돈이 부족할 경우에는 돈의 수요(채권의 공급)보다 돈의 공급(채권의 수요)이 작아지고, 결국에 채권가격은 하락한다. 이는 금리의 상승으로 귀결된다.

통화량은 주로 단기 금리에 더 많은 영향을 미친다.

물가 (Inflation)

물가가 '오르는 상황' 또는 '오를 것으로 예상되는 상황'에서는 채권금리가 상승한다. 이와 관련하여 물가와 명목금리, 그리고 실질금리의 상관관계를 정리한 피셔 이펙트(Fisher Effect)를 참고할 필요가 있다.

피셔 이펙트(Fisher Effect) : r (실질금리) = i (명목금리) − π (인플레이션율)

피셔 이펙트(피셔 효과: 금리결정이론)에 따르면 인플레이션(Inflation: 통화팽창)이 발생하면 실질이자율이 하락한다.실질이자율이 하락한 상황에서는 채권 등의 금융상품에 대한 투자보다는 실물자산에 대한 투자가 증가하고, 채권수요를 감소시킴으로써 결국 채권금리를 상승시키는 결과를 낳는다.

경기동향 (Economic Performance)

경기가 위축되는 상황에서는 아래와 같은 상황이 벌어질 것이다.

- 기업생산활동 위축 → 설비투자 감소 → 자금수요 감소 →채권발행 감소 → 채권금리 하락

  (그러나 경기의 최저점에서는 경기회복을 전망한 일부 기업의 투자증가로 장기수익률이 상승할 수 있다.)

경기가 상승국면에 있다면 반대로 다음과 같은 상황이 벌어질 것이다.

- 우호적 경기전망 → 기업설비 확장 →자금수요 증가 →채권발행 증가 → 채권 금리 상승

  (특히 경기가 최정점에 있다면: 운용자금 수요 증가 → 단기 자금 수요 증가→단기 금리 상승의 모습이 나타날 수 있다.)

통화정책 (Monetary Policy)

중앙은행이 직/간접적인 방법으로 금융시장의 통화량을 조절함으로써 결과적으로 시중금리를 원하는 방향으로 이끌어 낸다. 다음과 같이 몇 가지 방법이 거론될 수 있다.

- 공개시장조작운영(Open Market Operation)
- 지급준비율정책(Reserve Requirements Policy)
- 재할인율정책(Rediscount Policy)

이 중 가장 두드러지게 활용되는 방식은 공개시장조작운영이다. 중앙은행이 채권시장에 직접 개입하여 유동성을 공급하거나 거둠으로써 시중금리에 영향을 끼친다. 이는 시장의 단기 금리에 매우 직접적인 영향을 미친다.

국제금리 (International Financing Rate)

국제금리 또한 자금이동을 유발시킴으로써 채권수익률에 영향을 준다. 헤지펀드나 자산배분 펀드의 자금이 이동하게 되면 상대적으로 자금이 빠지는 나라의 금리가 상승할 수 있다.

지금까지 금리에 영향을 미치는 내적 외적 요인들과 그에 따른 개별 또는 시장금리의 변화에 대해 이야기해 보았다. 다만, 이 모든 것이 일반론적 이야기임을 다시 한 번 명심하자.

시장은 항상 모두의 예상을 벗어난 새로운 국면을 만들곤 한다. 따라서 특정 요인이 한 가지 방향으로만 시장을 이끈다는 생각보다는, 여러 가지 요인을 두고 고민하여 종합적으로 판단하는 것이 중요하다. 특히 장기적인 시각을 가진 투자자의 경우, 매일매일 채권시장의 변화에 일희일비하기보다는 거시적인 관점에서 고민을 해야 할 것이다.

7. 마이너스 금리가 가능할까?

2015년 12월 3일 유럽중앙은행은 예치금리를 기존 −0.20% 에서 −0.30%으로 추가 인하하였다. 마이너스 금리는 누군가에게는 충격적인 현상일지도 모른다. 혹자는 마이너스 금리인 유럽에서 돈을 빌리면, 이자를 내기는커녕 오히려 이자를 받는 입장이 되는 것 아니냐며 설레기도 한다. 그러나 이는 사실이 아니니 설렐 필요가 전혀 없다.

사실 마이너스 금리는 일본 및 유럽 몇몇 국가에서 이미 벌어지고 있는 현상이다. 마이너스 금리를 이해하기 위해선 두 가지 측면을 살펴봐야 한다. 첫째로, 시중금리로서의 마이너스 금리이고, 다른 하나는 정책금리로서의 마이너스 금리이다.

정책금리로서의 마이너스 금리를 먼저 이야기해 보자. 2015년 12월 8일 기준으로 유로존의 기준금리는 0.05%, 한계대출금리는 0.30%, 예치금리는 −0.30%이다. 이 중 예치금리가 마이너스 금리인데, 예치금리가 무엇인지를 알아보자.

기본적으로 은행들은 그들이 보유한 자산 중 지급준비금이라는 명목으로 일정 비중 이상의 현금성 자산을 중앙은행에 예치해 두어야 한다.

위에서 말한 −0.30%의 예치금리란, 바로 여기에 적용되는 금리를 지칭한다. 문제는 유럽의 은행들이 필요 이상의 너무 많은 돈을 현금으로 보유하려고 한다는 것인데(초과지급준비금), 이는 경기 불확실성이 커진 상황에서 은행들이 기업 및 개인들로의 대출을 꺼리기 때문이다. 이렇게 되면 결과적으로 시중에 유동성(돈)이 잘 돌지 않게 된다.

돈을 풀어서 실물경제를 살려야 하는 유럽중앙은행 입장에서는 참 난처한 상황이다. 결국 마이너스 예치금리를 도입한 유럽중앙은행의 의도는 바로, 은행들이 초과지급준비금으로 과도하게 남겨 두는 자금에 대해 비용을 부과함으로써 더많은 자금이 시중에 회전되도록 하려는 것이다. 아래 그래프는 유럽중앙은행이 금리 정책을 펼쳐 온 길을 보여준다

유럽중앙은행의 주요 금리 추이

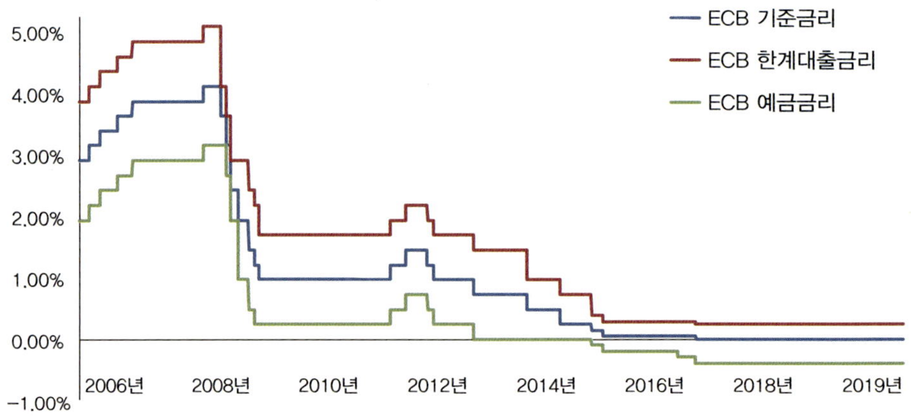

(출처: Bloomberg)

과연 유럽중앙은행의 마이너스 금리 정책이 성공적으로 실물경제로의 유동성 공급을 이끌었을까? 여전히 미진한 부분이 많이 있었다. 은행들이 잉여 자금을 실물경제에 대출하기보다는 다른 은행들에 대출해 주는 일을 끊임없이 반복하면서 이오니아(Eonia) 금리가 중앙은행 예치금리를 따라 마이너스로 하락해 버리기까지 하였다. 이오니아(Eonia) 금리란 Euro Over Night Index Average의 줄임말로서, 유럽 시중은행들 간에 이뤄지는 1일짜리 무담보대출거래 금리의 지표이다.

여전히 실물경제에 대출을 꺼리는 은행들은 낮은 금리에도 불구하고 국채를 계속 매입하기에 이른다. 이로 인해 독일 같은 일부 국가의 국채 금리 또한 마이너스로 돌아설 수밖에 없다. 현찰 보유가 불가능한 상황에서 은행들 입장에서 국채 금리가 마이너스일지라도, 남는 자금을 유럽 중앙은행에 예치하는 것보다는 비용이 적게 들었던 것이다. 지금까지 설명한 부분은 정책금리로서의 마이너스 금리를 설명했지만, 이러한 환경이 결국은 시중금리(Eonia, 국채금리 등)마저 마이너스 금리로 돌아서게 한 상황을 여실히 보여준다.

사실 마이너스 금리는 거시경제 측면에서도 이야기할 수 있다. 서브프라임 모기지Subprime Mortgage 사태 이후 미국 연준은 1차와, 2차, 그리고 3차 양적 완화Quantitative Easing를 통해 시중에 막대한 돈을 쏟아 붓기 시작했다. 어떤 통화의 통화량은 결국에 그 통화의 가치를 변화시키는데, 통화량이 늘어날수록 화폐가치는 하락한다. 미국의 막대한 달러 공급은 미국 달러의 약세를 이끌 수밖에 없으며, 유로화 등의 다른 통화들은 상대적으로 가치가 증대될 수밖에 없었다.

유로 지역도 유로화 강세에 대해 손을 놓고 있을 수는 없었다. 유로존 경기 역시 침체에 빠져 있었으며, 유로화를 약세로 만들어 수출경쟁력을 강화시켜서 경기를 부양할 필요가 있었다. 유럽중앙은행 역시 미국과 같이 양적 완화를 진행하면서 각 유럽 국가의 국채들을 쓸어 담기 시작했다. 중앙은행이 양적 완화 조치로 국채를 매입하는 상황에서 금리는 중요한 고려대상이 아니었다. 결국은 마이너스 금리가 되어도 국채매입은 지속될 수 있다는 이야기였다. 이러한 확실한 수요로 인해 채권가격 상승에 대한 기대감은 더욱 커져 갔고, 유로 지역 국채들에 대한 수요를 더욱 끌어올렸다. 그리고 마침내 일부 국가들의 국채금리가 마이너스로 돌아서기에 이른다.

마이너스 금리는 경제학적인 면으로도 설명이 가능하다. 앞에서 언급했던 '피셔 이펙트'로 돌아가 보자.

피셔 이펙트(Fisher Effect) : r (실질금리) = i (명목금리) − π (물가상승률)

물가상승률까지 고려한 금리를 '실질금리'라고 한다. 문제는 유로 지역에 있어서 디플레이션Deflation에 대한 우려가 과도하여, 마이너스인 명목이자율을 보상하고도 남을 거라는 기대가 있었다는 것이다. 즉, 명목이자율이 마이너스 금리일지라도 물가상승률에 있어 디플레이션이 명백하고 강하게 발생한다면 실질이자율이 양수로 돌아설 수 있다는 것이다.

예를 들어 명목이자율이 −0.5%인데 물가상승률이 −2%라고 가정하자. 마이너스 금리인 채권에 투자할 경우에 실질이자율은 −0.5%−(−2%)=1.5%가 될 것이다. 과도한 디플레이션 우려감은 결국에 실물자산으로의 투자를 주저하게 만들고, 안전한 채권 등의 수요만 늘리게 됨으로써 결국에는 마이너스 금리로 이어질 수 있다.

정리하자면, 현재 유럽의 마이너스 금리는 결국 침체된 경제를 일으키기 위한 중앙은행의 완화적인 통화정책의 산물이라고 할 수 있다. 더 많은 돈을 실물경제로 흘려보내서 '투자를 유발하고 경기를 회복시키면서 적절한 인플레이션이 일어나도록 하려는 것'이다. 그러나 많은 전문가들이 최근의 마이너스 금리는 그것이 국채금리라고 해도 과도한 가격이며, 일시적 현상일 뿐이라고 언급한다. 과연 일부 선진국 국채들의 마이너스 금리는 언제까지 이어질 것인가? 아니면 우리는 가까운 미래에 채권가격 급락을 경험하게 될까?

'마이너스 금리'의 역설…"세금 늦게 내세요" - 머니투데이, 2016.1.12

"가능한 한, 세금을 늦게 내세요."

최근 스위스의 일부 지방정부 세무당국이 납세자들에게 세금을 빨리 내지 말라며 조기 납부 감면 혜택을 축소하거나 폐지하고 있다고 파이낸셜타임스(FT)가 11일 보도했다. 스위스 중앙은행이 마이너스 금리를 도입한 데 따른 진풍경이라는 지적이다.

스위스 추크(Zug)주는 최근 세금 조기 납부에 따른 할인혜택을 폐지했다. 마이너스 금리로 인해 세금을 미리 받아서 은행에 예치해 봐야 비용 부담만 커질 수 있기 때문이다. 추크주는 이번 조치로 한 해에 250만 스위스프랑(약 30억 원)을 절감할 수 있을 것으로 기대했다. 추크주 세무당국은 세금 연체 이자도 제로로 낮췄다.

추크주 재무 책임자인 피터헤글린은 주정부가 아직 마이너스 금리를 물고 있지 않지만 마이너스 금리의 파장이 어디로 튈지는 불확실하다고 밝혔다.

스위스 루체른(Lucerne)주는 지난해 세금 조기 납부 할인율을 낮췄다. 루체른주 세무당국은 할인율 추가 인하 가능성도 배제하지 않고 있다. 현재 할인율은 0.3%로 현지 시중은행 예금이자보다 높다.

루체른주 세무당국 책임자인 폴 퍼러는 "금리 상황이 매우 나쁘다"라며 "지금은 마이너스 금리 문제가 막 닥칠 참이지만 지난해에 이미 일부 예금이 마이너스 금리의 피해를 봤다."라고 말했다.

마이너스 금리는 사실상 이론에 불과했지만 유럽이 디플레이션 공포에 휩싸이면서 곳곳에서 현실이 됐다. 유럽중앙은행(ECB)은 2014년 9월 처음으로 은행들이 예치하는 여윳돈에 적용하는 금리를 마이너스로 낮춘 데 이어 덴마크 • 스웨덴 • 스위스 등이 지난해 잇따라 마이너스 기준금리를 도입했다. 기준금리가 마이너스로 떨어지면서 시중은행의 금리도 덩달아 추락했다. 스위스 시중은행들의 예금금리는 아직 마이너스가 아니지만 금리가 더 떨어지면 예금주들이 은행에 돈을 맡기고 오히려 비용을 물 수 있다.

스위스는 지난해 초에 스위스프랑화의 평가절상을 제한한 환율 하한선(1유로=1.20 스위스프랑)을 철폐했다. 유럽중앙은행(European Central Bank: ECB)의 통화완화 공세로 유로화가 줄곧 약세를 띠고 있는 만큼 막대한 비용이 드는 최저환율제를 유지할 이유가 없다는 판단에서였다. 하지만 환율 하한선이 철폐되자, 스위스프랑화는 급격히 절상됐고 수출업계에서는 원성이 쏟아졌다.

스위스의 전체 수출에서 유로존(유로화 사용 19개국)이 차지하는 비중은 50%에 이른다. 유로 대비 스위스프랑화 가치가 뛰면 스위스 기업은 유로존 기업보다 가격 경쟁력에서 밀리게 된다. 스위스 중앙은행은 결국에 스위스프랑화의 약세를 유도하기 위해 기준금리를 -0.75%까지 낮췄다.

파이낸셜타임스(FT)는 '토머스 조던 스위스 중앙은행 총재가 마이너스 금리에 따른 금융 시스템의 왜곡이 장기화할 수 있다고 우려한다며 ECB의 통화완화 공세 수위가 더 높아져도 스위스 중앙은행이 연내에는 기준금리를 그대로 동결할 것이라는 게 전문가들의 중론'이라고 전했다.

Summary

마이너스 금리가 시행되고 있는 나라에서 금융소비자들이 은행을 통해 대출을 받는다거나 예금을 가입할 때 마이너스 금리를 적용받는 것은 아니다. 마이너스 금리는 은행들이 각국의 중앙은행에 초과지급준비금을 예치할 때 적용받는 금리인 것이다. 그러나 완화적인 통화정책들이 기대했던 것만큼 효과를 내지 못하고 있음에 따라 향후 좀더 극단적인 금리 환경이 나올 가능성 또한 있다.

IV

어렵지 않은 채권투자!
이런 것들이 있다

주변 지인들에게 채권투자를 권하면 손사래를 치는 경우가 많습니다. 주식투자는 누구나 익숙해하고 많이 접해 보아서 어렵지 않게 여기지만 채권투자라고 하면 거창한 것 같이 느끼며 본인들도 투자가 가능한지를 되묻습니다. 그러나 채권은 단돈 1천 원으로도 손쉽게 투자할 수 있는 매우 편리한 투자수단입니다.

최근에는 채권이 더욱 다양한 형태와 목적으로 발행되어 시장에서 유통되고 있습니다. 이번 파트에서는 국내에서 살펴볼 수 있는 채권 상품에는 어떠한 것들이 있는지를 알아보겠습니다. 다양한 채권들에 대해 쉽게 이해할 수 있도록 몇 가지 에피소드와 이론으로 구성하였으니 부담 없이 읽다 보면 국내 채권 상품의 맥이 잡힐 것으로 기대됩니다.

1. 유명세가 아닌 신용평가사 자료라도 다시 보자 : 회사채투자 입문

최근 들어서 취업난은 해가 갈수록 심해지고 있다. 취업전선에 있는 취업준비생들보다 취업난을 민감하게 느끼긴 어렵겠으나 최근 들어 대기업 구조조정 관련 기사가 쏟아져 나오고 있는 상황이니 불경기가 맞긴 맞는 모양이다. 이 와중에 요즘 대학생들은 어떤 기업으로 가고자 할까? 한 취업 포털사이트에 따르면 아래 그림과 같이 조사결과가 나왔다고 한다. 역시 예상했던 바와 같이 한국의 대표기업들이 쭉 나열되어 있다.

입사선호 대기업 순위 변화 (자료: 사람인)

(자료: 연합뉴스 장예진 기자, 2016.04.11)

그렇다면 이 기업들은 실제로 대중들의 인지도만큼이나 높은 신용등급을 보유하고 있을까? 답은 다음 장에 있다.

국내 대기업의 신용등급

(기준 2019년 7월31일, 한기평)

기업명	현대 자동차	삼성 전자	한국 전력	CJ	LG 화학	기아 자동차	한국가스 공사	대한항공	수력 원자력	LG전자
신용 등급	AAA	AAA	AAA	AA−	AA+	AA+	AAA	BBB+	AAA	AA

IV

확인해 보니 이들은 대부분 거의 AA등급 이상의 신용등급을 보유하고 있는 회사들로 재무건전성이 높다고 볼 수 있다. 그런데 단 한 기업, 대한항공만은 신용등급이 BBB+로 다른 회사들의 신용등급과 큰 차이를 보이고 있다 그런데도 대한항공이 입사하고 싶은 순위에 상위 랭크되어 있다. 그뿐만 아니라, 대한항공 회사채는 개인투자자들에게 고금리 채권투자처로 높은 인기를 자랑하기도 한다. 왜 그럴까?

대한항공81-1 (2년물) 회사채 수요예측 현황

입찰인	금액	비율
AA증권	650억원	35.1%
BB증권	300억원	16.2%
ㄱㄱ자산운용	200억원	10.8%
CC증권	170억원	9.2%
DD증권	100억원	5.4%
ㄴㄴ은행	100억원	5.4%
EE증권	100억원	5.4%
FF증권	80억원	4.3%
GG증권	50억원	2.7%
ㄷㄷ자산운용	40억원	2.2%
HH증권	30억원	1.6%
ㄹㄹ자산운용	10억원	0.5%
II증권	10억원	0.5%
JJ증권	10억원	0.5%
계	1,850억 원	100%

대한항공 회사채, 1500억 발행에 5000억 몰려...개인 수요 - 뉴스핌, 2018.07.30

대한항공이 회사채 수요예측에서 흥행에 성공했다. 1500억원 발행 예정에 5070억원이 몰려 평균 경쟁률이 3대1을 넘었다.

30일 금융투자업계에 따르면 대한항공 2년물 1200억원 수요예측에서 3320억원이 몰렸다. 경쟁률 2.76:1. 3년물 300억원 수요예측에는 1750억원이 집중돼 경쟁률 5.83:1을 기록했다.

입찰 참여자는 대부분 증권사 채권상품팀, 상품지원팀, 채권영업팀 등으로 개인투자자 청약물량을 염두해 둔 것으로 풀이된다. 3년물 수요예측에 참여한 1750억원 중 자산운용 물량은 150억원에 그쳤고, 2년물에선 3320억중 140억원에 불과했다.

안주영 미래에셋대우 연구원은 “대한항공 회사채 수요예측 결과 예상대로 흥행에 성공했다”면서 “발행량을 늘리지 않는다면 최저 금리로 발행조건이 결정될 것”이라고 분석했다.

대한항공 회사채에 대한 개인투자자들의 높은 수요의 원인은 높은 금리 메리트뿐만 아니라 2년내의 부도 가능성을 낮게 보기 때문이다. 이에 반하여 기관투자자들은 현재 대한항공 회사채에 대한 투자에 신중한 모양새를 보이고 있다.

한 때 높은 성장세를 보이며 선망의 기업이 되기도 하였던 STX그룹을 독자들은 기억할 것이다. STX㈜는 기업 이미지가 좋아서라는 이유로 2009년도에 입사선호 대기업 순위 7위에 올라 있었다. 당시부터 한참 동안 STX㈜의 신용등급은 A-에 불과하였고 점차 조선과 해운업 업황에 대한 부담이 커져 가고 있었던 상황이었다.

그럼에도 불구하고 대학생들에게는 여전히 입사하고 싶은 대기업 순위 상단에 있었던 것이다. 하지만 현재 STX㈜는 부도 및 재무적 위기 상황으로 인해 법정관리에 돌입하였으며, 기업회생의 과정에 힘쓰고 있다.

물론, 우리가 이 장에서 대한항공이 STX㈜와 같은 길을 갈 것이라고 예단하는 것은 아니다. 다만, 자기가 투자하고자 하는 기업이 단순히 유명하거나 이미지가 좋아서 투자한다기보다는, 적어도 재무적으로 어떤 상황인지에 대해서는 알고 있어야 함을 역설하고 싶다.

아직까지 개인투자자들이 마치 '사회초년생들이 취업할 때와 같이' 기업 이미지나 유명세만 믿고 회사채에 투자하는 경우를 많이 보아 왔다. 특히나 회사채 투자의 경우는 보유하는 기간 동안 부도만 나지 않으면 된다는 생각에 안일하게 판단하는 경우가 많다.

하지만 우리 독자들이라면 앞으로 '돌다리도 두들겨 보고 건너라.'라는 속담처럼, 본인이 잘 알고 있는 기업이라도 다시 한 번 신용평가사 자료나 뉴스를 검색해 보고 투자할 것이라고 믿는다.

그러면 지금부터 선입견을 버리고 면밀한 투자분석을 통해 알짜 회사에 투자한 사례를 이야기해 보겠다.

NS쇼핑은 하림그룹의 농수산홈쇼핑업체로서, 수익성(EBITDA / 총 취급고 기준)은 업계 최고수준이며 홈쇼핑 메이저 5개사 중 하나로써 안정적 시장지위를 가지고 있다. 또한, 업태 특성상 투자규모가 크지 않고 이익창출력이 높아서 현금흐름이 많다 보니 무차입 경영이 가능하고, 결국 그룹 내의 캐시카우Cash Cow: 수지맞는 장사로서 현금을 창출하는 역할을 하고 있다.

NS홈쇼핑 : 농수산물 위주 홈쇼핑 업체

	2013년	2014년	2015년
매출액(억 원)	3,471	3,900	4,056
EBITDA(억 원)	793	1,014	1,009
총 자산(억 원)	3,366	4,145	4,502
순차입금(억 원)	-1,543	-2,255	-2,035
차입금의존도	0	0	0

위에 간단하게 요약한 재무제표를 보면 최근 3년 동안 차입금의존도가 '0' 인 것을 알 수 있다. 더군다나 순차입금은 +가 아니라 오히려 -로, 현금이 너무 많다 보니 회사에 쌓지 않고 다른 곳에 보내주거나 빌려 주고 있다는 것을 알 수 있다. 매출액 대비 에비타(EBITDA: Earnings before interest, taxes, depreciation and amortization: 기업이 영업활동을 통해 벌어들인 현금창출 능력을 나타내는 수익성 지표)의 규모를 보면 최근 몇 년 간의 이익으로 인해 자산건전성 역시 우량할 것이라는 것을 추측할 수 있다. 사실 2015년 기준 총 자산 약 4,500억 원 중 2,000억 원이 현금성 자산이다.

이 기업이 회사채를 발행하는 이유는 하림그룹이 복합물류센터 부지를 매입해서 개발하는 사업에 자금을 지원해 주기 위한 것이다. 회사가 필요자금을 은행에서 조달할 수도 있겠지만, 그럴 경우는 은행에 각종 영업상 기밀정보를 주어야 하고, 회사가 어려워질 경우에는 은행이 조기에 대출을 회수할 가능성도 있으며 경영상의 간섭을 받을 가능성도 있다. 따라서 NS쇼핑은 사업 주도권과 주체성을 지키기 위해 회사채를 발행했다.

NS쇼핑이 첫 발행한 회사채의 발행금리는 동일등급 대비 매우 높다. 투자자들이 보수적인 관점으로 위험도를 평가하였기 때문이다. NS쇼핑은 전통적인 개념의 제조업체나 담보가치가 높은 부동산을 많이 보유한 업체가 아니다 보니 각 금융기관의 리스크관리팀에서 우량 제조업체들과 대비하여 불리한 평점을 받았다. 게다가 신용평가사의 평가 역시 보수적으로 이뤄졌다. 신용평가사에 홈쇼핑 같은 업계에 대해 리서치 및 분석이 가능한 전문가가 많지 않은 것으로 알려져 있는데, 관련성이 없지 않을 것이다. 첫 회사채 발행이다 보니 지표로 삼을 만한 적당한 금리산정도 어려웠다.

동일등급 대비 금리가 높았던 다른 이유 중에는 개인을 제외한 기관투자자들의 담당 매니저 대부분이 남자였기 때문이라는 설도 있다. 매니저들은 주부들이 홈쇼핑에 열광하는 이유를 그리 대단하게 여기지 않고 있었다. 특히 몇몇 매니저들은 홈쇼핑회사에 이익이 많이 생기는 것이 매우 비정상적인 것으로 인식하고 있었다. 올해까지는 영업상황이 좋지만, 수년 내에 곧 나빠지지 않겠느냐는 것이다.

마지막으로 양재동 복합물류센터 개발 때문에 막대한 자금이 앞으로도 계속 필요할 텐데, 하림그룹이 NS쇼핑에서 현금을 다 빼내어 가지 않겠느냐는 우려였다. 하지만 결론적으로 NS쇼핑의 채권 발행은 고금리로 말미암아서 대흥행을 했고, 뒤늦게 시장 리서치에 나선 매니저들 및 개인투자자들이 NS쇼핑 채권을 구하려고 시장 여기저기에서 앞다투어 사겠다는 소란이 벌어지기도 했다.

꾸준한 이익 창출과 업계의 독보적 위치에 서 있는 NS쇼핑 회사채가 비슷한 시기에 발행된 다른 채권들보다 나은 것으로 평가되기 시작했다. 창고에 재고가 가득하고 중국과 출혈경쟁 중인, 단지 인지도만 높은 모 철강업체 채권보다 훨씬 금리도 좋고 신용도도 우량했기 때문이다.

연예인 부부의 회사채 투자 이야기

필자가 지점에 있을 때의 일이다. 사이가 좋기로 소문난 연예인 부부가 지점 근처에 살고 있었는데 상담을 위해서 당 지점을 방문하였다. 상담 요청 내용이 5억 원의 현금이 있는데 위험한 자산 말고 안전자산에 투자하면서 현금흐름도 있는 투자처를 찾아달라는 것이다. 당시는 신용등급 A급의 회사채의 금리가 5% 정도 되는 상황이라 필자는 회사채 세 종류에 투자하여 매월 현금을 받는 플랜을 제시하였다.

회사채는 보통 3 개월 이표채로, 발행일이 1월이면 1, 4, 7, 10월에 정해진 이자가 나오는 구조이다. 따라서 비슷한 만기의 3 개월 이표채 세 종류를 매수하면 매월 현금을 받을 수가 있다. 당시는 5억 원으로 세후 매월 120만 원 정도의 현금흐름이 발생할 수 있었다.

세 종류의 회사채로 매월 이자 소득 올리기

필자의 설명을 듣고 연예인 부부는 회사채의 신용위험은 인지하였지만 대기업들이 발행한 채권으로 만기까지 이자는 받을 수 있다고 판단한 결과로 그 자리에서 바로 채권 세 종류를 매수하였다.

이후 시간이 많이 흐른 뒤에 필자가 근무했던 지점에서 연락이 와서 과거 연예인 부부가 산 채권들의 만기가 다 지나서 재투자를 하려고 문의가 왔다는 것이다. 같은 투자방식으로 또 채권을 매수할 수 있냐는 문의였는데 금리가 과거의 금리수준보다 훨씬 떨어진 2% 후반대밖에 나오지 않는 상황이어서 다른 투자상품을 권유하였다고 한다.

이처럼 채권에 대해서 조금만 공부한다면 상황과 성향에 맞는 채권투자를 할 수 있다.

2. 국채투자 3억 원에서 20억 원 성공기 : 국공채 복리투자

국채투자로 3억 원을 20억 원으로 불린 할머니 - 머니투데이, 2015.08.03.

1990년대 초에 평범한 차림의 50대 부인이 신한금융투자 여의도지점을 찾았다. 남편이 세상을 떠난 뒤에 여유자금 3억 원을 맡길 데를 찾고 있다는 설명이었다. 이 50대 부인은 3억 원 목돈을 제외하면 월수입이 오피스텔에서 나오는 100만~200만 원 월세가 전부였다. 근로소득도 없고 연금소득도 없는 이 부인은 3억 원에서 손실이 나면 안 된다고 신신당부를 했다. 결국 증권사에서는 안전자산인 국공채 투자를 권했다. 이 부인은 증권사 직원의 권유에 따라 이따금 공모주에 청약한 것을 제외하고는 오로지 국공채 투자만 고수했다.

부인은 잔존만기 1~10년짜리 국공채를 다양하게 투자하면서 이자도 만기 도래로 상환받은 원금도, 고스란히 채권에 재투자했다. 자식이 성장해 결혼하면서 목돈이 필요할 때도 있었지만 자금을 거의 인출하지 않았다. 특별한 투자 철학이나 기법이 있었다기보다 훗날 자식에게 자산을 물려주겠다며 자신은 검소한 생활을 이어가면서 안정적으로 돈을 굴렸다. 3억 원이면 채권 직접 투자로는 많은 금액이 아니었지만 20년 이상 채권에만 투자하는 고객이라 신한금융투자의 채권 관련 부서에서도 부인은 유명했다.

사실 안전자산인 채권 투자로 대박 내기는 어렵다. 하지만 세월이 흐르면서 '복리의 마법'이 효과를 나타내자 결과는 대박이었다. 1990년대만 해도 국내 3년물 국채금리는 13~14%에 이르는 고금리 상품이었다. 게다가 1997~98년 외환위기 이후 국내 금리가 내림세를 타면서 채권가격이 급등세를 이어 갔다. 채권가격은 금리와 반대로 움직인다. 최근만 해도 2012년 초에 3.25%였던 기준금리는 올해까지 3년 동안 7차례 인하됨으로써 2015년 1월 현재 사상최저치인 1.5%까지 떨어졌다.

최근 5~6년 동안 부인의 계좌를 관리했던 증권사의 여의도 영업부 PB팀장은 "5년 전 부인의 계좌를 인계받았을 때만 해도 국공채 자산 규모가 13억 원 수준이었는데 금리가 급격히 하락하면서 20여억 원까지 불어났다."라고 말했다. 20년 넘는 세월 동안 3억 원의 원금은 6배 이상 불어났다. 오로지 검약과 인내가 일군 투자 성공 스토리다.

20여 년 동안 3억 원을 20억 원으로 불린 할머니의 국공채 투자 비법은 복리효과와 외환위기와 같은 비이성적인 금리급등 상황에서 국공채를 매입해서 매매차익을 얻은 것이다. 또한, 투자자금이 늘어나서 금융소득이 증가해 금융소득종합과세 대상이 되는 것을 피하기 위해 국민주택2종채권 (제로쿠폰, 10년 만기, 비과세)에 분산투자함으로써 종합과세도 피할 수 있었다. (자세한 비법은 잠시 후에 알아보자.)

위의 내용에서 할머니의 채권투자야말로 복리 투자의 정석을 보여주는 투자라고 할 수 있다. 아인슈타인도 복리를 '인류의 위대한 발명'이라고 하였다. 복리투자를 설명하는 **'72의 법칙'**은 많은 사람들이 익히 알고 있지만 한번 더 살펴보자.

'72의 법칙'은 72에서 복리 이자율을 나누면 계산되는 숫자가 바로 "원금이 2배가 되는 기간(연)"이 된다는 법칙이다(이자소득세는 고려하지 않는다). 예시를 통해서 쉽게 살펴보자. 만약에 연 4%로 복리투자를 할 수 있다면 72/4=18, 즉 18년이면 원금이 2배가 된다는 것이다.

실제로 계산하면 $(1.04)^{18} = 2.02$가 나오게 됨으로써 거의 비슷하다고 할 수 있다. 이처럼 복잡한 계산 대신에 간단한 산수로 어림잡아 원금이 2배가 되는 기간을 계산할 수 있다.

다음의 표에서 알 수 있듯이 복리이자율이 높을수록 원금이 2배가 되는 기간이 짧아진다. 여기서 중요한 것은 바로 복리이자율이다. 앞서 나온 사례의 할머니 경우는 1990년대부터 국채투자를 하였다. 1990년대만 하더라도 국채 5년물의 금리가 12% 수준이였다. 6년이면 원금이 2배가 되는 기간이었다. IMF 때는 일시적으로 더 높아짐으로써 16% 수준까지 높아졌다.

실제 할머니가 투자한 내역을 알 수는 없지만 5년복리채인 국민주택1종을 샀다고 가정하고 역으로 계산해 보자. 90년대 초중반에 국민주택 1종에 3억을 투자하였으면 5년 뒤인 IMF 때에는 2배인 6억이 되었을 것이다.

복리 이자율별 원금이 2배가 되는 기간

복리이자율	원금이 2배가 되는 기간(년)	계산식	계산결과
1%	72.00	$(1.01)^{72}$	2.05
2%	36.00	$(1.02)^{36}$	2.04
3%	24.00	$(1.03)^{24}$	2.03
4%	18.00	$(1.04)^{18}$	2.03
5%	14.40	$(1.05)^{14.4}$	2.02
6%	12.00	$(1.06)^{12}$	2.01
7%	10.29	$(1.07)^{10.29}$	2.01
8%	9.00	$(1.08)^{9}$	2.01
9%	8.00	$(1.09)^{8}$	1.99
10%	7.20	$(1.10)^{7.2}$	1.99
11%	6.55	$(1.11)^{6.55}$	1.98
12%	6.00	$(1.12)^{6}$	1.97
13%	5.54	$(1.13)^{5.54}$	1.97
14%	5.14	$(1.14)^{5.14}$	1.96
15%	4.80	$(1.15)^{4.8}$	1.96

이것을 다시 16%로 국민주택 1종을 투자하였으면 2000년도 초에 가서는 다시 12억 원이 되었을 것이다. 12억 원을 다시 5%로 5년을 투자하였으면 15억 원이 되었을 것이다.

이 15억 원을 만기 때인 2000년 초 후반에 5%로 재투자했으면 약 20억 원이 된다. 국민주택1종에만 계속 재투자했으면 정말 이렇게 거액이 될 수가 있었다.

물론, 지금은 과거와는 달리 금리가 낮아져서 할머니의 투자처럼 국채로 빠른 기간에 원금의 몇 배나 되는 수익을 얻을 수가 없다. 하지만 분명히 배울 점은 있다. '안전한' 국채에 투자하여 원금손실에 대한 걱정을 전혀 하지 않았고, '복리' 채권만 투자하여 재투자로 복리 효과를 제대로 누렸다는 점이다.

과거에는 회사채의 경우에 국채보다 훨씬 높은 수익률을 자랑하였다. 하지만 할머니가 만약 높은 수익률 때문에 회사채를 사서 그 회사채가 부도가 나게 되었다면 지금처럼 높은 수익을 절대 얻을 수가 없었을 것이다.

또한, 주로 복리채에 투자하였고 만기가 돌아오면 바로 다른 복리채를 산 점이다. 회사채는 일반적으로 이표채이다. 3개월에 한 번씩 이자가 들어오면 그 돈을 쓸 수가 있다. 하지만 복리채는 만기까지 이자를 지급하지 않고 재투자로 복리채를 사면 복리효과를 바로 누릴 수가 있다.

물론, 회사채에 투자하여 분기별로 나오는 이자를 다른 채권에 재투자하면 마찬가지로 복리효과를 낼 수 있지만 강제성이 떨어지기에 실천하기가 상대적으로 어렵다.

할머니가 주로 투자한 국공채에 대해서 자세히 알아보자.

(1) 국민주택채권

국민주택채권은 주택법에 근거한 국민주택기금의 부담으로 발행된다. 국민주택채권은 국민주택건설을 위한 재원 마련을 위해 발행되는 채권으로 법령에 의해 강제 첨가소화되는 채권이다. 국민주택채권은 사업성 국채로서 제1종 국민주택채권은 법률에 의해서 국가 또는 지방자치단체로부터 면허 · 인가 · 허가 등을 받거나 등기 · 등록을 신청하는 자에게 강제로 발행되며, 제2종 국민주택채권(Ⅰ)은 아파트 분양 때는 입찰과열지역에 투기를 억제할 목적으로 입찰자에게 첨가소화되는 채권이지만 1999년 4월 이후 발행이 중단되었다.

제2종 국민주택채권(Ⅱ)은 판교신도시 등 공공택지 안에서 건설 · 공급되는 주거전용 85제곱미터를 초과하는 분양가상한제 적용 주택 등을 공급받고자 하는 자에게 강제 발행되고 있다. 발행조건은 제1종 국민주택채권은 5년 만기 연단위 복리채이며, 제2종 국민주택채권(Ⅰ)은 20년 만기 연단위 복리채로 발행되었고, 제2종 국민주택채권(Ⅱ)은 10년 만기로 발행되고 있다.

국민주택 1종(연복리, 5년 만기)

기간	이율
1973.03 ~ 1977.12	6.00%
1978.01 ~ 1980.01	10.00%
1980.01 ~ 1982.12	12.00%
1983.01 ~ 2001.07	5.00%
2001.08 ~ 2012.07	3.00%
2012.08 ~ 2013.04	2.50%
2013.05 ~ 2014.09	2.25%
2014.10 ~ 2015.03	2.00%
2015.04 ~ 2016.02	1.75%
2016.02 ~ 2016.06	1.50%
2016.06 ~ 2016.12	1.25%
2016.11 ~ 2016.12	1.50%
2017.01 ~ 2019.06	1.75%
2019.06 ~ 2019.07	1.50%
2016.07 ~ 현재	1.25%

(2) 지방채

도시철도채권 : 도시철도채권은 도시철도법에 따라 지하철건설자금을 조달하기 위하여 지방자치단체가 발행하는 지방채이다. 도시철도채권은 서울 · 부산 · 인천 · 대구 · 광주 · 대전에서 발행되고 있다. 따라서 발행주체는 지하철공사가 아닌 관할지방자치단체가 된다. 도시철도채권의 발행을 위해서는 지방자치단체의 장이 국토교통부장관과 협의한 후 행정자치부장관의 승인을 얻도록 하고 있다. 다른 도시철도채권과는 달리, 서울도시철도채권은 만기 7년에 일시 상환되지만, 다른 도시철도채권은 만기 5년에 일시 상환된다.

2016년 8월 기준 표면이자율은 1.50%로 모든 도시철도채권이 동일하지만, 이자계산 방식은 서울도시철도채권의 경우는 복5단2(5년 복리후 2년 단리)로, 기타 지방도시철도채권은 5년 연복리로 계산되며, 첨가소화되어 매출되고 있다.

지역개발채권 : 지역개발공채는 지방자치법 · 지방공기업법 · 지역개발기금설치조례 등에 의거하여 지역개발기금의 재원조달용으로 발행되는 지방채이다. 현재 18개 지방자치단체에서 연복리 1.5%(2016년 6월 말 기준)에 만기 5년 일시상환의 조건으로 발행되고 있으며, 도시철도채권과 똑같이 첨가소화되어 매출되고 있다. 채권의 매입 대상은 지방공기업법 제19조에 따라 각 광역자치단체의 지역개발기금설치조례를 통해 각 시 · 도별로 달리 정하고 있다

복리효과를 누리기 위해서 가장 중요한 것이 '원금을 잃지 않는 것'이다. 원금을 잃게 되면 원금을 회복하는 데 상당한 시간이 걸리기 때문이다. 채권은 다른 금융상품에 비해 상대적으로 안정적인 금융상품이다. 과거처럼 국공채로만 투자한다면 복리효과를 누리기가 어렵지만 이 책에서 공부한 내용을 바탕으로 채권을 분석하여 회사채 · 해외채권 · 전단채 등 여러 채권을 분석하고 선택하여 국공채보다 높은 복리효과를 누려 보도록 하자.

Summary

- **국민주택채권 :** 주택을 구입할 때 의무적으로 매입해야 하는 채권
- **지역개발채권 :** 준조세의 성격으로 도시철도채권과 같이 발행되는 채권

3. RP, 골라서 투자하는 재미가 있다? 없다?

증권회사에는 위험한 상품만 취급한다는 고정관념이 있는 것이 사실이다. 하지만, RP투자와 같이 안전한 상품도 증권사들이 취급하고 있다. RP는 증권사의 신용으로 뒷받침되는 안전한 단기 상품인 동시에, 그 담보로 투자자에게 제공되는 채권 또한 매우 안전하다. 이게 무슨 뜻인지 좀 더 자세히 알아보자.

RPRepurchasing Agreement는 보통 Repo 라고도 부른다. 우리말로 '환매조건부채권'이다. 더 풀어 쓰자면, 채권을 매수함과 동시에 매도의 계약까지 동시에 체결하는 것이라고 할 수 있다. 예를 들어 투자자가 가진 돈을 가지고 증권사로부터 공사채를 사면서, 1달 뒤에 그 증권사에 다시 파는 계약을 한다고 가정하자.

RP 계약 시 금융구조

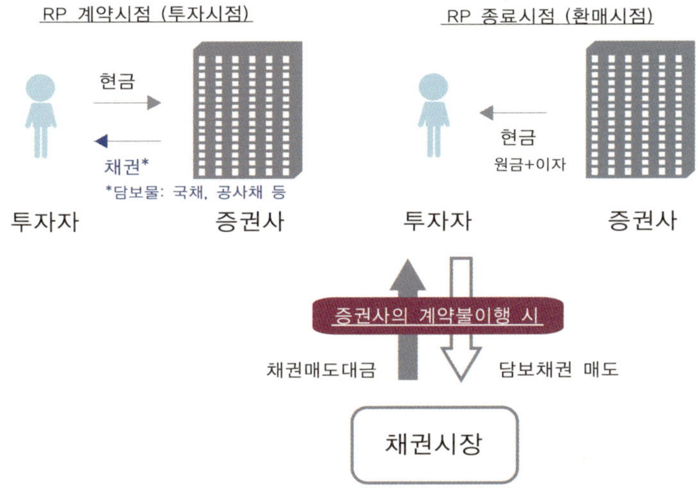

투자자는 그 채권을 보유한 기간 동안의 이자를 수취하며, 매도가와 매수가의 차이만큼 수익을 얻을 것이다. 이 수익률의 합이 바로 RP금리라고 할 수 있다.

또한, 공사채는 특수채로 분류되며 보유기간 동안 채권의 디폴트가 발생할 가능성이 거의 없다. 결국 증권사가 계약을 어길 만큼 재무상태가 불량하지만 않다면 투자자금의 손실 가능성은 없다. 증권사가 부도가 나더라도 RP투자자는 담보물인 국공채의 소유권을 주장할 수 있으며, 이를 시장에 매각하면 원금의 대부분을 회수할 수 있다. (일부 독자들은 눈치챘겠지만 RP상품은 매우 안전한 채권, 즉 국채 또는 국공채 등을 담보로 제공한다. 담보대상채권은 투자자가 선택할 수 없다. 담보비율은 투자금액의 105%이다.)

그렇다면 안전성 외의 RP의 투자 메리트는 무엇일까? 첫째로 짧은 만기이다. 하루부터 365일까지 다양한 투자기간을 투자자가 원하는 만큼 설정할 수 있다. 물론 긴 만기의 RP일 때에 더 높은 수익률을 얻을 수 있다.

또 하나의 장점은 유연함이다. 투자자가 보통 RP를 매수할 때 기간을 설정하는데, 중도에 해지하는 것이 자유롭다. 기간을 어길 경우(중도해지 또는 약정기간보다 더 긴 투자 시) 약정한 수익률보다 다소 낮은 수익률을 얻게 될 뿐이고 큰 불이익은 없다.

마지막으로 높은 수익성이다. 단기 금융상품으로 은행의 수시입출금계좌 • RP • MMF 등이 주로 활용되는데 RP의 수익성은 어느 것에 비해서도 절대 밀리지 않는다. 수시입출금계좌의 금리가 보통 0.1%~0.2% 수준임을 감안하면 RP의 수익률(1.15% 가량)은 매우 경쟁력이 있다. (2016년 8월 기준)

눈여겨볼 만한 상품 중에는 또한 특판RP가 있다. 증권사들은 때때로 특판RP를 통해 평소보다 1% 이상 높은 수익률을 제시하면서 고객을 유치하기 위해 노력한다. 하지만 고금리라고 해도 RP의 특성상 만기가 짧기 때문에 증권사 입장에서 큰 돈을 들이지 않고도 고객자금을 유치할 수 있는 것이다. 이렇게 유치된 자금들은 RP가 만기에 이르면, 해당 증권사가 권유하는 다양한 금융상품에 투자가 이루어질 수 있기에 증권사에게는 좋은 마케팅 수단이 된다.

물론, 체리피커Cherry Picker처럼 증권사들의 특판RP 같은 상품들만 골라서 투자하는, 증권사 입장에서는 달갑지 않은 노련한 투자자도 있지만 여전히 고객 유치 확대를 위해 손쉽게, 그리고 지속적으로 증권사가 출시할 수밖에 없는 상품이기 때문에 꾸준히 관심을 가졌으면 한다.

RP는 매우 안전한 상품으로 여겨지는데, 원금보장형 상품이라고 할 수 있을까? 사실 RP는 엄격하게 말해서 원금보장상품이라고 할 수 없다. 예금자보호법에 따라 보호받을 수 없기 때문이다. 하지만 대부분 담보물이 국채와 같은 우량채권으로 구성되며, 일정한 담보비율을 유지해야 하는 규정에 따라, 비록 원금보장형 상품은 아니지만 매우 안전한 확정금리형 상품 중 하나로 볼 수 있다.

확률이 높지는 않지만 최악의 경우에는 담보채권 및 판매한 증권사 모두에게 부도와 같은 문제가 발생할 수 있을 것이다. 이 경우는 아마도 우리나라의 국가부도 사태와 같은 위기에 처한 상황을 전제로 할 것이다. 그러나 실제 가능성은 매우 희박하다고 생각한다.

Summary

RP는 원금보장상품은 아니지만 확정금리형 상품으로 증권사에서 안전하게 투자할 수 있는 상품 중 하나이다. 판매 증권사는 정해진 규정에 따라 국채와 같은 안전한 채권을 담보로 제공하며 안정적으로 운용될 수 있도록 하고 있다. 다만, 담보대상의 채권을 투자자가 임의로 요청할 수는 없다. 이는, 유연한 투자환경이나 높은 금리 및 높은 안정성에 따라 큰 인기를 얻고 있다. 때때로 나오는 특판RP를 노린다면 좋은 결실을 얻을 수 있다.

4. 채권투자를 더욱 안전하게! : 담보부채권

우리가 주택 관련 대출을 받을 때 은행은 주택이나 전세금을 담보로 설정하곤 한다. 은행 입장에서는 대출 받으려는 개인들의 신용으로 대출해 주기보다는, 주택이나 전세금을 담보로 잡을 경우에 대출금을 회수할 가능성이 훨씬 높기 때문이다.

그 반면 ,우리가 회사채에 투자할 때 투자대상 종목들은 대부분 "무담보무보증사채"들이다. 보증도 없고 담보도 없이 순수히 해당 회사의 신용에 대해 대출해 주는 격이다. 혹시 우리가 회사채 투자를 할 때도 담보를 설정할 수 있을까? 실제로 이러한 채권들이 발행되고 있다. 한 가지 예시를 들어 보자.

서울신문사가 발행한 회사채 중 잔존하는 종목들

종복별	신용등급	표면금리	발행금액(백만 원)	발행일	만기일	공사모구분	담보유무
서울신문6	BBB+	5.3%	20,000	2012.12.12	2017.12.12	공모	무담보
서울신문7	A0	4.07%	40,000	2014.01.15	2017.02.15	공모	담보부
서울신문8	A0	2.966%	20,000	2015.09.30	2018.09.30	공모	담보부

세 종목 중 서울신문6의 신용등급은 다른 두 종목 대비 더 나쁘다. 이 채권은 왜 더 나쁜 평가를 받고 있는 것일까? 설마 서울신문의 신용등급이 2012년에는 BBB+이었다가 이후 상승하여 A0이 된 것일까?

정답은, 서울신문6의 등급이 원래 서울신문사의 회사 신용등급이며, 오히려 다른 두 종목이 특이점에 따라 본래보다(즉 서울신문사의 자체 신용등급보다) 더 높은 등급을 받은 것이다. 그리고 그 답은 위 표의 가장 우측, 즉 "담보유무"에 있다. 다시 말하면, 서울신문7 채권과 서울신문8 채권은 담보부사채이다.

담보부사채는 말 그대로 해당채권이 발행사의 자산을 담보로 설정한 채권이다. 마치 우리가 주택담보대출을 받는 경우와 유사하다. 은행이 우리의 집을 담보로 설정하고 대출을 해주었을 때 우리가 대출을 정상적으로 상환하지 못하거나 이자를 제 때에 납부하지 않을 경우에 담보권자인 은행은 해당 담보물(집)을 처분하여 대출금을 회수할 수 있다.

마찬가지로 담보부사채에 투자한 투자자는, 해당 회사가 채권의 원리금을 정상적으로 상환하지 못할 경우, 해당 담보물을 활용하여 채권의 회수를 시도할 수 있다. 우리가 흔히 일반 회사채를 무담보무보증 '선순위채'라고 부르는데, 담보부사채의 경우는 선순위채보다도 선순위에 있는 채권이라고 할 만하다.

그렇다면 여기서 중요한 점은 무엇일까? 바로 해당 담보물이 얼마만큼의 가치가 있느냐일 것이다. 만약에 채권금액이 1,000억 원인데 담보물의 시장가치가 500억 원에 그친다면 진정한 담보로서의 역할을 한다고 말하기 어렵다. 따라서 투자 전에 담보물에 대하여 미리 조사해 보는 것이 중요하다. 서울신문8 채권의 경우는, 서울신문사가 소유하고 있으며 본사가 입주해 있는, 한국프레스센터 건물을 담보로 하고 있다. 이러한 내용은 서울신문8의 **투자설명서**를 통해 확인이 가능하다.

> **증권의 주요 권리 내용**
>
> 1. 근저당권 설정에 관한 사항
>
> (1) 근저당설정계약 목적 근저당설정자는 2015년 09월 15일 담보부사채신탁법 제100조에 따라 담보부사채를 발행하기 위한 담보부사채신탁계약(이하 "신탁계약"라고 함)을 근저당권자와 체결하였다. 근저당권자는 담보부사채신탁법상 신탁업자로서 위법에 따라 총사채권자를 위해 담보권을 설정 받고, 해당 담보권 설정등기의 등기권자가 되는 자이다. 이에 근저당설정자는 아래의 피담보채무를 담보하기 위하여 근저당권자와 이 계약을 체결하기로 하고 아래와 같이 약정한다.
>
> (2) 저당권의 범위
>
> ① "을"은 "본건 채무"를 담보하기 위하여 "을" 소유의 본건 부동산 물건에 대해 별지2의 선순위 근저당권 및 전세권에 이은 후순위로 채권최고액 금이백사십억 원정(₩24,000,000,000)의 근저당권을 설정한다.
>
> ② 본건 부동산의 증축, 개축, 수리, 개조 기타 각종 원인으로 위 부동산에 부가, 종속될 물건에도 전항의 근저당권 효력이 당연히 미친다.

서울신문 8의 **증권신고서**에는 아래와 같이 근저당설정계약서를 첨부하고 있다.

근저당권 설정 계약서

제1조(사실의 확인, 피담보채무)

각 당사자는 아래 각 호의 사실을 확인하고 진실임을 확인한다.

1. "을"은 2015년 9월 1일 개최한 "을" 의 이사회결의에 의하여 제8회 담보부사채(이하 "본 사채")를 아래와 같이 발생한다.

– 아 래 –

1. 사채의 명칭 : (주) 서울 신문사 제8회 담보부사채
2. 사채의 종류 : 무기명식 이권부 담보부사채
3. 사채의 권면총액 : 일금이백억 원정(₩20,000,000,000–)
4. 사채발행가액의 총액 : 일금이백억 원정(₩20,000,000,000–) (할인율 0.00%)
5. 사채의 이윤 : 사채발행일로부터 원금상환기일 전까지 사채권면금액에 대하여 수요 예측 결과를 반영하여 "갑"과 사채의 인수단이 합의한 본 사채 발행과 관련한 최종 사채의 이율을 따른다.
6. 사채상환의 방법과 기한 : 사채의 원금은 2018년 9월 30일 일시에 상환한다. 단, 상환기일이 은행 휴업일에 해당할 경우 그 다음 영업일을 그 상환기일로 하고, 상환기일 이후의 이자는 계산하지 아니한다. (중략)

•
•
•
•
•

제2조(근저당권의 설정)

① "을"은 "본건 채무"를 담보하기 위하여 "을" 소유의 본건 부동산에 대해 별지2의 선순위 근저당권 및 전세권에 이은 후순위로 채권최고액 금이백사십억 원정(₩24,000,000,000–)의 근저당권을 설정한다.

② 본건 부동산의 증축, 개축, 수리, 개조 기타 각종 원인으로 위 부동산에 부가, 종속될 물건에도 전항의 근저당권 효력이 당연히 미친다.

별지 1)

부동산의 표시

1동의 건물의 표시 서울특별시 중구 태평로1가 25
프레스센터통신사사무실

(중략)

별지 2)

선순위 권리 현황

1. 근저당권

순위번호	근저당권자	접수일자	채권최고액	채무자
1, 1-2	(주) 한빛은행	1986.09.05 제41508호	금 830,000,000원	(주)서울신문사
2, 2-2	농업협동조합중앙회	1986.09.05 제41509호	금 2,600,000,000원	(주)서울신문사
3, 3-1	농업협동조합중앙회	1986.09.05 제41510호	금 2,600,000,000원	(주)서울신문사
4, 4-1, 4-3	(주)우리은행	2001.12.28 제76500호	금 31,670,000,000원	(주)서울신문사
5	농업협동조합중앙회	2002.07.11 제41022호	금 520,000,000원	(주)서울신문사
16,	농업협동중앙회	2011.12.05 제52898호	금 48,000,000,000원	(주)서울신문사
27,	대한토지신탁	2014.01.10 제1478호	금 48,000,000,000원	(주)서울신문사
합계 총 7건			금 86,740,000,000원	(주)서울신문사

2. 전세권

순위번호	전세권자	접수일자	전세금	채무자
7, 7-1, 13.	언론중재위원회	2006.08.25 제46252호	금 137,642,9000원	(주)서울신문사
8, 8-1, 8-2	(주)영남일보	2006.07.31. 제44-32호	금 51,553,000원	(주)서울신문사
18, 18-1	국-금융위원회	2012.10.26. 제54784호	금 1,210,000,000원	(주)서울신문사
23, 23-1	언론중재위원회	2013.03.19. 제12689호	금 171,801,400원	(주)서울신문사
24, 24-1	국-금융위원회	2013.04.19 제18803호	금 1,590,000,000원	(주)서울신문사
25, 25-1	국-문화관광부	2013.05.20. 제2877호	금 150,000,000원	(주)서울신문사
28,	북경동인당서울	2014.03.20 제12482호	금 300,000,000원	(주)서울신문사
합계 총 7건			금 3,610,997,300원	

3. 선순위 임대차

임대차계약	임차인	환산보증금	임대인	비고
28건	28인	금 4,310,300,406원	(주)서울신문사	2015년 8월 기준

※ 「상가건물 임대차보호법」의 적용을 받는 선순위 임대차보증금

\- 이 상 -

위에서 파악할 수 있는 사실은 채권액면금액 200억 원에 대하여 한국프레스센터 건물을 담보로, 채권최고액 240억 원의 근저당을 설정했다는 사실이다. 그런데 앞의 별지2를 보면, 이 회사채보다 앞서 해당 건물에 대해 담보권을 설정한 채권자들이 있다. 이러한 경우에 위기 상황에서 담보물을 처분하게 되더라도 나의 채권 상환은 나보다 우선 담보권을 설정한 채권자들에게 밀릴 수 있다. 우리가 전세계약을 할 때 집주인이 은행에 근저당 대출이 있을 경우에는 전세금이 위험해지는 경우와 동일한 것이다.

이 서울신문8 채권의 경우, 해당 담보물건(한국프레스센터 건물)은 얼마만큼의 가치가 있을까? 간단히 알아보기 위해 **투자설명서**의 "인수인의 의견"란을 보자.

IV

인수인의 의견(분석기관의 평가의견)

동사는 사채권자를 보호하기 위하여 담보부사채신탁법에 따라 신탁회사인 대한토지신탁(주)과 담보부사채신탁계약을 체결하고 본 사채에 대한 물상담보로 본건 부동산에 근저당권을 설정하였습니다. 담보부사채신탁법에 따라 본건 부동산 근저당권은 총 사채권자를 위하여 신탁회사인 대한토지신탁(주)을 근저당권자로 하여 설정되었고, 대한토지신탁(주)은 총 사채권자를 위하여 위 근저당권을 보존하고 실행하며, 사채권자는 채권액에 따라 평등하게 위 물상담보의 이익을 받게 됩니다.

본 담보 대상 부동산에는 기존에 시중은행에 차입금에 대한 담보로 80,500,000,000원을 채권최고액으로 하여 근저당설정되어 있으며, 임차인에 대한 임대보증금 반환을 위해 근저당권 6,240,000,000원, 전세권이 3,610,997,300원 설정되어 있습니다. 따라서 본 담보 대상 부동산에 대해 근저당 또는 전세권 설정된 선순위 피담보채권액은 90,350,997,300원입니다.

그밖에 상가임대차보호법에 따라 보호되는 3억 원 미만의 임차보증금 4,310,300,406원을 포함하면 본 채권에 우선하여 변제받는 채권은 총 94,661,297,706원으로 2013년 12월 기준 해당 부동산의 감정평가액이 220,000,000,000원임을 고려하면 금번 채권에 대한 담보여력은 125,338,702,294원입니다.

이는 금번 채권 발행가액인 20,000,000,000원 대비 626.69%이나 부동산 가치 하락에 따라 담보 대상 자산의 가치가 사채총액보다 하락하거나 담보로써의 효용이 낮아질 위험을 배제할 수 없습니다.

담보 물인 한국프레스센터 건물의 가치(감정평가액)는 발행일 현재 2,200억 원에 달한다. 그리고 이 채권에 앞서는 선순위 채권자들의 채권금액은 총 947억 원 가량이다. 따라서 본 채권에 대한 담보물의 담보여력은 1,253억 원 가량이어서, 채권금액 200억 원에 대한 담보물의 가치는 충분한 것으로 평가된다.

물론, 말미에 적시한 바와 같이 부동산시장의 충격으로 인해 담보물이 감정평가액 대비 한참 낮은 가격으로 매각될 수 있고, 그러한 경우는 내 채권의 상환에 문제가 발생할 수도 있다. 그러나 어쨌든 무담보무보증사채에 비해 훨씬 안전한 장치가 마련되어 있음은 부인할 수 없을 것이다.

만약에 담보부사채를 발행한 회사가 부도가 나고, 기업회생절차 단계에까지 이른 경우에는 어떤 일이 발생할까? 이럴 때, 담보부사채 채권자는 회생담보권자로 분류되어 채권금액의 대부분을 회수하는 경우가 대부분이며, 무보증사채 투자자들은 **채무재조정**이 좀 더 크게(즉, 더 많은 손실) 따르게 된다.

담보부사채는 이처럼 높은 안정성을 제공한다는 장점이 있지만, 그로 말미암아 투자 시에 낮은 수익률을 얻게 된다. 반대로 유사시에 회수율을 낮추는 대신으로 일반 채권보다 더 높은 수익률을 제공하는 채권도 있지 않을까? 그것이 바로 **후순위채권**이다. 다음 절에서 더 자세히 알아보자.

Summary

담보부채권은 일반 채권에 비하여 안전한 자산으로 분류된다. 담보가치가 큰 자산이 담보로 설정된 채권의 경우, 유사시에 회수율이 높다는 장점이 있다. 그 반대로 높은 안정성을 얻는 대신에 수익률은 다소 낮다.

5. 채권에도 순위가 있다! : 후순위채권

IV

후순위채권이란, 발행회사가 디폴트Default(부도)가 발생할 경우는 다른 채권에 비해 변제순위가 뒤처지는 채권을 말한다. 일반 회사채가 무보증무담보 "선순위채"인 반면에, 후순위채권의 경우는 디폴트 발생 시에 선순위채의 상환이 다 이루어져야만 원리금의 상환을 받을 수 있다. 이것은 분명 채권의 안정성을 낮추는 요인이 된다. 따라서 이로 인해 후순위채의 신용등급은 보통 선순위채 대비 한 단계 또는 두 단계 낮게 부여된다. 발행사는 이러한 낮은 안정성이라는 불리한 점을 상쇄하기 위해 더 높은 금리로 투자자를 유인한다.

만약에 담보부사채, 무담보무보증선순위채, 후순위채를 모두 발행한 가상의 회사가 디폴트를 발생시킨 경우에는 어떤 상황이 벌어질까? 다음에 보여주는 예시를 참고하자.

> H무역(A-)이 재무악화로 인해 보유 현금이 바닥나게 됨으로써 디폴트를 발생시켰다. H무역은 기업회생절차를 신청하였다. 다행이 기업 청산은 면했지만 H무역은 채권단에 채무재조정을 요청하기에 이르렀다. H무역의 회생관리인은 H무역이 보유한 자산 및 향후 발생 가능한 현금흐름을 토대로 채무재조정을 포함한 회생계획안을 발표할 것이다. 보유 자산 가치는 시장 매각가격과 일치한다고 가정한다.

부도 발생 시의 채권 처리 예시

보유 자산	채무 / 자기자본
본사건물 1000억 원 / 공장 500억 원 / 현금 20억 원 * 향후 예상 영업이익 : 연 200억 원	· 담보부사채(본사건물 담보) 2,000억 원 **→ 회생담보권** · 무담보무보증 선순위사채 600억 원 **→ 회생채권** · 후순위사채 500억 원 · 보통주 주식 시가총액 30억 원

부도 발생시

· 담보부사채(본사건물 담보) 600억 원 → 전액 상환
· 무담보무보증 선순위사채 2,000억 원
→ 일부 현금, 일부 주식(출자전환)
· 후순위사채 500억 원 → 상환 불능

회생계획안 예시

1. **회생담보권자 :** 원리금을 2년 동안 분할상환, 100% 현금변제
2. **회생채권자 :** 원리금을 2년 동안 분할상환, 60% 현금변제, 40%는 대주주 차등감자 후 보통주 주식으로 출자전환
3. **기타 채권자 :** 채무 상각

위의 예시는 최근의 기업회생절차가 진행된 흐름을 유사하게 재구성해 본 것이다. 채무재조정은 매우 다양한 안이 제시될 수 있으므로 참고하기 바란다.

사실 위의 예시에서 맹점은, 일반 기업들은 후순위채권을 거의 발행하지 않는다는 것이다. 후순위채권을 발행했을 경우에는 그 뒤쳐지는 안정성으로 말미암아서 더 높은 이자비용을 지불해야 하기 때문이다. 자금조달을 하는 입장에서 선순위채권을 발행해도 될 것을 굳이 후순위채권으로 발행함으로써 이자비용을 늘릴 필요는 없다. 따라서 제조업 및 서비스업을 하는 일반 기업들의 경우에 담보부사채는 존재하더라도 후순위채권의 발행은 거의 드물다. 다만, 몇몇 회사들은 영구채(하이브리드Hybrid 채권)를 발행하여 재무비율의 개선을 시도하는 경우가 일부 있다. 영구채에 대해서는 다음 절에서 좀더 살펴본다.

그렇다면 후순위채권은 누가 주로 발행하는가? 일반적으로 은행 · 보험 · 증권업계에서의 발행이 주를 이룬다. 후순위채권은 특정 조건이 만족할 경우에 자본으로 인정하는 사례가 있으며, 이러한 금융회사들은 후순위채권의 발행을 통해 자본비율을 보완할 필요가 있기 때문이다.

금융회사가 발행하는 후순위채는 이밖에도 다양한 형태를 띠는데, 이에 대해서는 역시 다음 절에 자세히 소개할 것이다.

IV

상환 안정성 : 채권 변제순위

변제순서	항목	세부 내용
1	담보부채권	담보대출, 담보부사채
2	일반채권	무담보무보증 선순위채, 기업어음 등
3	후순위채권	후순위채, 후후순위채(CoCo본드, 영구채 등)
4	주식	보통주, 우선주 등

참고 : 후순위채의 예시(금액 단위 : 백만 원)

종목명	채권 종류	발행 금액	발행일	만기일	표면 금리	신용 등급	공사모 구분
한화손해보험 8	회사채	128,000	2016.06.07	2023.06.07	4.35%	A+	공모
SK 증권 18	회사채	40,000	2016.04.21	2021.12.10	5%	A0	공모
한화투자증권 24(후)	회사채	40,000	2015.12.10	2021.12.10	5%	A0	공모
수산금융채권(공채) 02-09 이표 84-30(후)	금융채	40,000	2014.09.30	2021.09.30	2.985%	AA+	공모

6. 헷갈리는 채권용어 : 신종자본증권 vs 후후순위채권 vs 코코본드 vs 하이브리드 vs 영구채

최근 은행이나 금융지주들이 발행한 고금리 채권에 관한 소개 기사들 중 신종자본증권 · 코코본드 · 하이브리드 채권 등의 단어들이 눈에 띈다. 시중은행이나 금융지주가 발행하는 채권인데 은행예금 대비 2% 이상 높게 발행되어 큰 관심을 끌고 있다는 기사가 대부분이며 기자들도 기사에서 신종자본증권 · 코코본드 · 하이브리드 채권 등 채권용어를 혼동하여 사용하는 경우가 많다.

생소한 용어들이기에 많이 혼란스러워하며 채권종사자들도 직접 매매하는 담당자가 아니라면 혼동해서 쓰기도 한다. 후후순위채권, 신종자본증권, 코코본드, 하이브리드, 영구채 등 여러 표현으로 쓰고 있다. 이 단어의 뜻을 명확히 알아보자.

신종자본증권은 주식처럼 만기가 없거나 매우 길어서 반영구적이고, 자기자본으로 인정을 받을 수 있다. 또한, 채권처럼 이자를 지급받는 특징도 있어서 주식과 채권의 중간적인 성격을 갖는 증권이다. 하이브리드 채권Hybrid Bond이라고도 부른다. 일정 조건을 만족하면 재무적으로 부채가 아닌 자본으로 인식된다. 따라서 발행사의 재무건전성을 높이는 요소가 된다. 이로 인해 '부채비율이 높은 회사', '자기자본비율을 높여야 하는 회사' 등이 주로 발행한다. 특히 자본비율의 건전성을 유지해야 하는 은행이나 금융지주들이 많이 발행하고 있다.

신종자본증권은 금리는 높은 반면에 일반적인 채권뿐만 아니라 후순위채에 비해서도 안정성이 떨어진다. 실제로 변제순위가 후순위채권보다 뒤인 후후순위(=하위후순위)채권이다. 같은 기업이 발행하더라도 신종자본증권, 후순위채권, 무보증채권 순서대로 금리가 높다.

은행 및 금융지주들이 발행하는 신종자본증권이 보통 30년 만기(관련규정 개정으로 영구채로 발행)로 발행되고 만기 이후 발행사가 만기연장을 선택할 수 있어서 영구채의 성격을 가지고 있다. 그러나 신종자본증권을 영구채라고 정의하는 것은, 그저 만기와 관련된 하나의 특징을 나타낼 뿐이기 때문에 신종자본증권을 영구채 중의 하나 정도로 인식하는 것이 올바르다.

코코본드라는 말은 Contigent Convertable Bond의 약자로 영어단어 앞 부분의 CoCo에서 비롯되었다. 우리나라말로 직역한다면 조건부자본증권이다. 은행 및 금융지주들이 자본비율을 높이기 위해서 발행하는 신종자본증권이나 후순위채권 중 투자 원금이 특정 조건 아래에서 강제로 주식 전환되거나 상각되는 조건이 붙은 채권들을 말한다. Basel Ⅲ(국제결제은행 산하 바젤은행감독위원회가 2010년 9월 새로 내놓은 국제은행자본규제 기준으로 국내는 2013년 12월 발행물부터 적용) 규제 아래에선 신종자본증권과 후순위채권이 코코본드 형태로 발행되어야 자본으로 인정을 받을 수 있다.

그렇다면 투자자 입장에서 이러한 신종자본증권 투자의 장단점은 과연 무엇일까?

채권투자자 입장에서 가장 큰 장점은 고금리이다. AAA의 신용등급을 가진 시중은행들이 발행하는 일반 채권의 금리는 매우 낮다. 그러나 이러한 은행이 발행한 신종자본증권에 투자할 경우에는 일반 선순위채권보다 2% 정도 높은 금리를 받을 수 있다(다만, 신종자본증권의 신용등급은 AAA 대비 두 단계 혹은 세 단계 낮아진다.). 두 번째 장점은 콜 옵션Call Option의 존재이다. 명목 만기는 길거나 영구적이지만 실질적인 만기는 발행사가 조기상환을 할 경우에 5년 혹은 10년으로 당겨질 수도 있다.

콜 옵션은 조기상환권한이 발행자에게 있기 때문에 발행자가 콜 행사 여부를 결정할 수 있다. 다른 말로 표현하자면, 투자자가 조기상환 여부를 결정할 수는 없다는 것이다. 그럼에도 불구하고, 은행에서 콜 행사를 하지 않을 경우에 "은행의 재무 상황이 좋지 않기 때문에 콜 행사를하지 않는다."와는 신호로 해석될 수 있다. 한 예로, 우리나라에서도 우리은행이 금융위기 때 달러로 표시한 후순위채권에 대하여 콜 행사를 하지 않은 적이 있었다.

그런데, 투자자들이 이를 은행의 자금이 부족한 위기상황으로 해석하면서 채권시장에 투매가 발생하게 되었고, 이에 전반적으로 금융채들의 금리가 대폭 상승했다. 우리은행은 곧바로 수습대책을 내놨고 투자자들은 피해를 보지 않을 수 있었다. 따라서 투자자들은 정상적인 상황에서는 발행사가 콜을 행사할 것으로 기대하고 투자를 많이 하고 있다.

단점도 존재한다. 콜 행사 가능성이 높다고는 하지만, 말 그대로 '콜 옵션'이기 때문에 콜 행사를 하지 않을 경우에는 예상치 않게 투자기간이 길어지게 된다. 이자 미지급 조건도 있어서 특정한 조건 하에선 이자가 지급되지 않을 가능성도 존재한다. 또한, 만약 신종자본증권을 발행한 회사에 크레디트 이벤트가 발생한 경우에는 변제에 있어 순서가 크게 뒤쳐지게 된다. (후후순위, 즉 후순위채권보다도 후순위였다는 점을 기억하자.) 투자 시에는 이러한 단점도 반드시 확인하고 투자하여야 하겠다.

참고로 은행 및 금융지주들이 발행하는 코코본드는 신종자본증권과 후순위채권의 형태로 발행이 된다. 신종자본증권은 **기타기본자본**Additional Tier-1 capital 으로 인정을 받고, 후순위채권은 **보완자본**Tier-2으로 인정을 받게 된다. 후순위채권은 주로 만기가 10년으로 고정적인 만기를 가진다. 또한, 신종자본증권보다 변제순위가 앞에 있기 때문에 안정성 측면에서 유리하다. 하지만 그에 따라 수익률은 상대적으로 낮은 편이다.

일반기업들 또한 최근 재무구조를 개선하기 위해 신종자본증권 발행을 하고 있지만 대부분 사모 형태 또는 달러로 발행하기에 일반 투자자들이 접근하기는 쉽지 않다.

신종자본증권은 많은 리스크 요인을 내포하고 있지만 장기 저금리 기조 아래에서 투자자들에게는 분명 좋은 기회가 될 수 있을 것이다. 관심을 가지고 투자기회를 찾는다면 안정적으로 높은 수익을 누릴 수 있다.

Basel Ⅲ 이후 코코본드 발행 현황(원화)

발행일	종목명	발행금리	신용등급	유형	발행금액(억)
2014-09-22	JB금융지주조건부(상)1	6.400%	A+	신종자본증권	2,000
2014-09-30	부산은행 조건부(상)(후)18-09이10A-30	3.564%	AA0	후순위	1,000
2014-10-24	전북은행 조건부(상)18-10이(후)갑-24	3.860%	AA−	후순위	1,000
2014-11-03	경남은행 조건부(상)18-11이(후)10A-03	3.690%	AA+	후순위	1,500
2014-11-03	기업은행 조건부(상)1411이(흐)10A-3	3.100%	AA+	후순위	8,000
2014-11-14	광주은행 조건부(상)2014-11이10갑-14(후)	3.750%	AA−	후순위	1,500
2014-12-11	농금(은행)조건부(상)2014-12이10Y−갑(후)	3.400%	AA0	후순위	5,000
2014-12-11	산금 조건부(상)14후이1000-1211-1	3.250%	AA+	후순위	7,000
2014-12-22	우리은행 조건부(상)18-12이(신종)30갑-12	5.21%	AA−	신종자본증권	1,600
2015-03-04	부산은행 조건부(상)(후)19-03이10A-04	3.050%	AA0	후순위	1,000
2015-03-10	기업은행 조건부(상)1503이(신종)30A-10	3.840%	AA0	신종자본증권	700
2015-03-10	기업은행 조건부(상)1503이(신종)30B-10	4.330%	AA0	신종자본증권	3,300
2015-03-26	농금(은행) 조건부(상)2015-03이10Y−갑(후)	2.770%	AA0	후순위	5,000
2015-03-30	전북은행 조건부(상)19-03이(후)10갑-30	3.280%	AA−	후순위	800
2015-04-17	신한은행 조건부(상)19-04이10갑(후)	2.720%	AA0	후순위	3,000
2015-05-29	하나금융 조건부(상)1-1	4.345%	AA−	신종자본증권	800
2015-05-29	하나금융 조건부(상)1-2	4.445%	AA−	신종자본증권	1,900
2015-06-03	우리은행조건부(상)19-06이(신종)30갑-03	4.43%	AA−	신종자본증권	2,400
2015-06-24	BNK금융 조건부(상)1-1	4.600%	AA−	신종자본증권	800
2015-06-24	BNK금융 조건부(상)1-2	5,100%	AA−	신종자본증권	300
2015-06-25	신한금융 조건부(상)1	4.380%	AA−	신종자본증권	2,000
2015-08-31	하나(외환) 조건부(상)38-08이10갑-31(후)	2.780%	AA0	후순위	3,00
2015-08-31	BNK금융 조건부(상)2	4.480%	AA−	신종자본증권	1,500
2015-09-04	대구은행조건부(상)(후)36-09이120A-04	3.030%	AA0	후순위	1,000
2015-09-14	기업은행 조건부(상)1509이(신종)30A-14	3.77%	AA0	신종자본증권	2,000
2015-11-06	하나금융 조건부(상)2-1	4.238%	AA−	신종자본증권	1,550
2015-11-06	하나금융 조건부(상)2-2	4.612%	AA−	신종자본증권	200
2015-11-13	농금(은행)조건부(상) 2015-11이10Y−갑(후)	3.020%	AA0	후순위	3,000
2015-12-04	신한은행 후순위	3.010%	AA0	후순위	3,000
2015-12-07	산금 후순위	3.07%	AA0	후순위	7,000
2015-12-08	제주은행 후순위	3.50%	AA−	후순위	200
2016-03-23	전북은행 조건부(상)20-03이(후)10갑-23	3.500%	AA−	후순위	800
2016-03-28	우리은행 조건부(상)20-03이(후)10−갑-28	2.950%	AA0	후순위	2,500
2016-03-29	광주은행 조건부(상)2016-03이10갑-29(후)	3.500%	AA−	후순위	700
2016-03-30	농금(은행) 조건부(상)2016-03이10Y−갑(후)	2.83%	AA0	후순위	3,000
2016-04-14	기업은행 조건부(상)1604이(후)10A-14	2.370%	AA+	후순위	4,000
2016-05-20	산금 조건부(상)16후이1000-0520-1	2.290%	AA+	후순위	3,000
2016-05-20	산금 조건부(상)16후이1000-0520-2	2.290%	AA+	후순위	3,400
2016-05-20	산금 조건부(상)16후이1000-0520-3	2.390%	AA+	신종자본증권	600
2016-05-31	농금(은행) 조건부(상)2016-05이10Y−갑(후)	2.520%	AA0	후순위	3,000
2016-06-01	신한은행 조건부(상)20-06이10갑(후)	2.620%	AA0	후순위	3,000
2016-06-03	대구은행 조건부(상)(후)37-06이120A-03	3.100%	AA0	후순위	1,000

Summary

신종자본증권은 만기 30년 후후순위로 발행되는 채권으로서 만기일 이전에 발행사의 요구로 조기상환(Call Option)될 수도 있지만 반대로 만기일에 채권만기가 연장될 수도 있기 때문에 영구채의 성격을 가졌다고 볼 수 있다. 자본과 부채의 중간적 성격을 가지기 때문에 하이브리드 채권이라고도 불린다. 특정 조건을 만족하면 자본으로 인식되기 때문에 기업들이 재무건전성을 높이기 위해 발행한다.

은행 및 금융지주가 발행하는 코코본드는 자본으로 인정받기 위해 특정 조건 아래에서 상각되거나 주식으로 전환되는 채권들을 말한다. 이러한 코코본드들은 만기가 불확실하지만 기대수익이 높은 '신종자본증권형 코코본드'(기타 기본자본 인정)를 비롯하여, 금리는 다소 낮지만 만기가 고정적인 '후순위채권형 코코본드'(보완자본 인정)로 나뉘어진다. 코코본드는 수익률이 높지만, 반드시 발행조건과 투자위험 등을 꼼꼼히 따져서 투자해야 한다.

IV

7. 채권투자야? 옵션투자야? : 옵션부사채(Bond with Option)

콜 옵션Call Option이란 단어가 앞에서 많이 나왔다. 콜 옵션이 있다면 그 반대로 풋 옵션Put Option이 있다. 콜 옵션이 발행사가 조기상환을 청구할 수 있는 반면, 풋 옵션은 투자자가 조기상환을 요구할 수 있는 채권이다. 즉 투자자에게 더욱 유리한 투자환경이 제공된다.

풋 옵션부 채권은 매우 매력적인 투자기회를 제공하기도 한다. 다음의 실제 사례를 보자. H코포레이션 채권을 투자대상으로 하는 한 투자자가 아래와 같은 상황에서 투자할 한 종목을 고르려고 한다.

H코포레이션 장내 채권 List

(2015.11.3. 장내 일반시장기준)

종목명	표면금리	만기일	투자기간	매수단가	매수수익률
H코포레이션176-2	6.05%	2016.4.7	129일	9,900	9.50%
H코포레이션177-2	5.80%	2016.7.7	220일	9,497	14.37%
H코포레이션179-2	6.20%	2017.3.28	1년 119일	8,898	15.58%
H코포레이션180	5.30%	2017.7.3	1년 216일	8,430	16.57%
H코포레이션186 (Put Option 포함)	3.00%	2019.9.10	3년 285일	8,500	11.86%

이 투자자는 매수수익률이 높을수록 더 높은 연평균수익률을 얻을 수 있다는 점을 파악해 H코포레이션180 채권을 고르려고 했다. 사실 이 관점에서 가장 좋은 채권은 H코포레이션186 이다. 왜 그런지 하나하나 살펴보도록 하자.

신주인수권부사채, 즉 BW란 Bond with Warrant 의 줄임말로서, **신주인수권**이 첨가된 채권을 말한다. 보통 공모 청약을 통해 투자자들에게 매출되고, 청약한 투자자의 계좌에는 채권과 신주인수권(워런트)이 각각 분리되어 입고된다.

채권은 발행일 직후부터 장내시장에서 거래되고 신주인수권은 며칠이 지난 후에 상장되는데, 보통의 청약 투자자들은 채권과 신주인수권 모두 시장에 곧바로 팔아버림으로써 높지는 않지만 안정적으로 수익을 실현한다.(금융권에서는 보통 "Exit 한다"라고 표현하기도 한다. 현재 보유한 금융상품을 이익이나 손실에 상관없이 모두 현금화한다는 뜻을 지니고 있다.)

H코포레이션186 채권이 바로 이러한 종류의 채권(워런트 분리채권)이다.이렇게 장내채권시장에 쏟아져 나오는 분리된 채권의 매물은 결국에 채권 가격을 상당히 많이 떨어뜨리게 된다. 그런데 H코포레이션186 채권의 경우는 매수수익률이 11.86%, 그리고 단가는 8,500원까지 하락하고 말았다. 그리고 이 시점에서 서두에 밝힌 어떤 투자자가 H코포레이션 채권 투자에 앞서 종목 선정을 하고 있었다.

여기서 간과하면 안 되는 점이 바로 이 분리형BW(=분리형 신주인수권부사채)의 특수한 성질들이다. 이러한 채권들은 일반적으로 아래 세 가지 성격을 가진다.

만기보장수익률

워런트 분리채권에는 일반적으로 표면금리로서 중도에 지급하는 현금 이자뿐만 아니라, 만기까지 쌓았다가 만기에 한꺼번에 지급하는 이자도 들어 있는데, 이 부분까지 감안한 수익률이다. 예를 들어서 H코포레이션186 채권은 만기보장수익률이 7%에 표면금리가 3%이다. 그 때문에 3%에 대해서만 중도이자를 지급하고, 나머지 4% 부분의 지급을 미루다가 만기에 (혹은 아래 설명할 조기상환일에) 일시 지급하는 특성이 있다. 사실 만기보장수익률로 인해 과표가 결정되기 때문에 채권의 실질적인 표면금리라고 보아도 무방하다.

낮은 표면금리

워런트 분리채권의 표면금리는 앞에서 말한 만기보장수익률보다 낮다. 즉, 이자를 쌓았다가 마지막에 몰아서 지급하는 부분이 있어서 표면금리는 만기보장수익률보다 작게 된다. 그런데 워런트 분리채권은 바로 이 만기보장수익률 자체도 해당 발행사 채권의 시중금리 대비 높지 않다. 그 이유는 BW에 청약한 투자자가 채권뿐만 아니라 신주인수권(워런트)도 지급받기 때문이다. 지급받는 신주인수권 또한 어느 정도 가치가 있으므로 이에 상응하여 이자를 적게 지급한다. 즉, 신주인수권(워런트)을 주었으니 이자는 적게 가져가라는 뜻이다. 낮은 표면금리는 결국 세금부담을 낮출 것이며, 개인투자자들에게 절세 효과를 가져다 준다.

조기상환청구권

대부분의 워런트 분리채권은 채권의 조기상환을 청구할 권리를 가지게 된다. 앞의 표에서 보듯이 H코포레이션186의 매수수익률은 11.86% 이기 때문에 다른 종목 대비 낮은 편이다. 그리고 여기서의 매수수익률은 조기상환청구권을 감안하지 않은, 그야말로 만기까지 기다려야 얻게 되는 수익률을 말한다. 그러나 본 종목은 조기상환청구권이 들어 있으므로 2017년 3월에 중도상환받을 수 있다. 만기에 상환받는다면 중도이자를 제외하고 액면의 118.28%를 받는 반면, 조기상환을 받는다면 상환일에 액면의 106.27%를 받는다.

따라서 조기상환청구권을 활용한다고 했을 경우, 본 채권의 세후연평균수익률은 21.04%로 급등하게 된다. 만기까지 보유했을 경우와 조기상환을 했을 경우의 투자성과분석을 해보면 다음과 같이 비교된다.

H코포레이션 장내 채권 투자성과 예상

(2015.11.3. 기준, H코포레이션 186은 조기상환 청구시)

종목명	매수 단가	매수 수익률	투자 기간	세전 연평균 수익률	예금환산 수익률
H코포레이션176-2	9,900	9.50%	156일	8.80%	10.40%
H코포레이션177-2	9,497	14.37%	247일	13.80%	16.31%
H코포레이션179-2	8,898	15.58%	1년 146일	15.28%	18.06%
H코포레이션180	8,430	16.57%	2년 243일	16.86%	19.93%
H코포레이션186	8,500	11.86%	1년 128일	21.04%	24.87%

그렇다면 기존 채권자들의 경우는 어떻게 대처할 수 있을까?

만약에 시장 상황이 위와 같고, 자신이 H코포레이션186이 아닌 H코포레이션180을 보유 중인 채권자라면 기존 채권을 매도하고 H코포레이션186으로 교체함으로써 투자수익률을 증대시킬 수 있을 것이다. 앞의 표에서 알 수 있는 바와 같이 채권 가격이 살짝 더 높지만 조기상환을 통해 더 높은 수익 획득이 가능하기 때문이다.

Summary

콜 옵션 : 채권을 발행한 발행사가 사전에 약정한 조건으로 만기이전에 상환하는 권리

풋 옵션 : 채권을 보유한 투자자가 사전에 약정한 조건으로 만기이전에 상환받는 권리

IV

조기상환 옵션이 붙은 채권을 눈여겨보기

채권 중 조기상환옵션, 그 중 특히 투자자가 조기상환을 청구할 수 있는 옵션(Put Option)이 내제된 채권의 경우 때때로 매우 유용한 절세 기회를 제공한다. 특히 신주인수권부사채(BW)로 발행된 채권에서 이러한 기회를 자주 마주치게 되는데, 짧은 투자기간에 상대적으로 높은 세후수익을 얻게 된다. D건설이 지난 6월에 발행한 BW의 경우를 살펴보자.

발행만기	3년	이표유형	3개월 이표채
조기상환	2년 및 2년 6개월	신용등급	BB+
표면이율	3%	발행액	1,500억 원
만기보장수익률	6%	공모/사모	공모

D건설의 회사채 및 CP는 시장에서 보통 7%~10% 선에서 거래가 이뤄지고 있었다. 이번 BW의 경우 만기보장수익률이 6%인 이유는 본 BW의 공모청약 시에 채권뿐만 아니라 신주를 인수할 수 있는 권리인 신주인수권Warrant이 동시에 부여되기 때문이다. 이 Warrant의 가치를 포함하면 공모청약 투자자들의 이론적인 기대수익률은 기존 동일 발행사의 채권의 금리를 살짝 웃돌아야 할 것이다.

공모청약으로 배정된 채권은 발행일부터 장내/장외시장을 통해 거래가 이루어진다. 만약 해당 채권을 발행일에 파Par (액면가액10,000원)에 시장을 통해 매수한다면 일반과세 투자자로서의 예금환산수익률은 연 6.16% 정도였을 것이다. 그런데 이 채권은 발행 첫날부터 8,300원까지 가격이 하락하였다.

이는 공모청약 투자자들 중 상당수가 단기 차익을 노리고(채권매도 + Warrant매도) 투자에 나섰기 때문이었다.

그렇다면 과연 8,300원까지 하락한 이 채권을 오히려 8,300원에 매수한 투자자의 투자성과는 어떻게 계산될까? 만기보유를 할 수도 있겠으나 조기상환청구(2년 후)를 통해 단기간 고수익 투자 실현이 가능해진다. 즉, 2년 투자 기준으로 예금환산수익률이 연 19.53%에 달하게 된다.

왜 이러한 결과가 만들어졌을까? 그 원인은 BW 특유의 낮은 과세표준(만기보장수익률 기준, 6%에 그치고 있음)과 함께 짧은 투자기간(대부분 조기상환청구권, 즉 Put Option이 내제됨)에 있다. 표면금리와 만기보장수익률이 낮아서 과세표준은 적게 계산되는 반면, 채권의 가격 하락 시에 매수하는 것에 의한 자본차익은 비과세이기 때문이다. 또한 이렇게 상대적으로 높은 수익을 좀 더 짧은 투자기간에 (2년, 조기상환) 획득할 기회 또한 제공한다.

이와 같이 BW 발행 전까지 대략 10% 아래로 평가받던 이 D건설의 채권이 난데없이 19%가 넘는 금리로서 나타났다면 이는 분명 매우 유용한 매수기회라고 할 수 있을 것이다. 그러나 또 하나의 좋은 점은 절세 효과인데, 과세표준이 채권액면의 6% 정도만 발생할 것이므로 세금 측면에서 더욱 유리한 상품으로 평가받을 것이다.

국내시장에서 지금까지 발행된 대부분의 BW의 경우에서 이와 같이 발행일부터의 가격 급락 및 저가매수 기회가 발생했다. 이는 앞서 말한 바와 같이 단기 차익을 노리고 공모청약에 나섰던 투자자들의 엄청난 매도물결에 의한 것이다. 이러한 매도호가 과잉은 결국 채권가격 하락으로 나타나며, 오히려 신규투자자들에게 매우 유용한 투자기회를 제공하기에 이른다. 신용분석을 통해 디폴트 리스크가 너무 크지 않다면, 이러한 과감한 시도를 해 보는 것은 어떨까?

8. 네 눈에는 돌멩이, 내 눈에는 다이아몬드 원석 : 주식관련사채

조기상환 옵션 채권을 알아보았으니, 이제 채권에도 옵션이 붙을 수 있다는 사실에 익숙해졌을 것이다. 채권 시장은 이렇게 옵션을 내포하면서 발달하는 과정에서 주식관련 사채도 같이 발달하게 되었는데, 보통 이러한 채권은 투자 수익률이 월등히 높았던 경우가 많다. 주식관련 채권은 전환사채, 교환사채, 신주인수권부사채가 있다.

IV

전환사채 (CB : Convertible Bond)

채권에 익숙하지 않은 투자자들에게 전환사채는 어렵게 느껴질 수 있는 개념이다. 간단하게 말하자면, 전환사채란, "일반 채권과 동일한 채무증권이지만, 동시에 발행 시에 미리 '정해진 미래의 기간' 동안, '정해진 전환 비율'로 채권을 주식으로 전환할 수 있는 권리가 포함되어 있는 채권"이다.

이 채권의 투자자들은 채권을 만기까지 보유할 경우, 채권의 이자와 원금을 수령할 수 있으며 주식 전환 옵션이 포함되어 있으므로 보유기간 중에 발행사 주식의 가치가 상승할 경우에는 채권을 주식으로 전환해서 큰 수익을 올릴 수가 있다.

이러한 주식 전환 옵션이 투자자들에게는 상대적인 이점으로 작용하므로, 발행 시에 전환사채의 발행금리는 동일 회사가 일반 회사채를 발행할 때에 비해서 현저하게 낮은 경우가 많다. 즉, 전환사채에 청약하여 투자할 경우에 투자자는 채권과 전환권을 함께 얻게 되므로 동일 발행사의 선순위채보다 낮은 금리를 감수해야 한다. 예를 들어 어떤 회사의 3년 만기 선순위채 금리가 5%인 상태에서 3년 만기 전환사채를 발행한다면 표면금리가 2%밖에 안 되는 경우가 허다하다.

하지만, 발행회사의 주식가치가 크게 하락하여 전환가치가 사라져 버리게 되면(예를 들어 주식 전환가 15만 원, 주식 현재가 7만 원) 전환사채의 전환권의 가치는 매우 작아져 버린다. 이렇게 전환권의 가치가 사라져 버린다면 결국 채권의 가치도 액면가 이하로 하락하는데, 이때 새로운 투자자들이 유입된다.

왜일까? 채권 자체의 수익을 노리고 투자하기 때문이다. 특히 선순위 전환사채의 경우에 전환권 가치가 거의 사라진 이후에는 기존에 발행됐던 선순위채권과 유사한 매매수익률을 가질 정도로 가격이 하락하기 때문에 채권투자의 수익성 측면에서 대동소이하다. 오히려, 액면가격 이하로 떨어진 채권을 매수할 경우에는 만기 보유 시의 액면가격으로 수렴하면서 채권상환차익이 발생하게 되는데, 이 채권상환차익은 앞에서 설명한 것과 같이 '비과세 수익'에 해당되어 유리한 점도 있다. 따라서 동일 발행사의 다른 채권 대비 예금환산수익률 측면에서 가장 유리한 채권이 되는 경우도 흔히 발생한다.

전환권의 가치가 티끌과 같이 작아져 버리더라도 향후 주식 가치가 언젠가는 다시 상승할 수도 있다는 기대가 있다. 실제로 상장된 CB들을 보면 액면가 이하로 하락한 채권가격이 주식가치 회복으로 액면가 이상으로 크게 상승하는 케이스를 자주 볼 수 있다.

LG이노텍이 2013년 9월에 발행했던 CB는 발행 두 달 후 LG이노텍의 주가가 크게 하락한 후에 전환가치의 상당부분을 상실한 상황이었고, 채권 거래가격은 액면가 아래로 떨어져서 9,700원에 이르렀다. 단지 채권투자만 놓고 보았을 때 연 1% 정도의 수익성이 있었다. 비슷한 등급의 회사채 시장금리(당시 3.6%수준)에 비하면 수익성은 좀 부족했다. 그럼에도 불구하고 몇몇 투자자들은 최소한의 이자만 받는 셈 치고 더 큰 가능성을 위해 이 채권을 매수하였다.

사실 해당 전환사채의 표면금리는 0%에 만기보장수익률이 0.1% 여서, 세금부담이 매우 적었다. 연 1%의 수익은 거의 세후수익률과 다름없었다. 이러한 매력을 느끼고 투자했던 투자자들은 2014년 중반까지 LG이노텍의 주가가 전환가에 근접할 정도로 오르면서 채권에 붙은 옵션 가치도 동반 상승하여 채권중도매도를 통해 예상수익률을 훨씬 초과하는 매매차익을 실현할 수 있었다.

LG이노텍32 CB 장내가격 및 LG이노텍 주식가격 추이 (단위: 원)

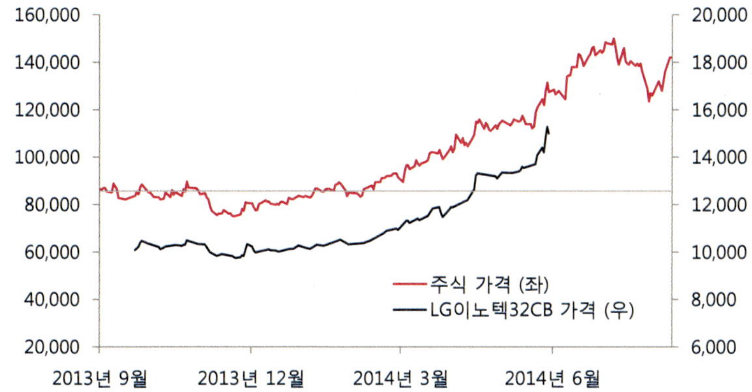

교환사채 (EB : Exchangeable Bond)

교환사채는 "일반 채권과 동일한 채무증권이지만, 여기에 발행에 미리 '정해진 미래의 기간' 동안, 발행회사가 보유하고 있는 자사주식 또는 제3의 회사의 주식(타사 주식을 제공하는 경우가 일반적이다)을 '미리 정해진 교환 비율'로 교환할 수 있는 권리가 포함된 채권"이다.

예시 : 한화건설85 EB, 한화생명 보통주로 교환 가능한 채권
(교환가액: 7,400원)

한화건설85 EB가격과 교환대상주식(한화생명) 가격 흐름

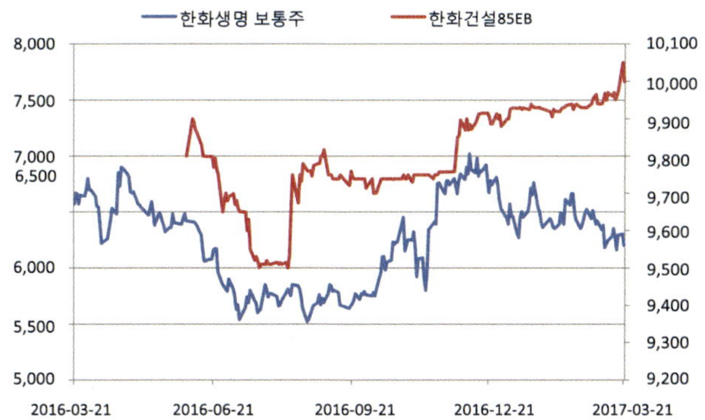

(자료: KOSCOM)

신주인수권부사채 (BW : Bond with Warrant)

앞 절에서 일부 설명한 바 있는, 신주인수권부사채란, “일반 채권과 동일한 채무증권이지만, 새롭게 발행되는 주식(신주)을 일정 가격으로 인수할 수 있는 권리를 부여한 채권”이다. 전환사채와의 차이점은 전환사채는 전환권행사와 동시에 채권이 소멸되고 주식으로 전환되지만, 신주인수권부사채의 경우는 신주인수권을 행사할 경우에 신주인수에 필요한 자금을 납입한다면 신주를 부여받으며, 채권은 그대로 남는다는 것이다.

한국거래소 홈페이지를 통한 주식관련사채의 조회방법

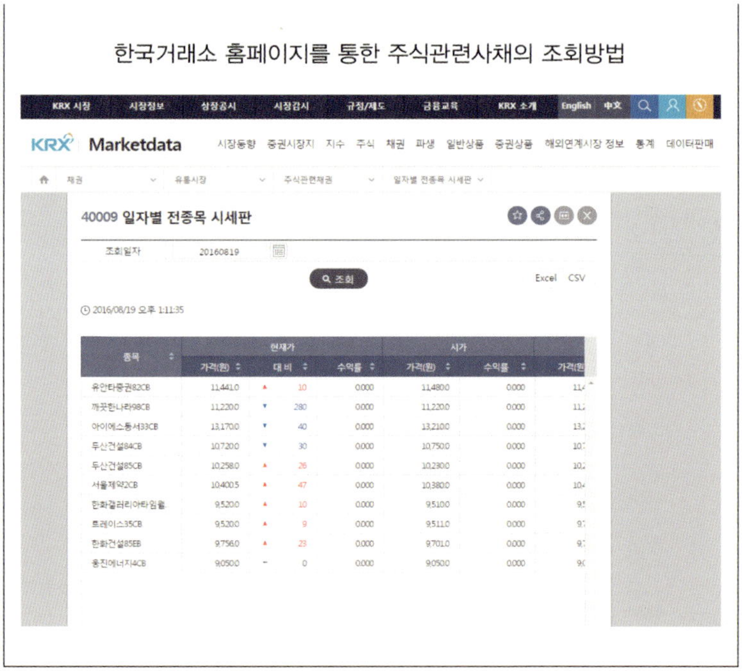

1. 한국거래소 홈페이지 (http://www.krx.co.kr)에서
[채권] 〉 [유통시장] 〉 [주식관련사채] 〉 [일자별 전종목 시세판] : 조회일자에 장내 주식관련 채권시장에서 거래된 채권을 조회 가능

2. 관심있는 종목명을 [발행시장] 〉 [상장채권 발행정보]를 통해 조회하면, 아래와 같이 채권의 발행 때의 상세 정보를 조회할 수 있다. 하지만 한국거래소는 발행 때의 정보를 제공하는 경우가 대부분이어서, 만일 전환가격이나 교환가격의 정정이 발생했을 때에는 이 내용들이 누락되는 경우도 있다.

3. 가장 정확한 내용을 확인하기 위해서는 금융감독원 전자정보시스템 (http://dart.fss.or.kr/) 홈페이지에 접속하여 발행회사의 공시보고서 내용을 꼼꼼하게 살펴보는 것이 좋다.

- **주식관련 사채 :** 전환사채(CB: Convertible Bond), 교환사채(EB: Exchangeable Bond), 신주인수권부사채(BW: Bond with Warrant)
- **전환사채(CB: Convertible Bond) :** 일반적인 채권의 성격에 일정 기간 동안 정해진 행사비율과 행사가격으로 채권을 발행회사의 주식으로 전환할 수 있는 권리를 포함하는 채권
- **교환사채(EB: Exchangeable Bond) :** 일반적인 채권의 성격에 일정 기간 동안 정해진 행사비율과 행사가격으로 채권을 발행회사가 보유하고 있는 미리 정해진 상장 주식으로 전환할 수 있는 권리를 포함하는 채권
- **신주인수권부사채(BW: Bond with Warrant) :** 일반적인 채권의 성격에 일정 기간 동안 정해진 행사비율과 발행가격으로 발행회사의 신주를 인수할 수 있는 권리를 포함하는 채권. 워런트(Warrant)와 채권이 발행 이후 따로 거래될 수 있는 분리형과 그렇지 않은 비분리형이 있는데, 최근 대부분의 BW가 분리형으로 발행되고 있다.
- **전환권 :** 채권을 발행사의 신규 주식으로 전환할 수 있는 권리
- **교환권 :** 채권을 지정된 주식으로 교환할 수 있는 권리
- **신주인수권(Warrant, 워런트) :** 발행사의 신규 주식을 특정한 가격으로 인수할 수 있는 권리. 행사 시에 신주의 발행 가치와 동일한 액수의 자금을 납입해야 함
- **행사가격 :** 전환사채(또는 교환사채)를 주식으로 전환(교환)할 때, 적용되는 주식의 가격

[주의할 점]

주식관련 사채의 권리 행사 때에 행사 이후 주식입고까지 며칠이 소요된다. 따라서, 주식의 행사가와 시장가의 차이가 충분히 크지 않을 때에 권리행사를 한다면 행사 신청 시점에서는 이익이 난 상태(시장가>행사가)일지라도, 주식입고 시에 주식의 시장가격이 하락하여 손실을 발생시킬 수 있다.

9. 전단채? 전단지 말인가요? : 전자단기사채

2014년부터 부쩍 새로운 상품이 유행하기 시작했다. 그 이름은 전자단기사채, 줄여서 전단채STBShort Term Bond로 불리고 있다. 예금 대비 금리가 우월하니 여기저기서 투자하라고 아우성인데, 예금만큼 안정적인 상품이라고 할 수 있을까? 아니, 그 전에 전자단기사채(이하 전단채)가 도대체 무엇인가?

전단채는 증권사들의 리테일 고객들에게 가장 사랑받는 상품 중 하나이다.프로젝트 파이낸싱PFProject Financing투자와 같은 건설사 관련 상품들이 주를 이루고 있으며 무엇보다 단기 고금리 채권으로 인기가 있다. 전단채의 역사는 잠시 후 다시 이야기하기로 하고, 우리가 투자할 수 있는 전단채의 일반적인 특성을 먼저 살펴보자.

첫째로, 전단채는 채권과 마찬가지로 확정금리상품이다. 그런데 3개월마다 이자를 지급하는 채권과는 달리, 전단채는 세전만기금액(액면금액)을 매매 시에 협의된 할인율로 할인하여 매매되는 형태를 지닌다. 예를 들어 표면금리가 3%인 만기 1년 채권을 액면가 10,000원에 사서 1년 동안 3%의 이자를 받는 것과는 대조적으로, 만기 1년, 할인율 3%인 전단채는 액면가 10,000원을 9,700원에 매수하여 만기에 10,000원을 받는 식이다. 이와 같이 단순한 구조로 인해 종종 은행예금 또는 증권사 단기확정금리상품과 비교되곤 한다. 물론, 유사한 점이 있는 만큼이나 차이점도 있음을 참고해야 한다.

둘째로, 전단채의 만기는 보통 3개월이다. 각 증권사 영업점에서 추천하는 전단채 상품들은 간간이 1개월~2개월 만기의 상품이 보이기는 하지만, 일반적으로 3개월이다. "나는 1년 정도 투자하고 싶은데?" 그럼 3개월짜리 전단채를 4번 투자하면 된다. 1년짜리 상품이 나왔으면 좋겠지만 그런 전단채는 거의 보이지 않는다. 그 이유는 다음 특성에서 설명하겠다.

셋째로, 둘째 특성과의 높은 상관이 있는 요소로서, 3개월 이하 만기의 전단채는 발행 시에 증권신고서 제출이 면제된다. 이제 좀 이해가 될 것이다. 즉, 발행사들은 3개월 만기의 전단채만 열심히 발행하면서 증권신고서 제출의 부담을 벗어 던지는 것이다. 결국은 금융감독원 공시정보 사이트에도 이러한 전단채들의 증권신고서나 투자설명서가 존재하지 않는다.

IV

넷째로, 증권사를 통해서 추천받는 전단채 상품들은 거의 대부분 자산유동화 전단채이다. 특히 건설사업과 연관된 PF전단채가 가장 흔하다.

따라서 이것만 보면 "전단채는 대부분 PF전단채가 발행되는구나."하고 오해하기 쉬우나, 실제 발행량은 자산유동화와 관련 없는, 상장기업들이 단기자금 조달을 위해 발행한 전단채가 훨씬 막대한 규모를 자랑한다. 그러나 이러한 전단채들은 만기가 1주일, 혹은 짧게는 하루나 이틀짜리로 발행되고 있으며 대부분 기관투자자들에 의해 소화된다.

자산유동화전단채 중에는 PF사업과 관계가 없는, 은행예금을 유동화한 전단채도 많이 있다. 그러나 금리 레벨이 낮아 개인투자자들의 투자 대상은 아니다.

마지막으로, 전단채는 채권과 유사하게 신용등급을 가지고 있다. 그러나 신용등급 표기 체계에 있어 채권과는 다소 차이가 있다.

요약하면, 개인 투자자들이 접하는 전단채는 주로 3개월 만기의 자산유동화 전단채, 특히 PF전단채이며, 증권신고서가 없다. 그렇다면 과연 이러한 상품에 투자하는 것은 충분히 안정적인가?

실제 PF전단채를 예시로 살펴보자. 태전제이차㈜는 ㈜효성이 착공하는 공동주택 건설사업과 관련된 상품으로, 해당 사업장의 시행사(아이에치주택건설)로의 대출을 유동화하여 발행한 전단채이다. 자산유동화증권의 구조에 대해 이해하는 것은 좀더 나중에 시도하기로 하고, 결론만 말하자면 이 전단채는 ㈜효성의 신용보강이 첨가되어 있기 때문에 결국은 ㈜효성의 전단채에 투자하는 것과 유사하다.

이 전단채 종목의 기초자산은 2013년 8월 25일부터 2016년 4월 25일까지, 특수목적회사(SPC Special purpose company)에서 시행사로의 대출이다. 이를 3개월씩 쪼개

새로운 PF 전단채를 만들어서 시장에 매출하는 것이다.

앞에서 언급한 신용보강은 이 본 대출에 대한 신용보강이므로, 3개월 만기 전단채의 만기시점에 액면금액 상환을 보증한다는 뜻은 아니다. 이를 상환받기 위해서는 새로이 발행되는 3개월 만기의 전단채(차환물)가 충분히 매출되어야 한다. 이 자금으로 기존 전단채 투자자의 투자금을 돌려주는 것이기 때문이다. 만약 이러한 작업이 원활히 일어나지 못할 경우에 기존 전단채 투자자는 3개월이 아니라, 기초자산의 만기까지 기다려야 할 수도 있을 것이다.

따라서 이러한 위험을 피하기 위해 대부분의 전단채는 증권사 등의 유동성 보강 차원의 장치가 마련되어 있다. 태전제이차㈜ 전단채의 경우에는 새로 발행되는 전단채에 대하여 미래에셋증권이 시장에서 소화되지 못한 물량을 매입하여 주기로 약정되어 있다.(매입약정) 이를 통해 기존 전단채 종목의 투자자가 투자 3개월 시점에 정확하게 액면금액을 상환받을 수 있다.

하지만, 위 매입약정의 맹점은 주로 신용보강을 하고 있는 주체(여기서는 ㈜효성)의 신용등급이 일정 등급 이하로 하락하면 효력을 상실한다는 것이다. 만약 ㈜효성의 신용등급이 현재의 A0 에서 A−미만으로, 즉 현재보다 두 단계 이상 하락하면 매입약정의 효력은 사라지고, 결국은 전단채 투자자의 원금회수가 늦어지는 일이 발생한다.

다행히 이러한 위험요소까지 제거한 전단채도 있다. 증권사의 유동성 보강의 종류가 다른 것인데, 이를 “매입약정”이 아닌 “매입확약”이라고 부른다. 이는 매입확약 증권사가 신용보강 회사의 신용에 어떤 일이 발생하더라도 무조건 차환물을 매입해 주는 조건이다. 전단채 투자자들은 3개월 시점에서 매입확약 증권사가 부도나지만 않았다면 무조건 액면금액을 상환받는 상품인 것이다. 이는 증권사의 신용도에 투자하는 것과 같아서 매우 안정성이 높다. 다만, 이러한 상품은 높은 안정성만큼이나 낮은 수익률을 제공하므로 투자자의 선택의 고민은 계속될 수 있다.

IV

전자단기사채, 이름이 너무 어려워요!

전자단기사채란, 기업이 사업에 필요한 단기자금조달을 목적으로 발행하는 만기 1년 이하 등 일정한 요건을 갖춘 사채로서, 기존 기업어음(CP)과 유사한 구조이다. 전자등록기관(한국예탁결제원)을 통하여 발행 · 유통 · 권리행사 등이 전자적으로 처리된다. 과거 CP의 법적 · 실무적 한계를 극복하고 전자적 방식으로 발행 · 유통 · 권리행사가 가능한 새로운 플랫폼(platform)을 구축하여, 단기금융시장 선진화 및 전자증권도입 기반을 마련하는 것이 목적이다.

본래 CP(Commercial Paper)는 기업의 신용을 담보로 하여 발행하는 어음으로 채권에 비해 간편하게 발행하여 거래할 수 있으며, 기업들이 급한 현금 등의 융통에 쓰기 위해 생겨난 것으로 만기가 짧은 것이 특징이다. 보통 1년 이내로 발행되며 특정 액면 권종 단위로만 매매가 가능하다. (예를 들어 100억 원 권종으로 발행된 CP를 2명의 투자자가 50억 원씩 투자할 수 있도록 권종을 쪼개는 것이 불가하다.)

매수 때는 할인한 금액에 세금을 붙인 세금선취거래가 일반적이며, 만기에 원금을 수령한다. 또한 만기 1년 이내인 CP의 경우에는 증권신고서 제출 의무가 없기 때문에 신속하게 단기자금을 조달하고 발행시의 번거로움을 피하기 위해 3개월물 발행이 주를 이룬다.

그러나 CP시장은 금융감독당국의 관리가 제대로 이루어지지 못한다는 문제점이 있었다. '누가 얼마나 발행했고, 투자자가 누구인지'를 명확하게 파악할 수 없었기 때문이다. 이렇게 통계에 잡히지 않는 금융거래를 '그림자금융(shadow banking system)'이라고 하는데, 이러한 그림자금융은 한 경제의 금융 시스템의 위험을 제때에 감지하지 못하게 할 수 있다는 것이 문제다.

더군다나 그림자금융으로 인한 투자 손실이 전문투자자가 아닌 소액 투자자인 서민들에게 직접적으로 연관된다면 이는 더욱 큰 문제가 될 수 있다. 동양그룹 계열사 CP사태가 바로 이러한 사태의 전형적인 예다. CP는 본래 권종분할을 할 수 없도록 되어 있으나, 증권사 신탁을 통해 이를 작게는 수백만 원 단위로까지 쪼개어서 전문투자자가 아닌 수많은 서민들의 소액 투자자금이 바로 이 CP에 집중되었던 것이다.

이러한 폐단을 막고자 전자단기사채가 새로 도입되었다. 전자단기사채는 첫 단계에서부터 증권의 실물이 없이 전자적으로 발행/유통되는 상품으로, 한국예탁결제원을 통한 집중적인 관리가 이루어진다. 또한 권면분할은 자유롭게 이루어지도록 하되, 최소매매단위를 액면 1억 원 이상으로 하여 소액을 투자하는 서민들의 피해로 이어지지 않도록 하였다. 전자단기사채의 발행 요건은 다음과 같다.

전자단기사채 발행요건

① 각 사채의 금액이 1억 원 이상일 것
② 만기가 1년 이내일 것
③ 사채금액을 한꺼번에 납입할 것
④ 만기에 원리금 전액을 한꺼번에 지급한다는 취지가 정하여 있을 것
⑤ 전환권 등 다른 증권을 취득할 수 있는 권리가 부여되지 아니할 것
⑥ 사채에 물상담보를 붙이지 아니할 것

물론 여전히 CP는 발행되고, 또 유통되고 있다. 주로 기관들이 투자하나, 거액의 개인들 또는 법인투자자들도 증권사를 통해 간간히 투자하고 있다. 다만, CP는 권종분할이 불가하여 투자에 다소 제약이 따른다. 따라서 최근에는 전단채가 여러 가지 장점을 내세우며 CP를 대체해 나가고 있다.

단기금융시장 발행실적 추이 (단위: 조원)

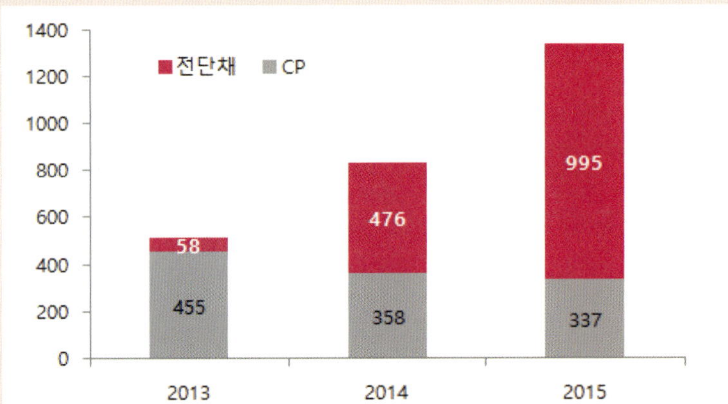

(자료: 금융감독원)

좋은 전단채를 고르는 방법

일반적으로 개인 투자자들은 증권사의 유동성보강 및 건설사의 신용보강이 첨가된 PF전단채에 많이 투자하고 있다. 그러나 각 전단채별로 구조가 상이하여 어떤 기준으로 선택해야 하는가에 대해 처음 투자하는 투자자는 선택에 어려움을 겪는다. 좋은 전단채 고르는 방법에 대해 단계적으로 확인해 보자.

• 신용등급 확인은 필수

2장에서 언급한 대로 채권을 투자할 때 가장 중요한 것이 채권의 신용등급이다. 이에 대해서는 앞에서 내용을 다루었다. 전단채는 단기로 발행되는 채권이기에 단기신용등급의 체계로 평가된다.

신용등급이 높은 전단채일수록 금리가 낮고, 신용등급이 낮을수록 금리가 높다. 다양한 등급의 전단채가 발행되지만 필자가 권유하는 등급은 A2 이상이다. PF전단채는 A3 등급뿐만 아니라 심지어 B3 등급의 사채도 발행되고 일부 투자자들이 매수하기도 한다. 그러나 고금리에 따르는 투자위험도 분명 있기에 투자 때의 위험에 대해서 확실히 고민을 하고 투자하여야 한다.

A1등급을 가지는 PF전단채는 기초자산이 A1이 아닐지라도 신용보강을 제공하는 시공사의 등급이 A1 경우와 매입확약(=유동성공여)을 한 기관의 신용등급이 A1인 경우로 나뉜다. A1 등급의 전단채가 A2보다 신용등급이 높기 때문에 금리가 낮은 경우가 일반적이다. 하지만 간혹 현재 단기등급이 A1이지만 A2+로 떨어질 것이 확실하다거나 시장에 특별한 이슈가 있을 때에 수급적인 이유로 A1등급의 전단채 금리가 A2등급의 금리보다 높은 경우가 있다.

같은 등급이라도 지급보증한 건설사별로, 그리고 유동성공여를 한 증권사별로 PF전단채 금리는 다를 수 있다. 이는 각 회사가 가지는 고유의 위험이 다르기 때문이다. 따라서 PF전단채 투자시에는 동일한 등급이라도 각각 어떠한 위험이 있는지, 또는 만기 시까지 믿을 수 있는 회사인지 등을 반드시 확인하고 투자해야 한다.

• 사업장(기초자산) 분석

같은 신용등급이고 같은 보증회사라고 하더라도 전단채의 금리가 다를 수 있다. 이는 PF전단채의 기초자산이 다르기 때문이다. 만약에 두 PF 사업장의 분양률이 극과 극이라면 이는 해당 사업장의 수익성 또는 안정성에 차이가 있다고 해석할 수 있는데, 기왕이면 사업진행이 원활한 PF사업장을 선택하는 것이 옳다.

따라서 PF전단채의 경우에는 적어도 공사장의 위치가 서울인지 경기도인지 지방인지, 또는 현재 공사단계가 어느 정도까지 진행되었는지, 분양률은 어떤지 등을 반드시 확인해야 한다.

한편, 시장에서는 PF전단채가 아닌, CLNCredit Linked Note 구조의 DLSDerivatives Linked Securities, 매출채권 유동화, 중국은행 정기예금(달러 예금 또는 위안화 예금) 유동화, 선박운영 수익권 유동화, 항공기 유동화 등 다양한 자산을 기초자산으로 하는 자산담보부ABasset backed전단채들도 많이 발행되고 있다. 이러한 상품의 기초자산에 대한 분석은 필수이다. 이를 위해 증권사를 통하여 투자하기 전 해당 AB 전단채에 대한 자세한 설명을 듣도록 하자. 신용평가서 확인도 필요한데, 기초자산 및 신용보강 등에 대해 명시되어 있으므로 꼭 분석해 보도록 한다.

• 전단채 구조

대표적인 전단채 상품인 PF전단채의 구조는 어떤 식으로 구성될까?

부동산 사업과 관련하여 하나의 공사현장에서 사업을 진행하려면 막대한 자금이 필요한데, 보통 몇백억 원에서 몇천억 원에 달하는 금액이다. 부동산사업을 주도하는 주체는 시행사인데, 일부 대형 시행사를 제외하고는 대부분 영세한 규모의 회사이다. 소규모 회사가 막대한 사업자금을 충분히 조달하는 것은 쉽지가 않다.

시행사는 사업을 구상하고 타당성을 따짐으로써 1차적으로 은행 등 금융기관의 대출을 받겠지만, 은행 대출만으로는 사업을 시작하기 어렵기 때문에 금융시장에서 직접적으로 자금을 조달하기 마련이다. 시행사는 회사 규모가 작아서, 회사채를 발행한다고 해도 시장에서 낮은 금리로 자금을 조달할 수가 없다.

따라서 원활한 자금조달을 위해서, 일반적으로 해당 사업장의 수익권을 담보로 한 대출채권 유동화증권(결국 AB 전단채)를 발행하되, 해당 사업장을 건설하는 건설회사의 신용보강을 첨가한다. 대형 건설사들은 시장에서의 인지도가 있기에 이러한 건설사들의 신용보강이 첨가된다면 상대적으로 유리한 금리로 자금을 조달할 수 있는 것이다.

PF전단채의 일반적 금융구조

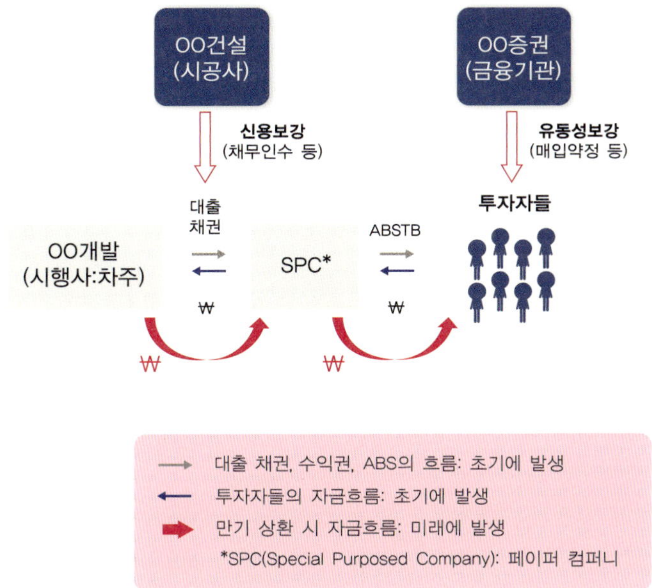

전단채는 언제 사야 금리가 좋을까

단기자금시장도 하나의 시장이기 때문에 수급에 의하여 금리가 결정되는 경우가 많다. 즉, 일시적인 시장 유동성이 위축될 때 금리가 급격하게 상승하는 경우가 많다. 또한, 연말에 일반적으로 금리가 상승하는 현상을 볼 수 있는데, 그 이유는 단순하다.

단기자금을 운용하는 기관이나 증권사 연말이 오기 전에 북 클로징Book Closing을 하고, 내년도 계획을 세우면서 새해 연초까지 대기하기 때문에 채권에 대한 신규 매수수요가 줄어드는 것이다. 물론, 투자자금의 집행이 연말까지 이어질 수도 있지만, 보통 연말로 갈수록 전체적으로 집행금액이 감소하기 때문에 단기물 수요가 감소하고, 결국에 시중 단기금리는 상승한다. 따라서 단기자금을 운용하는 투자자의 입장에서는 연초보다는 조금 이른 '전년도 연말'에 전단채를 사는 것이 일반적으로 유리하다고 할 수 있다.

특별한 이슈가 있을 때 해당 종목의 금리가 상승하기도 한다. 예를 들어 A건설사에 대한 좋지 않은 소문이 돈다면 해당 건설사와 관련된 PF전단채의 기존 투자자들이 차환물에 대해 투자를 꺼리게 되면서 수요가 급격히 줄어들고, 결국 A건설사가 보증한 PF전단채들의 전반적인 금리가 상승할 수 있다. 투자자 입장에서 A건설사의 이슈가 단기적인 것이고 회사의 재무/사업적인 내용에는 이상이 없다고 판단한다면 이는 오히려 좋은 투자 기회가 될 수 있다.

Summary

전자단기사채는 전산에 등록시켜 발행되는 새로운 형태의 증권으로 기존의 실물로 발행되던 CP 대비 편하게 거래할 수 있고 안전성을 높인 상품이다. 특히 PF 전단채는 PF사업장을 기초자산으로 하여 건설사의 신용보강과 증권사 등 금융기관의 유동성 공여를 포함하여 발행하는 형태가 많다.

좋은 전단채를 고르기 위해서는 신용등급 확인, 전단채의 기초자산이 되는 사업장 확인과 전단채 신용보강 및 유동성공여 기관에 대한 확인이 필수적이다.

10. 자동차 브레이크가 아니다 : ABS

증권사에서 ABS를 취급한다면 많은 이들이 이상하게 생각하고 웃는 경우가 있다. 하지만 여기서의 ABS는 자동차 브레이크가 아니라 자산담보부채권 ABSAsset Backed Securities을 가리킨다.

칼유동화채권이 리테일retail(영업점) 고객들에게 판매될 때, 많은 투자자들이 공통적으로 던지는 질문이 있었다.

"대한항공과 관련된 채권인데, 어떻게 대한항공이 발행한 채권보다 신용등급이 높은가요?"

칼유동화채권은 대한항공이 항공권을 예매한 승객들로부터 받게 될 항공운임료를 담보로 하여 발행된 채권인데, 이는 대한항공의 신용등급과는 직접적인 관련성이 낮고, 심지어 신용등급은 더 높게 부여된다. 어떻게 그럴 수 있을까? 핵심은 바로 이 ABS의 구조에 있다. ABS의 기본 구조는 아래와 같이 구성되어 있다.

칼유동화채권의 금융구조

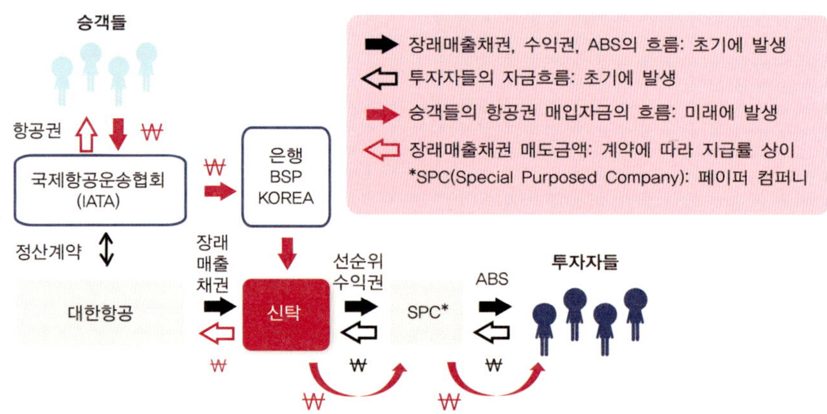

위는 칼제십구차유동화전문(유)의 유동화구조이다. 대한항공이 현재 운영자금이 필요해서 돈을 빌려야 하는데, 대한한공 자체 신용으로 채권발행을 할 경우는 BBB+등급(2016년 8월 기준)에 해당하는 높은금리(이자비용)로 채권을 발행해야 한다.

높은 금리를 발행하더라도 떨어진 신용등급 때문에 원하는 금액의 채권발행이 어려울 수도 있다. 그래서 고안한 방안이 미래에 들어올 현금을 현재로 미리 앞당겨 쓰는 것이다.

IV

여전히 가장 많은 국내 승객들이 대한항공을 이용한다. 이러한 여객 티켓 매출의 누적 데이터를 분석하면 향후 발생할 매출이 얼마인지도 추정할 수 있다. 자료에 따르면 대한항공의 은행정산제도BSP를 통한 현금 결제 방식의 항공권 평균 월 구매 금액이 1,130억 원에 이르는 것을 알 수 있다. 대한항공은 이러한 매출이 미래에도 지금처럼 발생할 것으로 가정하여, 짧게는 1년 3개월부터 길게는 5년에 이르는 다양한 만기로 총 9,000억 원의 채권을 발행하였다. 월평균 1,000억 원씩 매출을 잡아도 1,000억 원×5년(60개월) = 약 6조 원이다. 채권발행원금 9,000억 원과 비교하면 충분한 담보금액이라고 할 수 있다.

이렇게 미래의 들어올 현금을 담보로 채권을 발행하기에, 이 유동화증권은 대한항공의 자체 신용등급인 BBB+보다 2등급이 높은 A0의 등급으로 보다 낮은 금리로 채권을 발행할 수 있었던 것이다.

물론, 대한항공이 채권만기 전에 어떠한 사유로 항공 노선을 제대로 운영하지 못하게 되면, 예상한 수치보다 현금이 적게 유입될 리스크는 있다. 하지만 채권의 상환액에 대해서 필요적립액을 미리 적립하고, 이에 미치지 못할 경우는 추가담보를 납입하는 등의 계약이 되어 있으므로 대한항공의 자체 신용 채권보다는 훨씬 안전하다고 할 수 있다. 이러한 장점 때문에 대한항공과 아시아나 항공이 ABS발행을 할 때마다 리테일창구를 통한 개인투자자들의 수요가 많은 편이다.

이상 미래 매출을 유동화하여 발행하는 형태의 ABS를 알아보았다. ABS의 종류는 기초자산이나 형태별로 매우 다양하다. 주택담보대출을 담보로 발행될 수도 있고, 휴대폰 단말기 할부금을 담보로 발행될 수도 있다.

유동화증권의 안정성을 높이고 투자매력도를 보완하기 위해 외부신용보강을 통하여 원래의 채권등급보다 높은 신용을 제공하는 방법도 있다.

제3자에 해당하는 금융기관 또는 사업과 연관성을 가지고 있는 높은 신용등급의 회사가 ABS의 상환금액에 대해서 지급을 보증해 주는 형태이다.

또 다른 신용보강장치로는 내부신용보강이 있다. 유동화자산에 대해 선순위와 후순위로 구분된 ABS를 발행함으로써, 선순위의 원리금 상환확률을 높일 수 있다. 따라서 선순위는 높은 신용등급을 가지게 되고 그만큼 낮은 금리로 발행되게 된다. 후순위의 경우, 낮은 신용등급에 맞춰서 높은 금리로 발행되거나 후순위 부분에 대해서만 고위험 고수익을 원하는 메자닌Mezzanine: 채권과 주식의 중간 위험 단계에 있는 CB와 BW에 투자하는 것 투자자에게 매각하기도 한다.

그 밖에 초과담보의 형태로 내부신용보강을 하기도 한다. 즉, 담보로 제공되는 유동화자산의 가치가 100억 원이면, ABS를 크게 총 발행금액을 50억 원 정도로 제한을 둠으로써 원리금 상환과 관련된 위험 수준을 낮춰 주는 것이다.

자산담보부증권과 관련된 중요한 장치로써 유동성 보강을 빼놓을 수 없다. 앞절에서 설명한, PF 전단채의 증권사 매입약정 또는 매입확약과 같은 유동성공여가 바로 그것이다. 결국 PF 전단채 역시 ABS의 일종이라고 이해하면 되겠다.

이러한 자산담보부채권, 즉 ABS의 출현은 금융시장에 큰 변화를 가져다 주었다. 매출채권이나 대출채권 자산의 보유자인 기업은 이를 제3자(SPC, 페이퍼컴퍼니)에 양도하고 ABS발행을 통해 현금화함으로써 재무제표상의 현금흐름을 개선할 수 있다. 증권사의 경우에는 ABS의 발행과 판매를 통해 새로운 수익원을 확보하게 되었고, 투자자의 경우에는 더욱 다양한 등급과 금리의 채권들을 선택할 수 있게 됨으로써 투자의 폭이 넓어진 것이다.

국내 리테일 투자자들에게 가장 익숙한 구조의 ABS는 아무래도 자산담보부기업어음ABCP 또는 자산담보부전자단기사채ABSTB일 것이다. ABCP의 경우, CP의 특성을 가지고 있기 때문에 일반적으로 10억 원 이상의 액면을 가진 49장의 권종으로 발행되기에(50장 이상일 경우 증권신고서 제출이 필요하여 49장 이하로 발행됨) 거액자산가들이 주로 접근한다.

ABSTB의 경우 액면 1억 원 이상은 1원 단위로도 증액하여 매매가 가능하기 때문에, 어느 정도 금융자산을 보유한 개인투자자들에게도 매우 유용한 단기투자 수단으로 활용되고 있다. 리테일 고객들에게 판매되는 ABCP와 ABSTB의 상당 부분은 건설사업과 관련된 미래의 현금흐름(분양대금)을 유동화한 PF Project Financing ABCP/ABSTB에 해당한다. 국내 또는 해외 은행의 예금자산을 유동화한 예금담보 ABCP 역시 안정성 있는 단기 투자자산을 요구하는 거액자산가들을 중심으로 간간이 판매되고 있다.

ABS 선택 시의 유의사항 3가지

1. 앞 절에서 설명한 것과 같이, 증권사에서 제공하는 핵심설명서를 명확하게 확인할 필요가 있다. 또한 매수하려는 ABS의 신용평가서를 증권사직원에게 요청하면, 신용평가사들이 해당 ABS의 구조를 분석하고 평가한 내용을 확인해 볼 수 있다. 용어가 낯설고 내용이 어려운 경우가 많을 경우에는 부담 갖지 말고 판매사 직원에게 문의하도록 한다.
2. 외부 신용보강기관이 확실하면서도 유동성 보강까지 되어 있다면 안정성이 높은 ABS이다. 다만, 신용보강과 유동성 보강의 경우, 계약에 조건이 걸려 있을 수 있으니 이를 꼼꼼히 체크해야 한다. 다소 불리한 계약은 그만큼 높은 금리로 보완되어야 할 것이다. (예: 조건부 신용보강 – 책임준공 미이행 시에 채무인수, 조건부 유동성 보강(매입약정): 신용보강기관의 신용등급이 일정 수준을 유지할 때에만 유동성 보강 의무)
3. 신용보강의 주체가 누구인지 명확히 알아야 한다.

   2014년에 몇몇 금융기관을 통해 판매되었던, KT의 자회사인 KT ENS의 매출채권을 담보로한 ABCP가 있었는데, KT ENS가 지급보증하는 구조를 가지고 있었다. KT ENS는 SPC에 매출채권을 양도하고 양도대금을 받았으며, SPC는 매출채권을 담보로 맡기고 은행들로부터 대출을 받았다. 이후 이 매출채권들이 허위 작성된 것으로 밝혀지면서, 존재하지도 않는 매출채권에 대한 보증이 가능한지에 대한 법적 분쟁으로 번졌으며, 결국 투자자와 은행들 모두 큰 손해를 입게 되었다. KT ENS직원의 사기와 은행들의 감독체계 부실로 인해 발생한 사건으로, 이후 KT ENS, SPC에 대출해 준 은행, 신용보강을 했던 몇몇 증권사들까지 소송에 휘말리게 되었다. 이후 KT ENS에 대한 기업회생절차에서 KT ENS가 보증채무에 대해 10년 동안 분할상환하는 것으로 마무리되면서 ABCP 투자자들의 원금상환이 이뤄지도록 하였으나 매우 긴 시간이 소요되었다.

   가장 큰 문제는 이 ABCP가 개인투자자들에게 매출될 때 은행창구를 통해 "KT가 보증하는 채권"이라는 식으로 매출되었다는 것이다. 국내 굴지 대기업인 KT의 신용도에 이의를 제기하는 사람은 거의 없다. 그러나 자신이 투자하려는 ABCP의 신용보강이 정말 KT로부터 이뤄지는 것인지에 대한 확인은 꼭 필요했다.

   상품에 대한 판매 직원의 이해가 낮을 경우에도 이러한 문제는 자주 발생한다. 따라서 ABCP 투자 시에는 가장 가까운 은행만 찾기보다는, 유동화증권의 구조를 잘 설명해줄 수 있는 증권사 창구를 통해 투자하는 것이 바람직하다.

11. 은밀한 사모채권 : 사모사채

건축에 쓰이는 각종 철골자재를 공급하는 A사 박 대표는 걱정이 하나 있다. 바로 회사 이익은 꾸준히 나오지만 현금이 부족한 것이었다. 영업도 잘 되고 수익도 많이 생겼지만 건설업과 밀접한 특성상 대금 등은 늘 늦게 들어오거나 어음인 경우가 많았다. 그런데 은행에서 대출을 하자니 모든 재무상태가 다 오픈이 되겠기에 꺼림칙하였다. 채권을 발행한다면 좋겠지만 공모채권에 따른 각종 부대비용과 까다로운 채권 규정들을 감수하기 어려웠다. 박 대표는 대학교 후배인 증권회사 장 차장을 만났다.

"후배야 이럴 때 내가 어떡해야 하겠냐?"

"선배님. 형님도 어음 발행하시는 것이 어떠하신가요?"

박 대표는 곰곰이 생각하다가 고개를 저었다. 어음으로 자신도 고생하는데, 회사에서 어음을 발행한다면 상대방에게도 고통을 주는 것이다. 어음 인생은 지긋지긋하다. 또한 어음은 할인폭이 크다 보니 중소기업인 A 회사에게는 재무 부담이 컸다.

"선배님 그렇다면 좋은 방법이 있습니다. 사모채권을 발행하시죠. 사전 선택된 일부 투자자에게만 매출하게 되니 금리도 서로 협의할 수 있고 소수 선정된 투자자에게만 팔게 되니 정보가 새어 나갈 걱정도 없습니다."

박 대표는 괜찮은 아이디어라고 생각했다. 사모채권은 성공적으로 발행되어 A회사는 유동성 문제를 수월하게 극복할 수 있었다..

공모채권/사모채권 비교표

항목	공모채권	사모채권
증권신고서	금감원에 필수적으로 제출	증권신고서 제출이 필수가 아님
표면금리	다른 조건이 모두 동일할 때 사모채권의 표면금리가 상대적으로 높음	
투자자	모든 투자자 가능	소수만 가능(49인 이내)
유동성	높음	낮음
Bond Rating 의무여부	○	×

위의 표와 같이 사모채권은 공모채권과 다른 점이 여럿 존재한다.

우선 증권신고서의 경우에 공모채권은 공모 특성상 불특정 다수에게 해당 채권의 설명을 하기 위해 증권신고서라는 것을 반드시 작성해서 금감원에 보고를 한다. 그러면 해당 자료는 전자공시시스템(DART Data Analysis Retrieval and Transfer) 라고 하는 공시 사이트에서 누구나 확인이 가능해진다. 그 반면에 사모채권은 증권신고서 작성에 드는 노력과 비용을 과감히 생략할 수 있다.

또한 공모채권의 표면금리는 사모채권의 표면금리보다 일반적으로 낮다. 따라서 투자자에게 기대되는 투자수익이 적다. 이유는 공모채권은 발행에 따른 증권신고서 비용, 채권평가사 평가비용, 발행주관사 발행수수료 등이 발생하기 때문이다. 따라서 이런 비용을 고려해 본다면 사모채권의 기대수익이 훨씬 더 높다고 할 수 있겠다.

사모채권의 가장 특이한 부분 중 하나는 바로 권종제한제도이다. 사모채권의 발행가능 권종과 투자자의 수는 49인 이내여야 한다. 자본시장법(자본시장과 금융투자업에 관한 법률)에서는 새로운 채권을 발행하는 경우에는 50인 이상의 투자자가 채권 취득의 청약을 권유받은 때는 '모집'이라고 하며 모집에 해당되지 않은 때, 즉 채권취득의 청약을 권유하는 투자자가 50인 미만인 때는 '사모'라고 하기 때문이다.

따라서 공모채권 발행 때와 같이 투자설명회를 열거나 다수에게 투자 권유를 하는 것도 금지되어 있다. (법 제9조 제7항과 제8항)

자본시장과 금융투자업에 관한 법률(제9조)–일명 자본시장법

제6항 이 법에서 “일반투자자”란 전문투자자가 아닌 투자자를 말한다.

제7항 이 법에서 “모집”이란 대통령령으로 정하는 방법에 따라 산출한 50인 이상의 투자자에게 새로 발행되는 증권의 취득의 청약을 권유하는 것을 말한다.

제8항 이 법에서 “사모”란 새로 발행되는 증권의 취득의 청약을 권유하는 것으로서 모집에 해당하지 아니하는 것을 말한다.

제9항 이 법에서 “매출”이란 “대통령령으로 정하는 방법에 따라 산출한 50인 이상의 투자자에게 이미 발행된 증권의 매도의 청약을 하거나 매수의 청약을 권유하는 것” 을 말한다.

부가적으로 사모채권은 발행 후 1년동안 전매제한(또는 분할금지)이란 제도에 의해 투자자는 1년 경과 이전에는 해당 채권을 제3자에게 매도할 수가 없다. 특히 과거에는 만기까지 중도에 매매를 하지 못하게 하여 유동성이 극히 제한되었지만 현재는 발행 후 1년이 지나면 장내 등에서도 거래가 가능해짐으로써 유동성이 높아졌다. 그래서 최근 사모채권 만기가 1년 이상으로 다양화되는 추세이며 신용등급 A급 이상 업체의 발행도 증가하고 있다.

사모채권은 거액자산가 중심으로 좀 더 높은 금리를 원하는, 그리고 기업 재무에 밝은 투자자들이 시도해 볼 만한 투자대상이다.

Summary

사모채권은 발행사 및 투자자의 사정과 Needs에 맞춰서 49인 이내의 투자자에게 비공모 방식으로 발행되고 매출되는 채권이다. 공모채권보다 금리에서 우수하지만 발행 후 1년 동안 전매제한으로 유동성을 제한받는다는 단점이 있다.

V
채권과 절세

재산을 모으는 데 있어서 돈을 잘 버는 것만큼이나 중요한 것은 돈을 아끼는 것입니다. 투자에 있어서도 마찬가지입니다. 수익성 높은 상품에 투자하는 것만큼, 그에 수반되는 비용을 최대한 줄여야만 합니다. 때론 비용을 줄이기 위해 수익성을 포기하는 것 또한 필요할 수 있습니다.

이 장에서는 채권투자 시에 적용되는 소득세가 어떻게 산출되는지, 세금 지출을 줄이기 위한 방안이 무엇인지, 그리고 어떤 상품이 세금 지출을 가장 효율적으로 경감할 수 있는지 등에 대해 알아보기로 합니다.

1. 매매수익률만 중요한 게 아니다! : 채권 이자소득 과세의 기준

매매수익률 3.606%에 매수한 채권이 결과적으로는 예금환산수익률로 3%가 안 되는 성과를 냈다. 무엇이 문제였을까?

위 사례에서 투자가 성공적이지 못했던 이유는 바로 동부증권5(후)의 표면금리가 높아서 과세표준(=과표)이 많이 잡혔기 때문이다. (채권 투자 시에 소득세는 과표를 기초로 하여 계산되며) 과표는 표면금리를 기준으로 산정된다. 동부증권5 후순위채는 표면금리가 높아서 소득세 부담이 큰 채권이었던 것이다. 즉, 개인투자자에게 있어서 동부증권5 후순위채의 높은 매매수익률은 빛 좋은 개살구라고 할 수 있다.

그렇다면 저 위의 종목들 중 가장 높은 수익(예금환산수익률 기준)을 제공하는 종목은 어떤 것일까? 정답은 바로 현대미포조선9-1 채권이다. 이 종목은 표면금리는 낮고(2.607%) 매매수익률은 높은 편이어서 개인투자자에게 유리한 종목이다. 실제로 투자분석을 하면 아래와 같이 계산된다.

현대미포조선9-1 수익률 분석

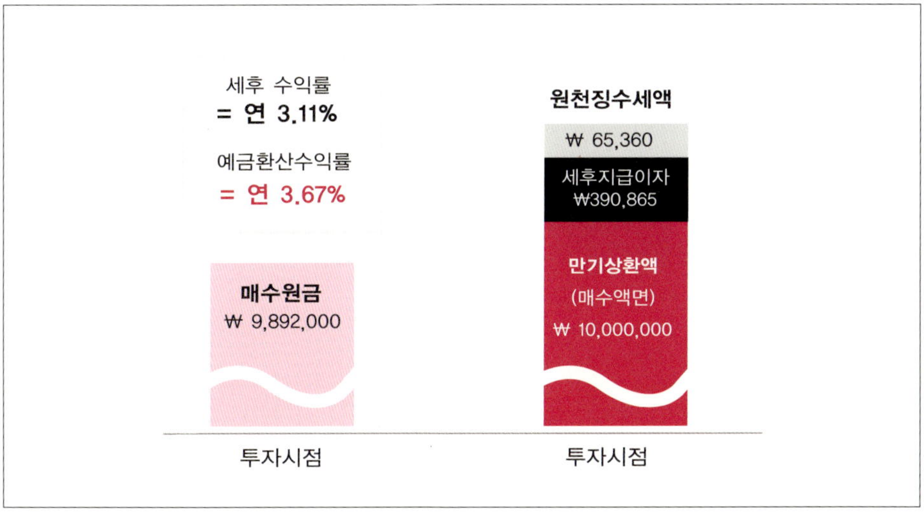

이처럼 채권투자 전에 표면금리를 반드시 확인한 뒤에 가상의 투자분석을 통해 예금환산수익률과 세후 수익성을 따져야 한다.

Summary

채권투자 시에 소득세는 표면금리에 따라 결정된다. 표면금리가 높을수록 이자소득세 부담이 커지게 된다. 두 개의 서로 다른 채권이 있을 때에 한 채권의 매수수익률이 높더라도 만약 그 채권의 표면금리 역시 훨씬 높다면 예금환산수익률은 오히려 작아질 수 있다. 따라서 투자 전에 반드시 가상의 투자분석을 수행해야 한다.

QUIZ

할인채는 중도이자지급이 없으므로 표면금리가 0%가 되지 않을까? 또한, 표면금리가 0%라면 이자소득세가 없지 않을까?

안타깝게도, 복리채나 할인채와 같이 중도이자지급이 없는 채권이라도, 각 채권의 초기 발행시점에서의 적용 할인율을 표면금리로 인정하여 과세표준을 산정토록 하고 있다. 예를 들어서 2년 만기 할인채가 9,070원에 발행됐다면 이 할인채는 약 5%로 할인된 것인데, (9,070×(1+5%)^2≒10,000) 이 경우 5%를 표면금리로 적용토록 하고 있는 것이다.

그럼에도 불구하고 실제로 표면금리가 0%이어서 세금이 없는 채권이 존재하는데, 바로 국민주택2종채권이다. 이에 대해서는 이번 장의 4절에서 자세히 살펴보려고 한다.

고쿠폰 채권에서 저쿠폰 채권으로 갈아타기

국내 시중금리는 2008년 전 세계 금융위기 이후로 꾸준히 하락해 왔다. 일찍이 채권투자를 했던 투자자들은 두 가지 측면에서 높은 수익을 얻을 수 있었다. 하나는 이른 시기에 투자했던 투자자들은 그때 당시의 높은 금리를 가진 채권을 매수했다는 것이고, 또 다른 하나는 시중금리가 빠르게 하락해 오면서 채권의 가격이 상승(자본차익)했다는 것이다. 특히 장기채권을 소유한 투자자들의 자본 차익이 컸을 것이다.

여기 한 가상의 개인 투자자의 경우를 생각해 보자. 만기 10년, 표면금리 6%인 채권을 매수하여 3년 만에 평가금리가 3%대로 하락하였으며, 이로 말미암아 지난 3년 동안 매년 6%의 세전 이자수익 및 총 15% 가량의 자본 차익(비과세)이 발생한 상황이다. 이 채권의 평가금리는 3% 수준이지만 3.3%정도로 매도할 경우에 시장의 수요가 매우 많다고 가정해 보자. 그리고 시장에는 이미 낮아진 금리 레벨로 말미암아 유사한 채권이 3%대에 발행되고 있다.

이 투자자가 이러한 상황에서 취할 수 있는 매우 현명한 방법 중 하나는, 기존에 보유하고 있던 채권을 3.3%에 매도한 뒤에 낮은 표면금리의 채권을 3%에 매수하는 것이다. 이런 매매의 효과는 과세표준이 크게 잡히던 기존 채권(표면금리 6%만큼 과세표준이 계산됨) 대신 과세표준이 작게 잡히는 채권(표면금리 3%만큼 과세표준이 계산됨)을 포트폴리오에 편입함으로써, 세금부담이 거의 절반 가량으로 줄어드는 효과가 있기 때문이다.

6%짜리 채권을 팔고 3%짜리 채권을 사니까 그만큼 이자가 줄어드는 것이 아니냐고 반문할 사람이 있을지도 모르겠다. 그러나 이 책의 첫 장부터 설명해 왔던 것과 같이, 채권의 표면금리가 그 채권의 투자수익을 결정짓는 것이 아니다. 중요한 것은 채권의 평가금리(또는 매매 할 때에는 매수수익률)가 더 중요한 요소이다.

앞서 위 투자자가 보유 중이던 채권을 3.3%에 매도할 경우, 이 투자자는 이자수익으로서의 세전 수익률 3.3%를 포기하는 것으로 이해하면 된다. 그리고 신규 채권을 3%에 매도함으로써 3%의 세전 수익률을 얻는 것이다. 즉 "6% 대신 3%"가 아니라, "세전 3.3% 대신 세전 3.0%"이 되는 것이다.

어쨌든 세전 수익률이 0.3%만큼 감소하므로 손해 아니냐고? 그렇지 않다. 신규 편입된 채권은 표면금리가 3%에 불과하므로 표면금리가 6%였던 채권에 비해 세금 부담이 절반으로 줄어든다. 즉, 세후 수익성은 아래와 같이 계산될 것으로 예상된다. (이표일정 등에 따라 약간의 오차 있을 수 있음)

종목	발행 만기	잔존 만기	표면 금리	평가 수익률	매수 수익률	이자 수익률 (세전)	이자 소득세	이자 수익률 (세후)
기존 채권	10년	7년	6%	3%	3.3%	3.3%	0.924% (6%×15.4%)	2.376%
신규 채권	7년	7년	3%	3%	3%	3%	0.462% (3%×15.4%)	2.538%

위의 테이블에서 알 수 있듯이 세전 이자수익률이 낮아짐에도 불구하고 이자소득세가 더 크게 감소하면서 결국 세후 수익성은 더 우월한 결과를 가져오게 된다. 이 사례에서는 15.4%의 일반과세 투자자를 대상으로 분석한 결과이나, 금융소득종합과세에 해당되는 투자자의 경우에 이러한 종목 교체의 효율성은 더욱 극대화될 것이다. 따라서 개인투자자의 경우, 시중금리가 큰 폭으로 하락하였을 때에 기존의 높은 표면이자 채권을 시장에 매각한 뒤 낮은 표면이자 채권을 신규매수함으로써 세금부담을 줄이고 세후 수익성을 극대화하도록 하는 방안을 항상 염두에 두어야 한다. 그 반대로 금리상승기에는 기존 보유하던 채권의 표면금리가 낮다면 가급적 이를 신규채권으로 교체하기보다는 꾸준히 가져 가야 세금부담을 증가시키지 않고 투자의 효율성을 극대화할 수 있게 될 것이다.

2. 아직 이자지급을 안 받았는데 매도할 때에 왜 세금을 납부하나요?

채권 이자소득 과세의 기준

이자소득세요?

채권을 만기 전에 팔면서 '이자'를 받지 않았어도 '이자소득세'를 내야 한다. 왜 그럴까? 앞 절에서 채권의 이자소득은 표면금리에 따라 결정된다고 설명하였다. 이제는 채권투자 시의 과세방법 전반을 좀 더 깊게 알아보자.

채권소득에 대한 과세방법

채권이자소득은 기본적으로 소득이 발생한 순간에 정해진 세율로 세금을 징수해 버리는, 즉 "원천징수"가 이루어진다. 개인의 경우에 14%의 소득세 및 1.4%의 지방소득세를 부과한다. 법인의 경우는 본래 14%만 원천 징수하였으나, 2015년부터 개인과 마찬가지로 15.4%의 원천 징수가 이루어지고 있다.

그러나 이게 전부가 아니다. 개인의 경우 1년 동안의 금융소득, 사업소득, 근로소득 등의 모든 소득을 합하여, 소득수준에 따라 납부할 세액으로 재산출한다. 이를 종합소득세 또는 종합과세라고 한다. 이때 중요한 것은 1년 동안의 금융소득이 2천만 원을 초과할 때 그 초과분에 대해서만 종합소득과세 산출에 편입된다는 것이다.

다시 말하면 1년 동안 2천만 원 미만의 금융소득에 대해서는 원천징수로 납세의무가 종결되고, 2천만 원 초과분에 대해서는 그해 다른 소득들을 모두 합산하여 종합소득과세의 대상 소득이 되는 것이다. (이때 이미 납부한 원천징수세액을 세액공제하므로 이중과세를 피할 수 있다.)

한편, 2천만 원 초과분에 대해서도 33%의 세율(소득세 30% 및 지방소득세 3%)로 원천징수 후 납세의무를 종결할 수 있는 제도가 있는데, 이를 '분리과세'라고 한다. 다만, 이 분리과세는 특정 채권들만 신청이 가능하다.

법인투자자의 경우, 1년 동안의 법인세차감전이익에 법인세율을 곱해 계산한 법인세액에서 해당 기간 중에 이미 납부한 원천징수 세액을 공제한 그 차액을 납부한다. 이런 경우에 개인과는 달리 이자수익은 물론이고 자본차익(채권의 가격 변동에 의한 소득)도 법인세차감전이익에 포함되어 과세 대상이 된다. 따라서 법인투자자는 이자소득세의 원천징수가 투자성과에 실질적으로 영향을 주지 않으므로 단순하게 총 투자소득이 높은 채권에 투자하는 것이 최선의 선택이다. 바꿔 말하면, 법인투자자에게는 채권 표면금리가 세액금액 계산에 큰 영향을 미치지 않는다.

V

채권소득에 대한 과세

구분	개인	법인
채권이자소득	• 분리과세(완납적 원천징수) • 예납적 원천징수 후 종합과세(개인별로 다른 금융소득과 합산한 전체 금융소득이 2천만 원을 초과하는 경우 2천만 원 초과 금융소득에 종합과세)	– 예납적 원천징수 후 종합과세
자본이득	과세하지 않음	종합과세

출처: 한국의 채권시장, 한국거래소, 2015년 1월

법인세 및 소득세 원천징수세율

구분	세목	~'95.12.31	'96.1.1 ~'97.12.31	'98.1.1 ~'98.9.30	'98.10.1 ~'99.12.31	'00.1.1 ~'00.12.31	'01.1.1 ~'01.6.30	'01.7.1 ~'04.12.31	'05.1.1 ~
법인	법인세	20%	20%	20%	22%	20%	20%	15%	14%
개인	소득세	20%	15%	20%	22%	20%	15%	15%	14%

원천징수세액의 계산

보유기간별 원천징수세액 = 보유기간 이자상당액* × 원천징수세율

*보유기간 이자상당액(or 과세표준) = 채권권면액 × 표면금리 × (보유일수/365)

위의 원천징수세액 계산공식을 살펴보면 앞에서 제시된 상황을 이해할 수 있다. 원천징수는 이자를 현금으로 지급 받았느냐가 중요한 것이 아니라, 보유기간 이자상당액을 어떻게 계산하는지가 중요하다. 이를 '과세표준', 줄여서 '과표'라고도 부르는데, 채권권면액에 표면금리를 곱한 뒤에 다시 보유 기간을 곱하여 산출한다지만, 이자소득세와 연관된 내용을 다시 한 번 살펴보자.

그림으로 이해해 보면 아래와 같다. 매매수익률이 표면금리로부터 변하지 않을 경우에 채권의 단가를 일자별로 그려보면 톱니바퀴 모양이 된다. 나날이 경과이자가 누적되면서 단가가 증가하다가 이자지급일마다(보통 3개월 주기) 이자지급이 이뤄지면 그만큼 단가가 하락하고, 이러한 패턴이 또다시 반복된다. 다시 말하면 채권의 클린 프라이스 이상의 톱날은 그 동안 누적된 경과이자이다.

Clean Price와 경과이자, 이자락의 관계

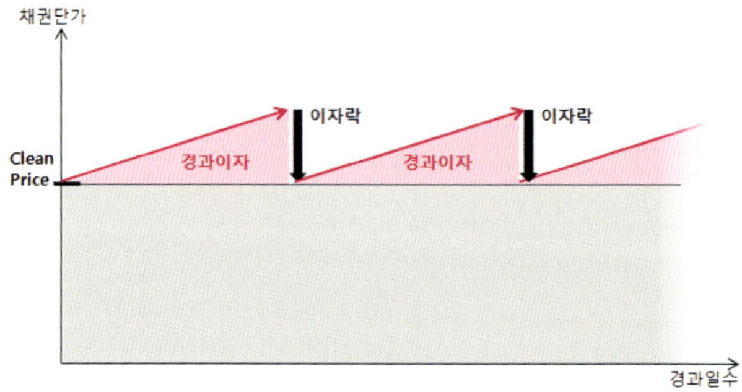

만약에 어떤 채권의 이자지급이 이루어진 직후 채권을 매수하여, 다음 번 이자지급이 발생하기 전에 매도한다고 해도 해당일 만큼의 이자가 누적된 것이다. 이 경우에 얻은 이자소득은 짙은 빨간 '세모 부분'과 같다. 이 소득에 대하여 소득세 납부 의무가 발생한다.

보유기간 이자상당액의 의미

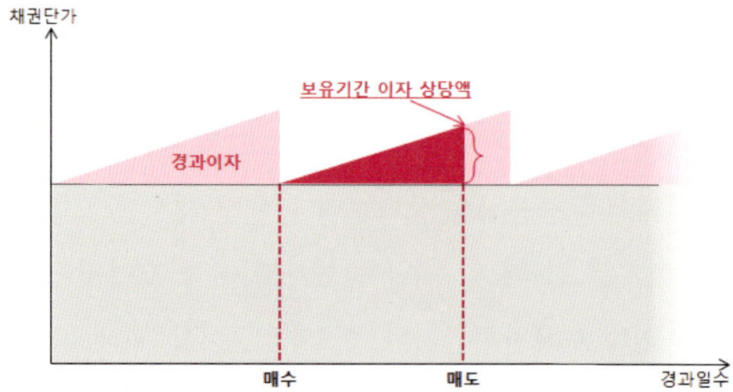

이제 채권 과세 금액을 직접 계산해 보자.

채권 과세 계산하기

이자지급 시의 원천징수

표면금리	4.00%
이자지급방법	3개월 이표채
매수수량	액면 1억 원
발행일	2016-01-01
매수일	2016-01-01
이자지급일	2016-04-01

- 과세표준: 이자금액 (=100,000,000×4%×3/12=1,000,000)
- 과세금액: 소득세 (=과세표준×세율)+지방세(=소득세×10%)
- [1,000,000×14%]+[1,000,000×14%×10%]

  140,000+14,000=154,000 (소득세 및 지방세는 모두 원단위절사)

중도매도 시의 원천징수

표면금리	4.00%
이자지급방법	3개월 이표채
매수수량	액면 1억 원
발행일	2016-01-01
매수일	2016-01-16
매도일	2016-03-12
보유일수	56일(1/16~3/12)

- 과세표준: 이자금액×보유기간 / 이자지급구간일수 (=1,000,000×56 / 92 =608,695.65)
- 과세금액: 소득세 (=과세표준×세율)+지방세(=소득세×10%)
- [608,695.65×14%]+[608,695.65×14%×10%]

  =85,210+8,520=93,730 (소득세 및 지방세는 모두 원단위절사)

채권의 이자소득세는 이자지급일에만 내는 것이 아니다. 매일매일 경과이자가 채권단가에 반영되기 때문에, 채권 보유자는 매도 시에도 보유기간 만큼의 세금을 내야 한다. 위 예에서의 투자자는 이자지급구간인 3개월(92일) 중 56일 동안 채권을 보유했기 때문에 56일치의 세금을 원천징수를 당하게 된다. 채권의 과세는 보유기간 과세를 기준으로 하기 때문에 과세표준(과표) 산정 시의 보유기간 개념이 들어가게 된다. 따라서 이자지급일 직전에 채권을 매도해도 과세를 피할 수 없다.

그 반면에 이자지급일 전일에 채권을 사게 되면 세금을 1일치만 내면 되고 이자는 모두 받기 때문에 유리하지 않을까? 그렇지 않다. 채권의 과세는 공평하다. 이자지급기간인 92일 중 91일째 되는 날 채권을 매수하게 되면 91일치의 경과이자가 채권단가에 반영되어 있기 때문에 그만큼 채권을 비싸게 사게 되고, 이자지급일에 이자락이 발생하므로 유리할 게 없다.(1장 3절 참고)

Summary

이자소득세 원천징수 시의 '과세표준'(or '과표')에 따라 소득세가 산출된다. 과세표준은 채권권면액에 적용이자율, 즉 표면금리를 곱한 뒤에 보유기간만큼 다시 곱함으로써 산출한다. 원천징수세액은 아래 식과 같이 과세표준에 세율을 곱하여 산출된다.

원천징수세액의 계산

보유기간별 원천징수세액 = 보유기간 이자상당액* × 원천징수세율

[*보유기간 이자상당액(or 과세표준) = 채권권면액 × 적용이자율 × 보유기간]

3. 분리과세 잘못 신청하면 큰일난다 : 장기채권 분리과세제도

앞에서 금융소득이 연 2천만 원을 초과하면 그 초과분은 다른 소득과 합산하여 종합소득세가 부과된다고 설명하였다. 만약에 이 투자자가 임대소득 및 근로소득 금액이 매우 커서 소득세 구간상 최고세율을 적용받는 투자자라면 채권투자로 말미암은 이자소득에 대해서도 부과될 종합소득세가 매우 부담스러울 것이다. 그럼에도 불구하고 그 금융소득을 따로 떼어내서 종합소득세를 피할 방법이 있으니, 바로 분리과세제도이다.

그러나 분리과세는 항상 활용할 수 있는 것은 아니다. 특정 채권투자로 인한 이자소득에 대해 분리과세를 적용받으려면, 그 채권이 일정 조건을 만족해야 한다. 즉, 발행일부터 만기일(또는 최초 조기상환기일)까지의 기간이 10년 이상인 채권이어야 한다는 것이다. 이 경우에 분리과세 신청을 통해 이자소득에 대해 세율 33%(소득세 30% 및 지방소득세 3%)로 원천징수 과세되고 해당 이자소득은 종합소득에 합산되지 않는다.

2012년 12월 31일 이전에 발행된 채권에 대해서는 모든 보유기간 이자소득에 대한 분리과세 신청 또는 해지가 가능하나, 2013년 1월 1일 이후에 발행된 채권의 경우는 3년 이상의 보유기간이 지난 후 발생하는 이자소득에 대해서만 분리과세를 신청할 수 있다. 한 번 분리과세를 신청하고 나면, 해지 신청 전까지는 지속적으로 분리과세가 이루어진다.

장기채권 분리과세제도는 고액자산가들이 장기채권에 투자할 경우에 이자소득세를 절감할 수 있는 유용한 제도이다. 하지만 간혹 분리과세 세율에 대한 오해로 말미암아 세금 절감은 고사하고 오히려 더 많은 세금을 내게 되는 경우도 있다. 다음의 사례를 살펴보자.

방금 막 국채 10년물에 투자한 문외한씨.

김PB: "분리과세 신청해 드릴까요?"

문외한: '지난 번에 투자한 선박펀드 등 분리과세 받았는데 5% 정도였지?' "네, 좋아요."

몇 개월 후…이자지급일날 통장을 펼쳐 본 문외한씨 100만 원의 이자에서 33만 원의 세금이 원천 징수된 것을 보고 깜짝 놀랐다.

"OMG…악! 이게 뭐야!!??"

문외한씨는 이것이 증권사 착오로 세금이 많이 징수된 줄 알고 증권사 영업점에 다급하게 전화해서 문의했다. 김 PB는 "장기채권의 분리과세는 세율이 33%(30% 이자소득세, 3% 지방소득세)가 맞다."라고 답했다. 작년에 가입했던 선박 펀드의 배당에 대해서는 5.5%의 세율로 분리과세가 되었기 때문에 당연히 같을 것이라고 생각했던 것이 큰 실수다. 이를 제대로 설명해 주지 않은 김 PB가 원망스러웠다.

분리과세제도는 특정한 금융상품에 투자해서 받은 금융소득(이자 또는 배당)에 대해 특정세율로 세금을 원천징수한 후, 해당 금융소득금액만큼은 종합소득과세를 위한 종합소득금액 산정 시에 제외해 주는 제도이다. 따라서 과세 대상 금융소득이 연간 2,000만 원을 초과하고, 본인의 종합소득세율(6.6%~44.0%)이 일반과세 이자소득세율인 15.4%를 초과하는 투자자는 금융소득의 종류에 따라서 분리과세(5.5~33%)를 신청하는 것이 유리하게 적용될 수 있다.

발행만기 10년 이상의 장기채권에 투자할 경우는 신청할 수 있는 '장기채권 분리과세'의 경우, 세율이 33%(소득세 30% 및 지방소득세 3%)나 되기 때문에, 본인의 종합소득세율과 비교하여 신청 여부를 결정해야 한다.

즉, 본인의 종합과세 세율이 최대 35%(지방소득세 포함 시의 38.5%)를 초과할 경우에만 장기채권 분리과세를 신청하는 것이 유리하다. 또한, 2013년 이후부터 발행된 장기채권의 경우는 3년 이상 보유해야 분리과세를 신청할 수 있다는 점도 꼭 기억하여 실수하지 않도록 하자.

금융투자상품 중 주요 분리과세 대상 소득 및 원천징수세율

원천징수 세율 (소득세)	무조건 분리과세 대상
30%	10년 이상 장기채권으로 분리과세를 신청한 이자소득
	⇒ 분리과세 신청을 하지 않으면 조건부 과세대상이며, 2013.1.1.이후 발행된 채권부터 3년 이상 계속하여 보유한 거주자가 그 장기채권을 매입한 날부터 3년이 지난 후에 발생하는 이자에 대하여 분리과세 신청 가능
9%	세금우대종합저축의 이자 · 배당 (조특법89)

주: 소득세 금액의 10%가 지방세로서 추가로 가산됨. 단, 세금우대종합저축의 이자 및 배당에 대한 지방세율은 0.5%

소득구간별 종합소득세율

<table>
<tr><th>구분</th><th colspan="2">세율</th></tr>
<tr><td>이자소득세율(원천징수)</td><td colspan="2">15.4%(지방소득세 포함)</td></tr>
<tr><td>분리과세율</td><td colspan="2">33.0%(지방소득세 포함)</td></tr>
<tr><td rowspan="7">*종합소득세율</td><td>~1,200만 원</td><td>6.6%(지방소득세 포함)</td></tr>
<tr><td>1,200~4,600</td><td>16.5%(지방소득세 포함)</td></tr>
<tr><td>4,600~8,800</td><td>26.4%(지방소득세 포함)</td></tr>
<tr><td>8,800~1.5억 원</td><td>38.5%(지방소득세 포함)</td></tr>
<tr><td>1.5억 원~5억 원</td><td>41.8%(지방소득세 포함)</td></tr>
<tr><td>3억 원~5억 원</td><td>44.0%(지방소득세 포함)</td></tr>
<tr><td>5억 원~</td><td>46.4%(지방소득세 포함)</td></tr>
</table>

QUIZ

1. A씨는 매년 근로소득과 부동산 임대소득을 합친 금액에서 각종 공제액을 제하고 나면 **종합소득 과세표준이 1억 원** 정도가 나온다. 올해 **예상되는 금융소득은 1,800만 원**이다. 이 중 **300만 원은 연말에 20년 만기 국채에서 발생할 이자소득**이다. A씨는 장기채권 분리과세를 신청하는 것이 좋을까?

[정답] 금융소득은 2,000만 원을 초과할 경우에만 종합소득 과세표준에 포함되므로 본인의 종합소득세율 중 최고세율을 적용받는다. A씨의 종합소득 과세표준은 1억 원으로 최고세율은 35%(지방소득세 포함 시의 38.5%)로 장기채권 분리과세 세율 30%(지방소득세 포함 시의 33%)보다 높지만, 금융소득 총액이 2,000만 원 이하이므로 20년 만기 국채의 이자소득 300만 원은 다른 금융소득과 함께 14%(지방세 포함 시 15.4%)로 원천징수된다. 따라서 장기채권 분리과세를 신청할 필요가 없다.

올해 예상 금융소득(만 원)	1,800
근로소득 및 부동산임대소득(만 원)	10,000
종합소득 과세표준(만 원)	10,000
분리과세 가능한 이자소득(만 원)	300

2. B씨는 매년 근로소득과 부동산 임대소득을 합친 금액에서 각종 공제액을 제하고 난 소득금액은 **약 8,000만 원**이다. **올해 예상되는 금융소득은 4,000만 원**이다. 이 중 **300만 원은 연말에 20년 만기 국채에서 발생할 이자소득**이다. B씨는 장기채권 분리과세를 신청하는 것이 좋을까?

[정답] 신청하는 것이 좋다. B씨의 과세표준을 보았을 때, 종합소득세율은 24%(지방소득세 포함 시 26.4%)지만, 올해 예상되는 금융소득 중 2,000만 원을 초과한 2,000만 원이 추가로 종합소득에 포함되어 과세 표준은 1억 원으로 늘어날 전망이다. 1억 원 중에서 8,800만 원을 제외한 1,200만 원은 35%(지방소득세 포함 시 38.5%)로 과세될 것이다. 따라서 이 중 300만 원에 대해서는 **장기채권 분리과세를 신청하여 약 5.5% (165,000원)의 세금을 절감**할 수 있다.

올해 예상 금융소득 (만 원)	4,000
근로소득 및 부동산임대소득 (만 원)	8,000
종합소득 과세표준 (만 원)	10,000
분리과세 가능한 이자소득 (만 원)	300

V

Summary

채권투자 시에 이자소득세분리과세제도는 만기 10년 이상의 장기채권의 이자소득에 대해 신청할 수 있으며, 세율은 지방세 포함 33%이다. 그러나 분리과세를 신청하는 것이 항상 유리한 것은 아닐 수 있다. 투자자의 소득 구간을 살펴서 33%보다 높은 소득세(금융소득종합과세)가 부과될 경우에만 신청하도록 하자.

4. 부자들이 몰래 사는 채권들 : 지방채 및 국민주택채권

증권사를 찾는 고객들 중에서는 주식 등 변동성이 매우 큰, '위험자산'을 선호하는 투자자들이 많을 것이라는 선입견이 있다. 그러나 의외로 극도로 보수적인 투자자들 역시 증권사의 주 고객층 중 하나이다. 이들의 주요 투자처는 국채와 지방채 등 국공채들이다. 특히 2013년 금융소득종합과세에 해당되는 기준 금융소득이 기존 4,000만 원에서 2,000만 원으로 내려오면서 부자들이 예금 비중을 줄이고 국채와 지방채에 자산을 묻어 두는 경우가 많아졌다. 그들이 국채와 지방채를 더 많이 찾게 된 것은 안전함 때문만이 아니다. 일부 국채와 지방채 투자로부터 기대할 수 있는 절세 효과가 더 큰 이유이다.

앞에서 언급한 것처럼 개인 투자자들이 채권에 투자할 경우는 이자소득에 대해서만 세금을 내면 된다. 즉, 자본차익(채권상환차익 또는 매매차익)에 대해서는 세금을 내지 않는다. 여기에 절세 효과의 힌트가 있다. 바꾸어 말하면, 표면이자는 적게 받지만 자본차익은 큰 채권에 투자하는 것이 채권 투자를 통한 절세효과를 기대할 수 있는 방법이다. 이러한 효과를 기대할 수 있는 대표적인 채권이 바로 부자들이 좋아한다는 지역개발채권(지방채)과 국민주택채권(국채)이다.

경기지역개발채권 발행조건
– 투자 현금흐름 예시 및 종합소득세율별 예금환산수익률 –

발행일	2016-08-31	매수수익률	1.5%
만기일	2021-08-31	매수금액	₩ 98,770,000
매수일	2016-09-02	종합소득세율	41.80%
투자기간	4년 363일	이자과표	₩ 6,401,408
만기상환액면	₩ 106,408,215	이자소득세	₩ 2,675,790

세후 수익률	연 1.01%	예금환산수익률	연 1.73%

국민주택2종채권 발행조건
– 투자 현금흐름 예시 및 종합소득세율별 예금환산수익률 –

발행일	2012-11-30	매수수익률	1.1%
만기일	2022-11-30	매수금액	₩ 93,390,000
매수일	2016-09-02	종합소득세율	41.80%
투자기간(일)	6년 89일	만기상환이자	–
만기상환액면	₩ 100,000,000	이자소득세	–

세후 수익률	연 1.13%	예금환산수익률	연 1.95%

위의 예시는 실제로 종합소득세율이 가장 높은 투자자가 2016년 9월에 실제로 투자했을 경우의 현금흐름이다. 이처럼 상대적으로 많은 자본차익과 연복리효과로 인해서, 종합소득세율이 높은 투자자일수록 더욱 높은 예금환산수익률을 기대할 수 있다. 1년 정기예금 금리가 연 1.4% 수준임을 감안하면, 이와 같은 채권들은 만기가 상대적으로 길다고 할지라도 투자 매력이 충분하다고 할 수

있다.

절세 효과를 기대할 수 있는 지방채와 국민주택채권이 더욱 매력적인 이유는 이 채권들의 신용등급이 '지방채'와 '국채'로 분류되고 있으므로 만기 원리금 상환을 각각 '지방정부'와 '중앙정부'가 책임지고 있기 때문이다. '지방채'의 경우에 대통령령으로 정하는 한도액 내에서 발행이 이루어지고, 이를 초과하여 발행할 경우는 행정자치부의 승인을 받아야 한다. 지방자치단체가 원리금 상환의 의무를 가지고 있지만 발행 등에서 중앙정부의 관리가 함께 이루어지고 있기 때문에 유사시에는 중앙정부의 지원을 기대할 수 있다는 의견이 지배적이다.

한편, 간혹 지방도시공사 채권을 지방채라고 이야기하는 PB들이나 경제 기사들이 있다. 하지만 이 둘은 완전히 다른 채권이다. 지방채는 지방자치단체에서 직접 발행한 채권을 말하는데, 신용등급 체계에서 지방채로 분류된다. 일반적으로 지방채는 국채 및 통안채(한국은행 발행)와 함께 기관투자자의 투자대상채권 풀(Pool)에서 무위험으로 분류되고 있으며, 금융투자협회의 표준투자권유준칙(2015년 8월 기준) 내용에도 국채 및 통안채와 함께 초저위험 상품으로 분류되고 있다. 하지만 지방도시공사채권은 지자체에서 출자한 지방도시공사가 발행하는 채권으로, 현재는 특수채로 분류되고 있다. 따라서 일반적인 지방채보다는 신용위험이 있는 것으로 인식된다. (참고로 특수채는 신용등급이 부여된다. 예를 들어서 산업은행은 AAA, 인천도시공사는 AA+이다.)

그렇다면 어떻게 이런 초저위험의 채권이 액면금액보다 할인된 가격으로 거래될 수 있을까? 그 비밀은 지방채와 국민주택채권이 첨가소화채권이라는 데 있다.

이러한 첨가소화채권들의 표면금리는 아래와 같이 저금리인 경우가 많다.

2016년 8월 이후 발행된, 지역개발채권: 표면금리 1.25%(5년)
2017년 1월 이후 발행된, 국민주택1종 채권 : 표면금리 1.75%(5년)
2019년 6월 이후 발행된, 국민주택1종 채권 : 표면금리 1.50%(5년)
2019년 8월 이후 발행된, 국민주택1종 채권 : 표면금리 1.00%(5년)
2020년 이후 발행된, 국민주택2종 채권 : 표면금리 0%(10년)

첨가소화채권제도는 시장금리 대비 저리의 채권을 대상으로 특정 개인 또는 법인에게 신규 발행물을 강제 매입하게 함으로써 발행자인 국가 또는 지방자치단체가 낮은 이자를 주고 돈을 빌려 쓸 수 있게 하고, 결국 간접적인 이익을 얻을 수 있게 하는 것이다. 이는, 결국은 세금을 거두는 것과 비슷한 효과라고 하여, "준조세" 성격의 채권이라고도 부른다.

하지만 이렇게 낮은 금리로 발행된 채권은 채권시장을 통해 더 높은 시장금리로 유통되면서, 채권투자자들에게는 표면금리가 시장금리보다 낮은 채권, 다시 말해서 절세효과를 기대할 수 있는 채권으로 거듭나게 되는 것이다. 다만, 발행년도에 따라서 표면금리가 높은 경우도 있으니 사전에 꼭 확인할 필요가 있다.

2016년 이후 시장금리가 많이 내려오면서 현재는 과거보다는 기대할 수 있는 절세효과가 줄어들었다. 하지만 언젠가 다시 시장금리가 올라가거나 혹은 지방채의 표면금리가 추가로 내려간다면, 다시 매력적인 투자대상이 될 수 있으므로 잘 기억해 두는 게 좋다.

Summary

지방채와 국민주택채권은 국가 또는 지방자치단체가 보증하는 채권으로 최고의 신용등급을 가진다. 이러한 채권들 중 표면금리가 시장금리보다 낮다면 투자 시에 그만큼 세금을 절약할 수 있게 된다. 안전하면서도 세후 수익을 극대화할 수 있는 이러한 채권들을 주시할 필요가 있다.

5. 빚 바랜 절세채권 : 물가연동국채

물가연동국채는 물가가 상승한 만큼 추가적인 수익을 얻을 수 있는 채권이다. 매매수익률이 2%이고 투자기간 동안 연평균물가상승률이 3%라면 매년 약 5%씩의 세전 수익을 얻는 셈이다.

그 구조는 다음과 같다. 소비자물가지수가 증가하는 만큼 물가연동계수가 증가하며, 물가연동계수가 증가한 만큼 물가연동국채의 액면의 가치가 증대된다. 물가연동계수는 해당물가연동국채의 발행 당시엔 1이다. 만약에 만기시점까지 10년 동안 물가가 총 30% 상승했다면 만기시점의 물가연동계수는 1.3이 된다. 이때 만기액면금액 역시 발행시점의 1.3배가 되어 있는 것이다. 이처럼 물가상승률이 채권의 가치에 직접적으로 영향을 미치고, 결국에는 또 다른 수익의 원천이 된다.

물가연동국채 가치변화 – 물가상승이 없는 경우

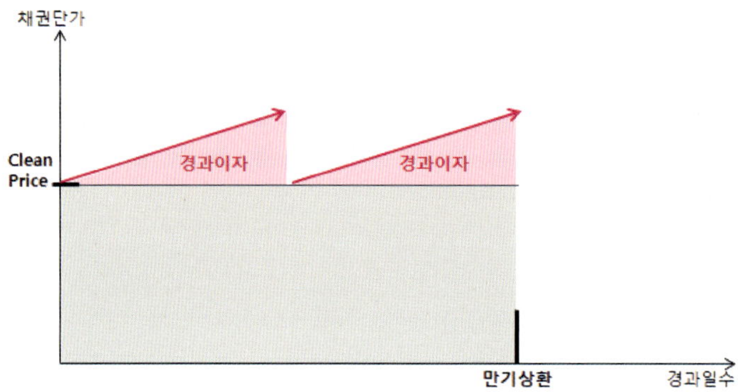

물가연동국채 가치변화 – 물가상승이 있는 경우

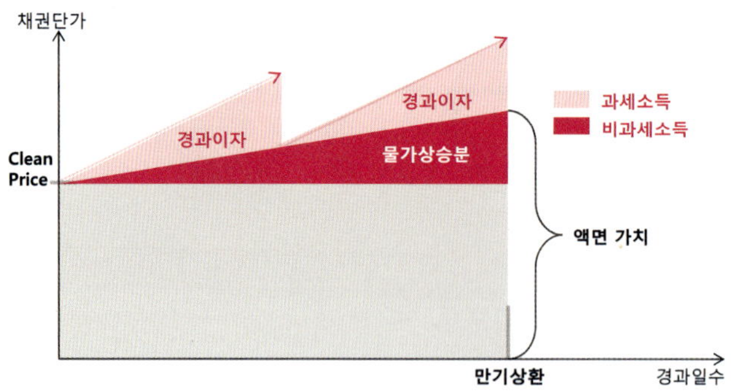

또한, 물가연동국채는 말 그대로 국채이다. 대한민국 정부가 보증하는 무위험 자산이다. 따라서 신용위험은 전혀 고려할 필요가 없는 상품이다.

이러한 물가연동국채는 개인투자자들 사이에서 2011년부터 급속히 인기를 얻기 시작했다. 절세 메리트가 부각되었기 때문이다. 2010년에 발행되었던 물가연동국채는 표면금리가 2.75%이었던 반면, 2011년에 새로 발행된 물가연동국채는 표면금리가 1.50%에 그침으로써 그만큼 세금을 절약할 수 있었던 것이다. 어차피 소득세는 표면금리에 대해서만 계산되기 때문이다.

낮은 표면금리나 낮은 세율 및 물가상승률로 인한 가치상승이 복리로 반영된다는 점 등을 통해 물가연동국채의 메리트는 빛나고 있었다. 당시만 해도 연평균 물가상승률 전망은 최대 3%에 적어도 2%로 예상되었다. 매매수익률이 1.5%라면 세전 수익률로 대략 연 3.5~4.5%를 얻을 수 있었는데, A등급 회사채의 금리를 웃도는 정도였다. 표면금리가 낮아 과표가 작게 잡힌다는 점을 감안하면 훨씬 우월한 상품이었다.

그러나 2012년 세제개편을 발표하면서, 2015년부터는 물가연동국채의 물가상승분에 의한 소득도 과세하기로 결정했다. 다행히 이전에 발행했던 상품에 대해서까지 소급 적용하지는 않았다. 이로 인해 2015년 이후 발행될 물가연동국채의 경우는 표면금리가 아무리 낮아도 절세에 도움을 주지 못한다.

소비자물가지수 상승 추이 (2012년부터 급격히 낮아지는 상승률)

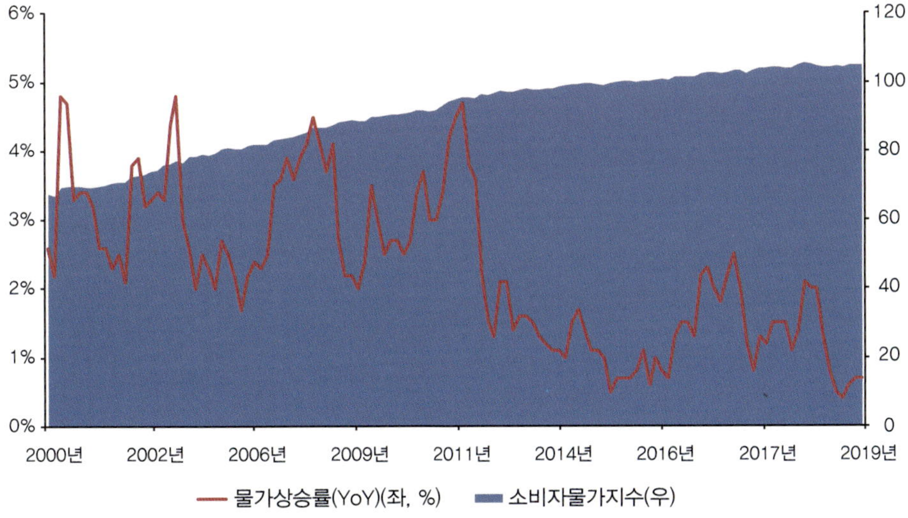

'엎친 데 덮친 격'으로 우리나라 물가상승률이 급격히 낮아지며, 지금까지 경험하지 못했던 수준까지 떨어지게 된다. 물가가 상승해도 걱정이 없다던 이 투자상품은 오히려 낮은 물가로 말미암아 근심거리가 되어 버렸다. 2015년 한 해 동안의 평균 물가상승률은 연 0.7%이다.

특별한 절세상품이자 위험이 없는 상품, 엄청난 메리트를 통해 투자자와 증권사 모두를 들뜨게 했던 이 상품은 이제 그저 그런 채권 중 하나로 전락했다. 특히 새로 발행된 물가(15-5)채는 물가상승분에 대해서도 과표가 발생하기 때문에 개인 투자자에게 있어서 더 이상 절세채권으로 불릴 수 없게 되었다.

그럼에도 불구하고 가까운 시일 내에 세계경기 회복과 함께 물가상승률이 상당히 높아질 것으로 기대하고 있다면, 물가(13-4)채에 투자하는 것은 시도해 볼 만하다.

소득세 규정의 변화가 잇따르면서, 물가연동국채는 종목별로 다른 특성을 지닌다. 각 종목별 특징은 아래 표와 같다.

[현재 유통 중인 물가연동국채의 종류별 특징(2019. 07. 31 기준)]

종목명	발행일	만기일	표면금리(%)	발행량(조원)	매수수익률(%)	특징
물가02750-2006(10-4)	2010.06.10.	2020.06.10.	2.750	1.756	-0.12	물가가 떨어져도 발행액면금액을 보장하도록 개선
물가01500-2106(11-4)	2011.06.10.	2021.06.10.	1.500	5.086	0.01	발행물량이 많아 개인 투자자들에게 인기
물가01125-2306(13-4)	2013.06.10.	2023.06.10.	1.125	2.261	0.068	세법개정에 의해 매수 후 분리과세 3년 유예 적용 시작
물가01750-2506(15-5)	2015.06.10.	2025.06.10.	1.750	2.039	0.189	세법개정에 의해 물가상승분도 과세표준 산입 시작
물가01000-2606(16-5)	2016.06.10.	2016.06.10.	1.000	4.053	0.343	낮은 표면금리로 개인자산가들에게 인기
물가01750-2806(18-5)	2018.06.10.	2028.06.10.	1.750	1.303	0.57	가장 최근에 발행된 물가연동국고채권 지표물

6. 채권과 관련된 세법들

앞서 채권과 관련한 여러 가지의 절세 방법들을 알아보았다. 채권투자에 있어 절세는 매우 중요한 체크 사항이다. 이번 장에서는 앞서 이야기했던 절세 방법들을 간략하게 정리하면서, 관련 법령들을 함께 열거해 보려고 한다.

채권과 관련된 대부분의 법들은 소득세법과 소득세법 시행령을 살펴보면 확인할 수 있다. 최근 법조문들은 법제처 국가법령정보센터 홈페이지(http://www.law.go.kr/)에서 확인할 수 있다.

물가연동국채의 물가상승에 따른 원금증가분 비과세와 과세

2014년 12월 31일까지 발행된 물가연동국채의 (액면)원금증가분에 대해서는 만기일까지 지속적으로 과세하지 않으나, 2015년 1월 1일 이후에 발행된 물가연동국채의 경우에는 (액면)원금증가분에 대해서 이자소득으로 감안하여 과세한다.

	소득세법 시행령 제22조의2(국채 등의 이자소득) 제3항	
기준일	2014.12.31 이전	2015.01.01 이후
법조문	국가가 발행한 채권으로서 그 원금이 물가에 연동되는 채권의 경우 해당 채권의 원금증가분은 법 제16조 제1항 제1호에 따른 이자 및 할인액에 포함되지 아니하는 것으로 한다.	국가가 발행한 채권으로서 그 원금이 물가에 연동되는 채권의 경우 해당 채권의 원금증가분은 법 제16조 제1항 제1호에 따른 이자 및 할인액에 포함된다.
종목명	물가02750-1703(07-2), 물가02750-2006(10-4), 물가01500-2106(11-4), 물가01125-2306(13-4)	물가01750-2506(15-5)

장기채권 분리과세

소득세법 시행령에서는 발행만기(=발행일부터 만기일까지) 10년 이상인 채권을 장기채권이라고 정의하고 있다. 단, 10년 이내에 조기상환이나 주식 등으로의 전환 또는 교환 등이 가능한 조건부 채권은 제외하고 있다.

2012년 12월 31일까지 발행된 장기채권의 경우에 보유기간과 무관하게 분리과세를 신청하여 이자소득 발생 시에는 33%(=30%, 장기채권이자소득 분리과세 세율+3%, 지방소득세)를 원천징수하고 과세를 종료할 수 있다. 세법 개정으로 인하여 2013년 1월 1일 이후에 발행된 장기채권의 경우는 3년 이상의 보유기간이 지난 시점에서부터 이자소득에 대한 분리과세를 신청할 수 있다.

V

	소득세법 제129조(원천징수세율) 제1항제1호	
기준일	2012.12.31 이전	2013.01.01 이후
법조문	가목. 대통령령으로 정하는 장기채권의 이자와 할인액으로서 그 장기채권을 보유한 거주자가 대통령령으로 정하는 바에 따라 해당 금융회사 등 또는 그 지급자에게 분리과세를 신청한 경우 그 이자와 할인액에 대해서는 100분의 30	가목. 대통령령으로 정하는 장기채권의 이자와 할인액으로서 그 장기채권을 3년 이상 계속하여 보유한 거주자가 대통령령으로 정하는 바에 따라 해당 금융회사 등 또는 그 지급자에게 분리과세를 신청한 경우 해당 거주자가 그 장기채권을 매입한 날부터 3년이 지난 후에 발생하는 이자와 할인액에 대해서는 100분의 30
예외		소득세법 시행령 부칙 제25조 (장기채권 등의 원천징수 적용에 관한 경과조치) 이 영 시행 당시 종전의 제187조의 규정에 의한 장기채권 또는 장기저축에 대하여는 제187조의 개정규정에도 불구하고 종전의 규정에 의한다.

소득세법 시행령 제187조(장기채권의 범위)

① 법 제129조제1항제1호가목에서 "대통령령으로 정하는 장기채권"이란 법 제46조에 따른 채권 등으로서 해당 채권 등의 발행일부터 원금 전부를 일시에 상환하기로 약정한 날까지의 기간이 10년 이상인 채권 등을 말하며, 그 기간이 지나기 전에 주식으로 전환·교환하거나 중도상환을 할 수 있는 조건부 채권은 제외한다.

② 법 제129조제1항제1호가목에 따라 분리과세를 적용 받으려는 자는 제45조에 따른 수입시기까지 기획재정부령으로 정하는 장기채권 이자소득분리과세 신청서를 해당 금융회사 등 또는 이자 등의 지급자에게 제출하여야 한다. 다만, 이자를 2회 이상 나누어 지급받는 경우에는 해당 금융회사 등 또는 이자 등의 지급자에게 장기채권 이자소득분리과세 신청서를 다시 제출하지 아니하더라도 분리과세적용을 신청한 것으로 보며, 분리과세를 적용 받지 아니하려는 때에는 다음 이자소득의 수입시기까지 기획재정부령으로 정하는 장기채권 분리과세철회 신청서를 제출하여야 한다.

[전문개정 2010.2.18]

금융소득종합과세

채권의 분리과세나 비과세 소득 부분이 중요한 이유는 세후 수익률을 높이기 위해, 그리고 금융소득종합과세의 대상이 되거나 될 가능성이 있는 고액자산가들의 2,000만 원을 초과하는 금융소득을 최소화하기 위해서이다. 이자 및 배당소득이 2,000만 원을 초과하게 되면, 초과 소득금액에 대해서는 최대 44.0%(=40%, 종합소득세율+4.0%, 지방소득세율)세율로 과세될 수 있고 건강보험료 등을 추가로 납부해야 되기 때문에 고액자산가들에게는 매우 민감한 사항이다.

소득세법 제14조(과세표준의 계산)

③ 다음 각 호에 따른 소득의 금액은 종합소득과세표준을 계산할 때 합산하지 아니한다.

6. 제3호부터 제5호까지의 규정 외의 이자소득과 배당소득으로서 그 소득의 합계액이 2천만 원 이하이면서 제127조에 따라 원천징수된 소득

채권의 상속 및 증여와 관련된 법률

본인이 보유한 채권을 배우자 또는 자녀에게 증여하려는 투자자와 상속을 준비하고 있는 투자자의 경우 상속/증여 시 이자소득에 대한 납부와 상속/증여 가액의 계산방법 등에 유의하여야 한다. 물론, 최근에는 세무법인은 물론이고 금융회사의 PB센터에서도 해당 업무에 대한 컨설팅을 받을 수 있다.

V

증여의 경우는 증여에 대한 제대로 된 인식 없이, 보유 채권을 다른 가족의 계좌로 대체하여 연말의 이자소득 총액을 축소할 수 있다고 생각하는 투자자들이 있다. 하지만 소득세법 시행령에서는 보유 채권을 증여할 경우, 증여일까지의 이자소득이 과세표준 대상에 포함된다고 명시하고 있다.

상속증여 시의 이자소득 과세와 관련 법조문

소득세법 시행령 제45조(이자소득의 수입시기)

이자소득의 수입시기는 다음 각 호에 따른 날로 한다.

11. 제1호 내지 제10호의 이자소득이 발생하는 상속재산이 상속되거나 증여되는 경우 상속개시일 또는 증여일

법 제133조의2(채권 등에 대한 원천징수 특례)

① 거주자 또는 비거주자가 채권 등의 발행법인으로부터 이자 등을 지급받거나 해당 채권 등을 발행법인 또는 대통령령으로 정하는 법인(이하 이 항에서 "발행법인 등"이라 한다)에게 매도하는 경우 그 채권 등의 발행일 또는 직전 원천징수일을 시기(始期)로 하고, 이자 등의 지급일 등 또는 채권 등의 매도일 등을 종기(終期)로 하여 대통령령으로 정하는 기간계산방법에 따른 원천징수기간의 이자 등 상당액을 제16조에 따른 이자소득으로 보고, 해당 채권 등의 발행법인 등을 원천징수의무자로 하며, 이자 등의 지급일 등 또는 채권 등의 매도일 등 대통령령으로 정하는 날을 원천징수 하는 때로 하여 제127조부터 제133조까지, 제164조 및 제164조의2의 규정을 적용한다. 〈개정 2013.1.1〉

시행령 제193조의2(채권 등에 대한 원천징수)

⑤ 법 제133조의 2 제1항에서 "이자 등의 지급일 등 또는 채권 등의 매도일 등 대통령령으로 정하는 날"이란 해당 채권 등의 이자 등 상당액의 지급일 또는 매도일을 말하며, 해당 채권 등이 상속되거나 증여되는 경우에는 상속개시일과 증여일을 말한다.

VI

해외채권

국고채 30년물의 금리가 현재 1.4%아래로 떨어졌습니다. 정부가 보증하는 무위험 채권이긴 하지만 30년 동안 돈을 빌려줘도 이자를 2%도 안 준다는 이야기입니다. 가까운 일본은 과거 저성장 · 저금리 기조의 장기화로 개인들의 해외투자가 활발히 이루어지게 되었습니다. '와타나베 부인'이라고 일컬어지는 주부 재테크 그룹이 다양한 통화로 발행된 해외채권에 투자를 했습니다. 국내도 최근 일본과 같은 저금리 기조가 장기화되면서 해외채권 투자에 대한 관심이 높아지고 있는 상황입니다.

해외로 눈을 돌려 보면 국내보다 높은 금리를 제공하는 국채와 회사채를 만나볼 수 있습니다. 하지만 해외채권 투자는 환율변동에 따른 환손실을 입을 수 있기 때문에 높은 이자를 받더라도 환손실로 인해 원금손실을 볼 수도 있다는 점을 명심해야 합니다. 별도의 계약을 통해 환헤지를 할 수도 있지만, 오히려 불리할 수도 있습니다.

이번 장에서는 다양한 해외채권을 만나보고, 각각의 해외채권은 어떤 장점이 투자 포인트가 되는지, 또 본인에게 적합한 투자대상으로서의 해외채권은 어떤 상품일지 등을 생각해 보도록 하겠습니다.

1. 해외채권투자 어떻게 할까? 해외채권투자의 필요성

일본은 저성장 · 저금리가 장기화되면서 개인 투자자들이 보다 높은 금리를 찾아서 해외로 눈을 돌리게 되었다. 이들을 '와타나베 부인'이라고 부르는데 이들의 영향력은 워낙 커서 지금도 많은 금융시장참여자들이 그들의 움직임에 주목을 하고 있다. 2007년에는 이들의 거래량이 도쿄 외환시장 거래량의 약 30%를 차지할 정도로 성장하였고 글로벌 금융시장 어느 전문가들보다 빠르게 움직이고 있다.

이제 한국에서도 해외 투자에 대한 관심과 함께 "김씨 부인"이 등장할 수 있을 것으로 예상된다. 해외채권투자는 국내 투자보다 현지의 정치/경제 동향 파악이나 환율 변동에 대한 이해가 필요한 만큼, 더욱 철저히 준비하고 주의해야 한다. 앞으로 관련된 상품들을 자세히 살펴보면서 해외투자에 대한 초석을 다져 보도록 하자.

한국은행 기준금리와 3년만기 국고채 추이

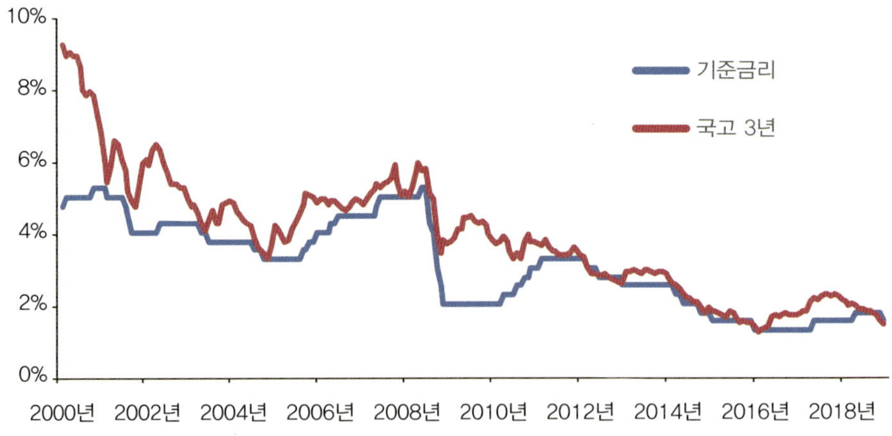

* 2008년 2월 까지는 콜금리 목표, 2008년 3월부터는 한국은행 기준금리
(자료: 한국은행)

주요 4개국 경제성장률 추이

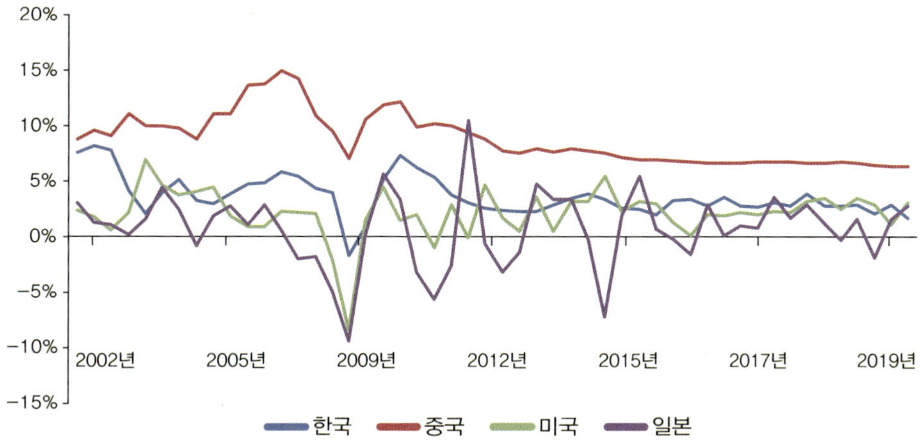

(자료: Bloomberg)

주요 4개국 10년만기 국채 금리 추이

(자료: Bloomberg)

* 테이퍼링 (Tapering) : 양적 완화 정책의 규모를 점진적으로 축소해 나가는 것. 출구전략의 일종.

해외채권은 어떻게 투자할 수 있을까? 해외채권을 증권사를 통해 매수하는 직접 투자방식과 펀드로 투자하는 간접 투자방식이 있다. 해외채권 직접 투자는 채권매매차익과 환차익이 발생할 경우 과세가 되지 않기 때문에 유리하다. 또한 직접투자의 경우에는 수수료가 일회성이지만, 간접투자인 펀드의 경우에는 수수료의 선취와 운용보수(연보수)가 적용되어 수수료가 높은 편이다. 하지만 환매가 용이하고 펀드매니저 역량에 따라 안정적 수익 관리가 가능하다는 장점이 있다. 세금에 민감하고 직접 투자하고 싶은 개별 채권이 있다면 직접 투자가 유리하고 소액투자 및 투자 관리가 쉽지 않은 경우는 펀드 투자가 유리하다.

해외채권 투자 방법에 따른 과세 여부(개인/법인)

구 분		개 인	법 인
채권 직접 투자	채권 이자	O	O
	채권 매매차익	X	O
	환차익	X	O
채권형 펀드 투자	채권 이자	O	O
	채권 매매차익	O	O
	환차익	O	O

국내채권과는 달리, 해외채권은 환율 전망이 필수적이다. 만기까지 약속된 이자와 원금을 문제없이 수령하고 해당 통화 기준으로 수익이 나더라도 환율이 평가절하하면 손실로 전환될 수 있기 때문이다. 만약, 투자하려는 해외채권의 통화가 원화대비 강할 것으로 예상한다면 환을 노출시켜 수익을 극대화해야 할 것이고 반대의 경우라면 환 헤지를 해서라도 투자해야 할지를 고민해야 한다. 보통 기관들은 해외채권 투자를 할 때, 분산투자의 경우에는 환 헤지hedge를 하지 않지만 그 이외에는 **환 헤지**를 기본으로 하고 전략적으로 환 헤지 비율을 조정한다. 반면에 국내 대다수 개인투자자들은 환율에 대한 이해가 부족한 상황에서 해외투자에 나서면서 큰 손실을 보기도 한다. 따라서 해외채권에 투자하기 전에 반드시 환율에 대해 충분한 이해를 한 후에 투자를 하도록 하자.

2. 고금리 해외채권투자는 항상 성공적일까?

국내증권사에서 가장 많이 팔린 해외채권이 바로 브라질 국채로 중대형 증권사라면 모두 취급할 정도로 큰 인기를 끌었다. 이렇게 혜성같이 등장하였던 브라질 국채의 뒤를 이어서 최근에는 인도 채권 또한 주목을 받고 있다. 이 두 국가의 채권은 연 7% 이상의 고금리로 개인투자자들의 이목을 집중시키는 데 충분하였다.

이렇게 높은 금리를 제공하는데 왜 전세계 모든 자금이 높은 금리를 쫓아 투자되지 않을까? 그 이유는 바로 환율 때문이다. 고금리에 투자하더라도 환율이 하락하면 오히려 손실이 발생하기도 한다. 아래 2013년 7월 브라질 국채를 매수한 투자자의 투자성과를 확인해 보자

매수종목 : BNTNF 10 01/01/15 (2015.1.1.만기 고정금리 이표채)

매수일	2013. 7. 2.	만기상환일	2015. 1. 1.
투자액면	BRL 70,000	만기상환금액	BRL 73,416.62
매수시점 환율	₩507.76/BRL	만기시점 환율	₩410.12/BRL
매수단가	BRL 1,004.303287	만기상환금액	₩30,109,869
매수대금	₩35,695,856	중도입금액	₩3,086,136
매수대금 (수수료 포함)	₩36,231,294	총 투자수익	₩33,196,005
매수수익률	9.57%	투자수익	-₩3,035,289 (-8.38%)

3천6백만 원으로 매수수익률이 10% 수준인 브라질 국채에 투자하여 이자까지 받았음에도 불구하고 3백만 원의 손실이 발생하였다. 어떻게 손실이 발생한 것일까? 이는 투자할 때 507원이었던 원/헤알 환율이 만기에 410원으로 급락해 있었기 때문이다. 1.5년의 투자기간 동안 헤알화가 무려 19% 급락한 것이다. 이렇게 고금리 채권에 투자하더라도 훨씬 큰 환율 하락이 발생하는 경우, 원금까지 손실이 가능하다.

브라질 헤알화 환율 추이 (1헤알당 원화, 2019년 08월 08일 기준)

(자료: Bloomberg)

그렇다면 환 헤지를 통해 환율이 변하지 않게 하고 고금리를 얻으면 되지 않을까? 아쉽지만 금리가 높은 통화를 환 헤지할 때 발생하는 비용은 그 통화의 금리와 국내 금리 차이만큼 되어 고금리 혜택이 사라지게 된다.

예를 들어 한국은 연 2% 금리인데 연 4%인 중국 위안화 채권에 투자하려는 투자자가 환 헤지를 한다고 가정하자. 이 때, 중국 위안화를 1년 뒤에 매도하는 선물환 계약을 체결하면서 환 헤지를 하였다. 선물환 가격에 이미 위안화의 -2% 가량의 하락분이 반영되는데, 이를 '환 헤지 비용'이라고 부른다. 결국 4% 채권금리에 2% 환 헤지 비용을 제하고 나면 2% 수준이 되어 아무런 실익이 없다. 물론, 실제 거래에서 거래비용 및 규제나 시장상황 등에 따라 약간의 차이가 있을 수 있다.

그렇다면 해외채권투자는 왜 하는 것일까? 우선 자산배분 측면에서 유용하다. 헤지hedge하지 않은 외화자산을 일부 보유하고 있을 경우에는 어떤 경제 충격에 국내자산 가치가 하락하여도 이와 반대 작용하는 외화 자산이 있었다면 손실을 일부 만회할 수 있다. 따라서 선진국 신흥국 자산을 포트폴리오 차원에서 보유하게 되면 금융시장의 충격에도 자산 가치의 변동성이 대폭 낮아지는 효과를 볼 수 있다.

무역/서비스 등으로 외화를 꾸준히 벌어들이고 안정적인 물가상승률과 함께 꾸준한 경제성장을 이루는 유망국가 채권투자도 의미가 있다. 이런 국가의 경우에 다양한 투자자금이 유입되면서 해당 통화의 가치 상승을 기대할 수 있으며 투자한 국가가 신용등급 상승이나 개혁 등에 따라 리스크 프리미엄risk premium 축소 때의 금리 하락도 가능하기 때문에 유망 국가 투자는 국내투자보다 높은 수익의 기회가 될 수 있다.

혹시 관심이 가는 국가가 있을까? 여러 곳을 스스로 분석하며 진흙 속의 진주를 찾아 보도록 하자.

3. 10%의 이자를 주면서 세금도 내지 않는다고? 브라질 국채

- 10%의 높은 쿠폰: 현재 매수금리가 높아서 액면가 10%에 현재 약 7% 수준의 금리으로 매수 가능
- 한국과 브라질의 조세협약과 브라질 현지 조세규정으로 이자소득세 면제
- 브라질의 풍부한 외환보유고

브라질 국채는 비과세와 고금리라는 마케팅 포인트로 수많은 개인투자자들이 너 나 할 것 없이 투자하였다. 그러나 브라질의 헤알화의 가치가 2012년 이후 지속적으로 하락하면서, 많은 투자자들에게 손실을 안겨주고 있다. 하지만 최근 호세프 대통령 탄핵과 친시장 정책 및 기준금리 인하 가능성으로 2015년 하반기부터 헤알화 가치가 상승하고 금리는 하락하면서 큰 수익을 얻은 투자자가 나오기도 하였다.

이번 장에서는 브라질 국채와 관련하여 투자자들이 자주 간과하지만, 반드시 확인해야 할 '세 가지'를 같이 살펴보자.

이자율 10%의 의미

브라질 국채는 매년 10%의 이자를 고정 지급한다고 알려져 있다. 그렇다면 10,000 헤알화만큼 브라질 국채에 투자되었을 때, 투자자는 매년 1,000 헤알의 이자를 받게 되는 것일까? 답은 '아니요'이다. 10%의 이자는 '표면이자율'이 10%로 고정이라는 뜻이지, 투자자금에서 10%의 이자가 나온다는 뜻이 아니다. 또한, 브라질의 경우는 표면이자 계산법이 한국과 다소 차이가 있기 때문에, 이자를 받게 되면 투자자들이 의아해하는 경우가 많다.

정확한 수익률을 계산해 보기 위해서는 브라질의 표면이자 계산법부터 확인할 필요가 있다.

VI

표면이자 계산방법

〈브라질〉 액면금액 $\times\left(\sqrt[\text{연간 이자지급 횟수}]{(\text{표면이자율} + 1)}-1\right)$ = 이자 지급 시에 받는 표면이자

참고 : 〈한국〉 액면금액 $\times\left(\frac{\text{표면이자율}}{\text{연간 이자지급 횟수}}\right)$ = 이자 지급 시에 받는 표면이자

실제 브라질 국채 이표채와 같은 조건인 액면 1,000 헤알, 표면이자율 10%, 연간 이자지급 횟수 2회로 계산할 경우, 이자 지급 시 받는 금액은 한국식 계산법이라면 50헤알이 되어야 하겠지만 브라질식 계산법으로는 48.80885헤알(소수점 6째자리에서 반올림)이 된다.

만약 환율 변화가 없다는 가정 시, 액면 1,000헤알 채권을 800헤알(clean price)에 샀으면 지급받는 이자는 48.80885 헤알이지만 연 12.2% (48.80885÷800×2 = 약 12.2%) 수익이 발생한다. 그리고 추가적으로 만기 때 액면 1,000헤알을 받으므로 200헤알(약 25%)의 채권상환 이익이 투자한 기간 동안 추가로 발생하게 된다.

위의 케이스로 손익을 계산해 보면 잔여만기가 10년이 남은 브라질 국채에 투자할 시에 연 14.7% (=12.2%+(25%÷10))의 수익률을 기대할 수 있다. 즉, 표면이자율은 10%가 맞지만, 채권을 얼마에 사느냐에 따라서 예상수익률은 크게 달라질 수 있다.

브라질 국채 매수 시, 만기까지의 현금흐름 및 수익률 계산표

매수단가	매수수량	실제 투자금액	지급이자 총액	만기상환 손익	연환산 수익률
800	125	100,000	122,022	25,000	14.70%
1,000	100	100,000	97,618	–	9.76%
1,200	83	99,600	81,023	-16,600	6.46%

가정 1) 브라질 헤알화 기준 수익률 (환율변동 미고려)
2) 투자금액: 100,000 헤알화
3) 잔여만기 10년

비과세의 의미

브라질 국채에 투자할 경우, 발생할 수 있는 소득은 아래의 세 가지가 있다.

- 이자소득
- 자본이익
- 환차익

개인투자자들에게는 본래 채권 투자 시에 자본이익과 환차익은 비과세 대상 소득이다. 이자소득은 외화표시채권이라고 하더라도 과세소득에 해당한다. 하지만, 브라질 국채에 투자하여 발생하는 이자소득은 다음 두 가지 조항에 근거하여 비과세 소득이 된다.

① **브라질 현지 세법제도:** 외국인 투자자가 브라질 국채에 투자하여 발생하는 이자 및 자본소득에 대해서는 비과세한다.

② **한-브 조세협약:** (제 11조 3항: 나. 정치적 하부조직 또는 지방당국을 포함한 일방체약국의 정부, 동 일방체약국의 중앙은행 또는 동 정부, 중앙은행 또는 양자가 직접 또는 간접으로 소유하는 기관(금융기관 포함)에 의해 발생되는 증권, 채권 또는 사채로부터 생기는 이자에 대하여는 동 일방체약국에서만 과세한다.)

따라서 브라질 국채 투자로 발생하는 모든 수익과 관련하여 현재는 모두 비과세이지만 브라질의 과세 당국과 양국 간의 조세협약의 변화에 따라 변동될 수도 있다. 다만, 한국의 경우는 세제 변경 시에 과거의 투자분을 소급하여 적용하는 경우는 많지 않았고, 변경이 있을 경우는 충분한 시간을 두고 시장에 미리 예고하여 투자자들이 대비할 수 있도록 해왔다는 점과 브라질이 외국인이 보유한 국채 이자에 대해 소득세를 과세할 경우에 많은 외국인 자금이 유출될 것이라는 우려를 고려하면 당분간은 지금과 같은 조건으로 비과세가 유지될 것으로 기대해 볼 수 있다.

VI

참고로 법인투자자의 경우에 브라질 국채로부터 발생하는 이자소득만 비과세 대상 소득이 되며, 자본이득과 환차익의 경우에 과세대상에 속하게 된다는 점을염두에 두어야 한다.

해외국채 투자 시, 고려해야 하는 위험

브라질 국채를 비롯한 외화표시 국채에 투자할 경우에 크게 나눈 두 가지 위험을 반드시 체크해야 한다.

우선 환율 위험이 있다. 앞서 여러 번 언급했지만 해외채권을 비롯한 해외투자는 환율변동에 따라 수익이 크게 좌지우지하게 된다. 따라서 환 헤지를 하지 않을 것이라면 단기적으로 환율을 예측하여 수익을 내려하기보다 투자하려는 국가의 펀더멘탈을 살피면서 장기적인 시각으로 분할투자하는 것이 필요하다.

두 번째는 디폴트 리스크(=부도위험)이다. 특히 이머징 국가에 투자하는 경우, 부도위험과 관련하여 해당 국가의 외환보유고와 단기 외화부채 수준 및 경상수지 추이를 확인해야 한다. 글로벌 금융위기와 같은 자금경색 상황에 처하게 되면 만기가 도래하는 외화부채 차환이 어렵게 된다. 초기에는 외환보유고로 갚을 수 있으나 이마저도 고갈되면 부도위험이 급격히 증가하게 된다. 그렇기 때문에 외환보유고 증감에 주요하게 작용하는 경상수지까지 확인함으로써 투자하려는 국가의 외환건전성에 대해서 검토해 필요가 있다. 또한, 재정적자가 지속적으로 발생하고 있는 국가라면 이 또한 면밀하게 체크해 봐야 한다. 지속적으로 대규모 재정적자가 발생한다면, 국내 금리 및 물가 상승 등 부작용을 낳게 된다. 그렇게 되면 정부가 국외에서 자금조달을 하려고 할 것이며, 이는 단기간에 외화부채를 증가시키는 문제가 발생한다. 이외에도 정치적 안정성이나 경제적 잠재력 등도 함께 고려해야 한다. 다만, 이런 요소들은 장기간에 걸쳐서 일어나는 변화이므로 투자기간 동안에 지속적으로 해당 국가의 정치 경제적 변화에 관심을 기울여야 한다.

위의 두 가지 위험 외에도 외화표시 국채 투자에는 제도적 위험과 유동성 문제 등 다양한 위험이 존재하고 있다. 따라서 직접적인 위험 관리가 어려운 투자자의 경우, 다양한 외화채권에 분산 투자하는 채권형 펀드에 적립식으로 또는 일정 비중만 투자하는 방법이 더욱 효과적일 수 있으니 참고하도록 하자.

4. K-POP열풍? 이제는 KP다! Korean Paper

KP(Korean Paper)란 해외 시장에서 거래되는 한국 관련 증권을 통틀어 이르는 말로, 일명 '한국물'이라고도 한다. 한국 정부 • 금융기관 • 기업 • 국외점포(지점 및 현지법인)가 외화 조달을 위해 해외 금융시장에서 발행한 외화표시 증권(채권)은 모두 이에 해당하며 대체로 달러 표시채권이 KP물의 다수를 이룬다.

1987년 외국인들에게 한국의 증권시장이 개방되었을 때에는 KP물은 없어서 팔지 못할 정도로 인기가 있었으나 1997년 국제통화기금(IMF) 외환위기를 겪으면서 고위험 채권인 정크본드 로 분류되어 낮은 평가를 받다가, 2000년 이후 조금씩 회복되기 시작하였다.

2002년에는 국내투자자가 KP물에 113억 달러를 투자하였는데, 최근 2016년 1분기에 KP물 투자 규모는 350억 달러로 3배 증가하였다. 이처럼 KP물의 국내

수요가 늘어난 것은 국내 금융기관들이 국내 금리 인하에 따른 운용수익률 저하에 대응하기 위해 한국계 외화증권에 대한 투자를 확대하였기 때문이다.

하지만 KP물 투자를 기관만 하는 것이 아니다. 최근 고액 자산가들 중심으로 KP물에 대한 관심이 급증하고 있다. 특히 이들의 관심을 끄는 것은 만기가 긴 달러 표시 KP물인데 달러 표시로 발행되는 장기채는 동일 만기 국내채권보다 금리가 높다. 이는 장기 미국금리가 국내 금리보다 높기 때문에 발생하는 자연스러운 현상이다. 또한, 상환순위가 낮은 신종자본증권이나 후순위채 등은 더욱 높은 금리로 발행되기 때문에 개인투자자들 사이에서 큰 관심을 얻게 되었다. 국내 금리로는 만족을 하지 못하는 투자자 및 선진국 통화를 자산의 일부로 편입하여 안정적인 포트폴리오를 가지고 싶어하는 투자자 등이 이러한 KP물 투자를 선도하고 있다.

고금리 KP

발행사 (ticker)	우리은행 (WOORIB 5 06/10/45)	우리은행 (WOORIB 4.75 04/30/24)	KEB하나은행 (KEBHNB 4.25 10/14/24)	SK E&S (YUKONG 4.875 11/29/49)
만기일(콜)	2020.06.10(콜)	2024.04.30	2024.10.14	2019.11.26(콜)
매수금리	3.33%(YTC)	2.97%	2.81%	5.08%(YTC)
쿠폰	5.00%	4.70%	4.25%	4.875%
신용등급	BB	BB+	BBB	BB+
통화	USD	USD	USD	USD
비고	신종자본증권	후순위채권	후순위채권	영구채 Step-Up조항

* 매수금리: 변동가능 (2019.07.31 기준)

* 신용등급: S&P, Moody's, Fitch 3개사 등급 중 가장 낮은 등급 기준

이들은 또한 국내에서 비과세 채권을 찾기가 어려워진 탓에 비과세 KP물에도 비상한 관심이 있다. 금융소득종합과세 대상자이면서 최고세율을 적용 받는 고액 자산가들이 특히 관심을 가지는 채권이다. 아래의 예시 중 롯데쇼핑 엔화표

시 전환사채의 경우는 표면금리가 0%로 발행되었는데 이자소득세는 표면금리에 따라 과세되기 때문에 결국은 세금이 없는 채권인 셈이다. 그런데 0% 수익인데 투자하는 이유가 있을까? 비슷한 사례가 다음 절에 있으니 궁금증을 안고 있다가 확인해 보자.

비과세 KP

발행사 (ticker)	롯데쇼핑 (LOTTES 0 07/05/16)	한국전력 (KORELE 7.95 04/01/96)
만기일	2016. 07. 05	2096. 04. 01
쿠폰	0.00%	7.95%
신용등급	BBB0	AA−
통화	JPY	USD
비고	제로쿠폰본드	100년만기채권

* 신용등급: S&P, Moody's, Fitch 3개사 등급 중 가장 낮은 등급 기준

한국전력 100년 채권의 경우는 20년간 이자가 없지만 80년 동안 7.95%의 쿠폰을 받는 채권이다. 또한, 1999년 이전에 발행된 KP물로 조세특례제한법에 의해 이자소득세가 면제되고, 개인의 경우에는 감면세액의 10%인 1.4%의 농어촌특별세만 내면 되기에 절세채권으로 큰 인기를 모았다. 하지만 아쉽게도 현재 해당 채권들을 구하는 것이 하늘에 별따기만큼 어려워졌다. 이는 이미 많은 고액자산가들이 조용히 원하는 KP물에 투자를 하였기 때문이다.

그렇다면 이제 그들은 어떤 해외채권에 관심을 가지고 있을까?

5. 국내에 비과세 채권이 더 이상 없다고? 해외엔 있다!

해외 비과세채권(2017년 2월 4일 소득세법 시행령 개정으로 현재는 유효하지 않음)

“세상에 사람이 절대로 피할 수 없는 것은, 하나는 죽음이고 하나는 세금이다”라는 벤자민 플랭클린의 금언이 실현되듯 고액자산가들의 절세채권 수요를 소화할 수 있는 채권의 공급은 세제개정안에 따라 대폭 축소되었다. 현재 비과세채권은 국내에서 발행된 국민주택2종 · 3종 채권이 대표적인데 2005년부터 발행되어 2006년 11월에 판교신도시 분양과 함께 대량 발행되었다.

이 채권들은 비과세채권을 찾는 투자자들에게 큰 인기를 끌기도 했으나 현재는 금리가 워낙 낮아져서 상품성이 사라졌고 추가발행도 없어서 물량공급도 어려운 상황이다. 한 때 물가연동국채도 절세 목적으로 판매되기도 하였다. 그러나 향후 소비자물가 전망이 어두울 뿐만 아니라, 2015년 이후 발행된 지표물인 물가15-5 의 경우는 소비자물가 상승에 따른 원금상승분이 과세되어 절세채권으로서의 매력이 떨어졌다. 그렇다면 이제 비과세채권은 어디에도 없는 것일까?

이러한 상황에서 환차익 비과세를 이용한 상품이 등장했다. 금리가 아주 낮거나 혹은 마이너스 금리인 선진국 국채에 투자하면서 선도환(선물환) 매도거래를 통해 환위험을 완전 헤지하는 상품이다. 이렇게 투자하는 해외채권이 어떤 의미가 있을까?

이 투자방법은 채권투자로 수익 발생을 기대하는 것이 아니라, 채권투자를하면서 함께 거래하는 선도환 거래에서 발생하는 수익이 중요한 포인트다. 해당 발행 통화 국가의 금리수준이 우리나라 보다 낮은 경우, 환 헤지를 하게 되면 수익이 발생하게 되는데 이를 선도환 프리미엄이라고 한다. 이 수익은 개인투자자의 경우는 과세 되는 항목이 아니기 때문에 비과세 수익이 된다. 따라서 다양한 선진국 단기채권(USD, EUR, CHF, JPY 등)과 별도 선도환 계약을 통해 만들어진 투자방식은 고액자산가들의 절세 수단으로 활용되었다.

비과세 해외채권 투자의 수익 구조

예시) 3개월 만기 유로화 채권

채권수익 -0.5% (과세대상)	환헤지 프리미엄 수익 +2% (비과세)

총 **+1.50%** 의 비과세 수익!

A. 채권수익: -0.50%
(단기 할인채로 매매할인율로 과세, 발행금리 마이너스라 세금 없음)
B. 환헤지 프리미엄 수익: +2.0%
(매수일 1,300.00원/유로, 매도일 1,306.50원/유로, 환차익 비과세)

위의 예시를 보면 채권 수익에서는 마이너스 수익(연환산 -0.50%)이지만, 환헤지에서 6.5원의 수익(연환산 2.00%)이 발생한다. 총 연1.50%의 수익에서 수수료 연 30bp를 차감하면 연간 1.20%의 세후 수익이 발생한다.

이 수익을 은행예금과 비교하기 위해 세전으로 환산(최고세율 41.8% 적용)하면 약 2%의 수익률로 전환된다. 즉, 금융소득종합과세 대상자로서 최고세율을 적용받는 사람에게는 2%의 은행예금과 같은 금리상품이라고 할 수 있다.

최근 정기예금금리가 2%보다 낮기 때문에 비과세 수요가 있는 고액자산가들의 관심을 끌기에 충분하였다. 그러나 2017년 2월 4일 소득세법 시행령 개정으로 파생상품으로부터의 확정적인 이익이 이자부상품의 이자소득보다 클 경우, 과세로 적용되어 현재는 유효하지 않다.

6. 애플에 투자하자! 해외 회사채/은행채 투자

해외 회사채

국내 기업이 해외에서 발행한 KPKorean Paper도 이제야 좀 알 것 같은데, 외국 정부도 아닌 외국 회사가 발행한 채권에 투자하자고? 아직 국내 투자자들의 해외채권투자가 활성화되지도 않은 시점에 KP나 선진국 국채가 아닌 해외 회사채에 투자한다는 것이 시기상조라고 생각할 수 있다. 하지만 이미 해외 하이일드 채권펀드(High Yield Fund) 등을 통해서 많은 국내 투자자들이 해외 회사채에 간접적으로 투자하고 있다. 또한, 해외 회사채의 장기 투자수익률은 다른 투자자산에 비해 높은 수익률을 기록하고 있기 때문에 관심을 가져 볼 필요가 있다.

주요 자산 투자처의 장기 수익률

(2002.01.01~2016.01.29)

구 분	특징	수익률
미국 하이일드 채권	미국 투기등급 회사가 발행한 채권	189.4%
이머징 로컬 채권	신흥국 정부가 자국 통화로 발행한 채권	186.4%
한국 주식	한국 종합주가지수(KOSPI)	153.8%
달러 표시 투자등급 채권	투자등급 달러 표시 크레디트 채권	136.1%
한국 채권	한국 종합채권지수	115.8%
선진국 국채	선진국 정부가 발행한 채권	78.2%

미국 하이일드 채권 : JP Morgan Global HY summary Market Index Value
이머징 로컬채권 : GBI-EM Broad Traded Index Total Return Index Level Local Currency
달러표시 투자등급 채권 : JULI ALL M ALL Cumulative Total Return All
한국채권 : KIS 종합채권지수
선진국 국채 : GBI-EM Broad Traded Index Total Return Index Level Local Currency
한국주식 : KOSPI Index

개별 해외기업의 신용위험과 환 변동성을 감수할 수 있는 투자자라면 고수익 해외 회사채에 한번 도전해 보자. 소개해 줄만한 첫 번째 회사는 바로 아이폰으로 유명한 미국 기업, 애플(Apple Inc.)이다.

[애플] 14.6조 원어치 회사채 발행 … 머니투데이 (2016.2.17)

….. 16일(현지시간) 애플은 총 9개 만기로 된 회사채 발행 계획을 발표했다. 만기는 최소 2년에 최장 30년이며 이중 7년 만기는 그린본드로 약 15억 달러어치가 발행된다. 애플은 이번 발행 목적을 보통주 매입 및 주주 배당 등 일반적인 목적에 쓰일 것이라고 밝혔다. 전체 발행액의 20%는 유로, 스위스프랑, 엔 및 파운드 등 통화로 발행될 예정이다.

애플의 현금보유액은 약 2,160억 달러 규모로 막대하다. 그럼에도 회사채 발행에 나서야 하는 이유는 이 현금의 약 93%가 미국이 아닌 해외에 있기 때문이라고 파이낸셜타임스(FT)는 지적했다. ….

VI

기사에서 보듯이 막대한 현금을 보유한 기업인 애플도 회사채를 발행한다. 애플은 훌륭한 재무비율과 막강한 수익창출력으로 말미암아 국제신용평가기관 Moody's 와 S&P에서 모두 AA+ 등급을 부여받고 있다. 현재 미국의 국가신용등급이 AA+인 점을 감안하면, 애플의 신용위험에 대한 우려는 매우 미미하다고 할 수 있다.

앞서 우리는 회사채의 신용위험이 낮다면 결국 수익률 역시 낮을 수밖에 없다고 언급했다. 그러나 채권의 만기를 고려할 때 이야기는 달라진다. 애플이 발행한 다양한 만기의 회사채들의 매매수익률을 살펴보자.

최근 발행된 애플 회사채 매매수익률

티커	표면금리	발행일	만기일	투자기간	표시통화	매매수익률
AAPL 3.00 11/13/27	3.00%	2017/11/06	2027/11/13	10년	USD	2.386%
AAPL 3.75 11/13/47	3.75%	2017/11/06	2047/11/13	30년	USD	3.312%
AAPL 2.00 11/13/20	2.00%	2017/11/06	2020/11/13	3년	USD	1.857%
AAPL 2.75 1/13/25	2.75%	2017/11/06	2025/01/13	5.2년	USD	2.141%

(출처: Bloomberg, 2016.8.31.기준)

만기가 짧은(10년 이하) 애플 회사채들은 예상했던 바와 같이 낮은 수익률을 보여준다. 그러나 애플의 20년 만기 회사채와 30년 만기 회사채는 각각 표면금리 4.50% 및 4.65%로 발행되었으며, 현재 매매수익률이 여전히 3% 중반 이상이다. 애플의 30년 만기 회사채를 매수하면, 30년 동안 매년 3.678%의 수익을 얻을 수 있다고 할 수 있다.(세전, 환율변동 없다고 가정)

현재 저금리 기조 아래에서, 그리고 향후에 더욱 낮아질 우리나라의 성장률 전망에 있어서 30년이라는 장기 기간 동안 매년 3% 중반 이상의 수익을 얻을 수 있다고 하면 금리 매력은 상당하다고 할 수 있다.

다만, 투자에 따르는 위험도 꼭 고려해야 한다. 첫째로 위 회사채의 주된 투자자는 기관투자자들이기 때문에 거래단위가 작을 경우는 중도환매에 제약이 따를 수 있다. 보통은 액면 1백만 달러($1,000,000, 한화로 약 11억원 가량)로 거래된다는 사실을 참고하자.

두 번째로는 만기가 긴 만큼 채권의 듀레이션duration이 커서, 시중금리 변동에 따른 가격변동성이 매우 큰 상품이라는 점이다. 현재 30년만기 애플 채권의 듀레이션은 16년 정도이다. 미국 경제의 어떠한 이벤트로 인해 미국 시중금리가 1% 상승할 경우에 애플 30년 만기 회사채 투자자의 채권 평가금액은 16% 가량 하락할 것이다. 물론, 미국 시중금리가 1% 하락할 경우는 반대로 평가이익이 발생할 수도 있다. (이 시점에서 중도매도할 경우, 자본차익을 즉시 얻을 수 있다.) 하지만 투자자가 이 채권을 만기까지 가져간다면 금리변동에 대한 위험은 사라진다.

세 번째로는 환위험이다. 해외채권투자 시에 환율 변동 위험은 가장 큰 장애물 중 하나이다. 환율 ₩1,200/$에 투자한 투자자가 ₩1,000/$에 채권을 매도하거나 만기상환 받는다면 대략 16.7% 가량을 손해를 본다. 그러나 '표시통화가 세계 최고의 기축통화인 미국 달러라는 점'이나 '미국 달러의 가치는 국내금융자산들과의 상관계수가 낮아서 포트폴리오 구성 시에 오히려 안정성을 키운다는 점'을 고려하면, 환율 변동성에 대해 너무 큰 우려를 가질 필요는 없어 보인다.

지금까지 논한 세 가지 위험성을 종합하여 고려하면, 미국 회사채에 투자할 경우에 단기적인 차익을 거둘 목적으로 투자하기보다는 매우 장기적인 자산증식의 수단으로 삼는 것이 바람직하다.

소액 투자자의 경우는 중도환매에 제약이 따를 수밖에 없고, 중도환매 할 경우는 금리변동에 대한 위험도 따른다. 그러나 만기보유할 경우는 이러한 위험을 어느 정도 회피할 수 있다. 또한 장기 투자의 경우 환율변동성에 의한 투자손실 가능성도 매우 낮아진다. 예를 들어, 30년 동안 매년 2% 이상씩 달러 가치가 하락하더라도 매년 4%씩 이자가 쌓인다면 투자손실이 나지 않는다.

앞의 애플 30년 만기 채권이 너무 길다면 어떻게 할까? 신용위험을 조금 더 감내할 수 있다면, 다른 몇 가지 대안상품들을 들 수 있다.

그 밖의 회사채

발행사(신용등급)	티커	표면금리	만기일	투자 기간	표시 통화	매매 수익률
AT&T(BBB+)	T 6.625 05/15/29	6.63%	2029. 5. 15	10년	USD	3.87%
Hewlett Packard Enterprise(BBB0)	HPE 4.9 10/15/25	4.90%	2025. 10. 15	6년	USD	3.12%

(출처: Bloomberg, 2019.7.31.기준)

해외 코코본드

우리는 앞서 코코본드가 무엇인지 살펴보았다. 신종자본증권의 형태 또는 후순위채의 채권형태에서 특정 조건이 성립될 때 자본으로 전환되거나 상각되는 조건을 가진 채권들이었다. 특히 Tier 1 형태의 신종자본증권형 코코본드의 경우는 만기상환에 기약이 없는(영구채) 장기 투자이지만, 5년 또는 10년 시점에서의 발행사의 조기상환청구권Call-Option이 포함되어 해당 시점에 만기상환 기대감이 높다는 점, 그리고 안정적인 재무비율을 보여주고 있는 국내 시중은행들의 채권이라는 점, 그러면서도 매우 높은 이자를 얻을 수 있다는 점 등으로 인해 많은 인기를 끌었다. 하지만 이러한 높은 수요는 결국 금리의 하락으로 귀결됨으로써, 최근 발행되고 있는 신종자본증권형 코코본드의 금리는 상당부분 낮아진 상태이다.

이처럼 하락해 버린 금리에 미련이 있다면 해외 코코본드의 문을 두드려 볼 차례이다. 국내와 마찬가지로 해외 은행들도 코코본드의 발행을 통해 자본비율을 필요한 만큼 높여 왔다. 국내에서 자주 거래되는 몇 가지 해외 코코본드들을 살펴보면 다음 장과 같다.

주요 은행들의 코코본드 및 신종자본증권 예시

발행기관	ICBC (중국공상은행)	Standard Chartered	JP Morgan Chase
발행일	2014. 12. 10	2015. 04. 02	2013. 04. 23
만기일	없음(영구채)	없음(영구채)	없음(영구채)
중도상환	2019. 12. 10 이후 매 12개월마다, 발행사의 결정에 따라 중국 감독기관의 승인을 받은 경우에 한하여 중도상환 가능	2020. 04. 02, 2025. 04. 02, 2030. 04. 02, 2035. 04. 02, 2040. 04. 02, 2045. 04. 02에만 발행사의 결정에 따라 조기상환 가능	2023. 05. 01부터 매 3개월마다 발행사의 결정에 따라 중도 상환 가능
최초행사일	2019. 12. 10 (5년콜)	2020. 04. 02 (5년콜)	2023. 05. 01 (10년콜)
배당률	① 6.00% (2019.12.10 까지) ② 5년 만기 미국국채 금리+4.382% (2019.12.10 이후 5년마다 재설정) 적정 자본비율(CAR) 미달 시 해당 채권에 대한 배당 미지급 가능	① 6.50% (반기마다, 2020. 04. 02까지) ② 미국 5년IRS금리 +4.889% (반기마다, 2020. 04. 02 이후)	① 5.125% (반기마다, 2023. 05. 01까지) ② 미국 3개월 Libor금리+3.25% (반기마다, 2023. 05. 01 이후)
신용등급	BB (S&P)	Ba1 (Moody's) BB－(S&P) BB0 (Fitch)	Baa2 (Moody's) BBB－(S&P) BBB0 (Fitch)
특이사항	조건부자본증권 (CoCo), 기타 기본자본(Additional Tier 1)에 해당 보통주 전환: 보통주 자본비율 5.125% 하회 시, 감독당국 등에 의해 자생불능 상태로 선언 시	조건부자본증권 (CoCo), 기타 기본자본(Additional Tier 1)에 해당 보통주 전환 : 보통주 자본비율 7.00% 하회 시	Tier 1 자본 보완 하위 후순위채. 그러나 CoCo 본드는 아님
가격 및 매매수익률 (조기상환 기준)	$108.99 / 4.628%	$100.91 / 6.323%	$102.125 / 4.525%

(출처: Bloomberg, 2019. 7. 31 기준)

VI

해외 은행들이 발행한 코코본드는 국내에 비해 약간 더 많은 요소를 고려해야 한다. 첫째로 Call상환 가능성이다. 국내 코코본드는 은행에 특별히 문제가 발생하지 않은 이상 Call상환을 통해 투자자의 실질 투자기간을 5년 혹은 10년으로 제한할 것이라는 기대가 깔려 있다. 그 반면에 해외 은행들의 Call상환은 가능성이 높긴 하지만 그렇다고 확신할 정도는 아니라는 것이다. 때에 따라 Call 상환이 미뤄지거나 아예 없을 가능성도 고려해야 한다. (또한 일반적으로 첫 조기상환행사일 이후부터 표면금리가 변동되는 경우가 많다.)

두 번째로는 상각 조건이다. 일반적으로 국내 코코본드는 해외 은행들의 코코본드 대비 트리거trigger(채권의 자본전환 또는 일시 상각) 조건이 더 까다롭다. 반대로 말하면 해외 코코본드의 경우에 트리거 발동 가능성이 좀 더 높다는 것이다. 최근 유로존의 극단적인 저금리로 인해 유럽의 시중은행들의 수익성이 악화되면서 코코본드의 이자가 지급되지 않을 가능성이 대두되고 있다.

문제는 이러한 환경 변화가 단순히 이자의 미지급에만 영향을 주는 것이 아니라, 채권 자체의 트리거 발동 가능성 또한 높일 수 있다는 것이다. 이러한 점으로 인해 유럽 은행들의 코코본드 가격이 최근 많이 하락한 것을 알 수 있다. (앞의 표에서의 Standard Chartered 은행의 코코본드 가격 참고)

그러므로 해외 코코본드 투자는 반드시 증권사의 해당분야 전문가의 조언을 통해 각 증권의 특성과 위험요소, 그리고 최근 이슈 등을 참고하여 투자를 행하도록 한다. 반드시 기억해야 할 것은, 더 큰 투자수익에는 항상 더 큰 위험이 따른다는 점이다.

7. 중국 채권에 투자하고 싶어요

빠르게 성장하는 중국 경제에 비추어 볼 때 중국 자본시장의 매력은 매우 높게 여겨지고 있다. 따라서 많은 투자자들이 중국 주식시장이나 채권시장 문을 두드리고 있는데, 과연 중국 채권시장은 여전히 고성장을 영유하고 있는 중국 경제만큼이나 높은 수익성을 제공하고 있을까?

중국 채권에 투자할 경우에 투자자가 중국 금융당국으로부터 승인 받는 절차가 우선 이루어져야 한다. 중국 금융당국은 외국인기관투자자를 대상으로 중국 자본시장에서의 투자계획, 전략, 투자규모 등에 대해 조사한다. 최종 승인이 나기까지 몇 개월이 소요되며, 국내에서는 이 과정을 거쳐서 투자한도를 부여받은 몇몇 자산운용사가 중국 주식과 채권 등을 편입한 펀드를 운용하고 있다.

VI

안타깝게도 개인 투자자는 중국 채권, 즉 중국 시장에서 위안화로 발행된 채권을 매수할 수는 없다. 앞서 말한 투자한도는 기관투자자만 활용이 가능하기 때문이다. 게다가 기관투자자들이 중국 시장에서 매수한 채권은 국내에 다른 투자자에게 해당 채권을 양도할 수 없도록 되어 있다. 따라서 국내에 거주하는 개인투자자들은 중국 채권에 대해서는 간접적인 방법으로만(해외채권형 펀드 투자, 중국채권신탁 등) 투자가 가능하다.

그렇다면 과연 중국 채권은 투자할 만한 가치가 있을까? 지금이 투자적기로 보긴 어려울 것 같다. 그 이유는 다음과 같다.

첫째, 중국 채권시장 금리가 많이 하락하였다. 현재 중국 국채 금리는 중국 국채를 기준으로 2년물이 2.63%, 5년물이 2.87%, 그리고 10년물이 3.02% 수준에 그치고 있다.(2019.8.8.기준) 이는 1.3%~1.6% 사이에 있는 국내 금리와 비교해 보았을 때 분명 높다고는 할 수 있으나 아주 매력적인 수준은 아니다. 게다가 이 금리를 얻기 위해서는 원화를 위안화로 환전해야 하는데, 최근 위안화는 유동성 공급정책이 지속되면서 원화 대비 약세 흐름을 이어가고 있다는 점도 투자 적기로 보기 어렵게 만든다.

중국 채권시장의 수익률 곡선

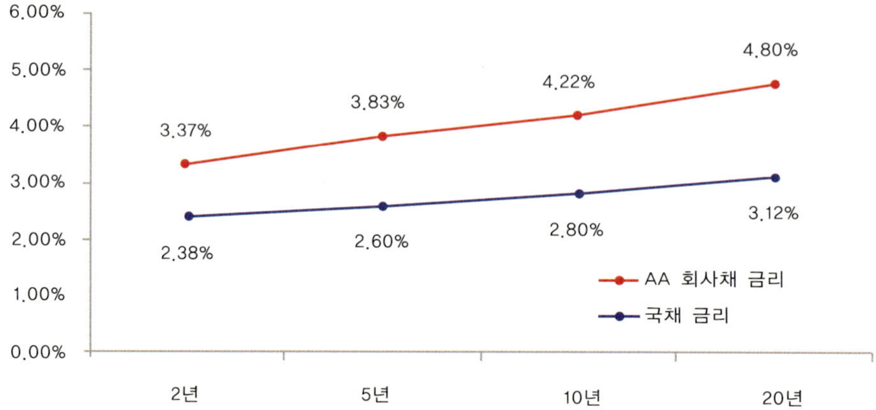

자료: Bloomberg / 2016년 8월 31일 기준

중국 위안화 환율 추이 (1위안당 원화)

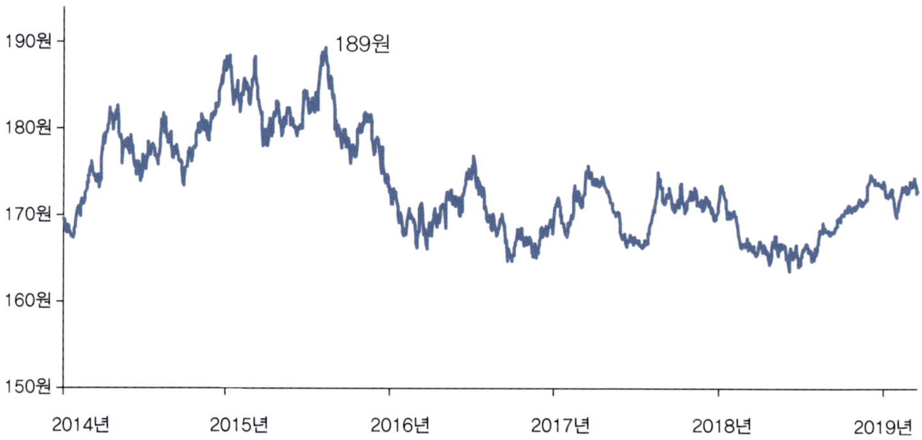

자료: Bloomberg

둘째, 중국 내에서의 회사채 신용평가에 대한 신뢰도가 매우 낮다. 현재 중국의 자국 신용평가사들은 중국 기업의 96%에 해당하는 회사들에게 AA- 이상의 신용등급을 부여하고 있다. 그러나 국제신용평가사들은 이들 중 고작 2.2%에 대해서만 유사한 등급을 부여한다고 한다. 즉, 중국 채권시장 어떤 회사채의 신

용등급이 AA- 라고 하더라도 실제로는 정크본드junk bond에 해당하는 신용도를 가지고 있을 수도 있다는 뜻이다. 그뿐만 아니라 국유기업이 주를 이루는 중국 자본시장에서는 최근들어 몇몇 국유기업마저도 업황의 악화로 디폴트를 선언하고 있기 때문에, 단순히 국유기업이라고 섣불리 투자할 수는 없는 일이다.

셋째, 투자에 제약이 너무 크다. 앞서 말한 바와 같이 개인투자자들의 직접 투자는 불가능하다. 기관투자자들 역시 투자 계획을 사전에 제출해야 하고, 투자 계획을 전면적으로 전환하거나 투자 규모를 갑작스레 늘리기 어렵다. 투자 규모를 줄여 버리면 향후 투자에 불이익이 생길 수 있으며 투자자금 회수도 일정 기간이 지난 후 가능하다는 제약이 있다.

중국 금융시장은 일찍이 국유은행 중심으로 발달해 왔으며, 높은 수준의 예대마진을 유지하기 위해 높은 대출금리와 낮은 예금금리 정책을 지속하고 있다. 또한 중국 내 기업들은 자유롭게 회사채를 발행하기 어려운데, 중국 회사채시장 감독 당국인 중국 국가발전개혁위원회와 중국증권거래소는 상장 가능한 회사채 최저 등급을 AA급으로 제한하고 있기 때문이다. 결국에는 우량 국유기업만 유통되기에 매력적인 금리를 가진 채권을 찾기 어렵다. 심지어 그 국유기업들도 심심치 않게 디폴트가 발생하고 있으므로 중국 채권시장 투자는 노력에 비해 실익은 크지 않을 것으로 보인다.

다만, 중국 역외시장(중국 국내 시장과 반대되는 개념)에서 발행되는 채권, 즉 소위 딤섬채권(외국계 기업이 홍콩 채권시장에서 발행하는 위안화표시 채권)으로 불리는 역외채권의 경우는 외국인의 투자에 제약이 거의 없고, 국제신용평가사들의 신용등급을 받아 나오는 경우가 많다. 이들 중에서 때때로 투자할 만한 상품이 등장하기도 한다. 국내 기업들도 KP의 형태로 딤섬Dimsum채권을 발행하는 경우도 간간히 있다.

8. 도대체 몇 개의 통화로 발행된 거지? 우리다시본드

일본은 우리나라보다 일찌감치 저성장/저금리의 경제 상황을 겪으며 예금·채권금리가 마이너스까지 떨어진 상황이 되었다. 그래서 개인투자자나 기관투자자 모두 저금리를 극복하기 위한 노력이 국내보다 일찍 시작되었다. 예전부터 다양한 엔 캐리 트레이드Yen Carry Trade 투자를 하였는데 그 중에 대표적인 것이 고금리 해외채권 투자이다. 일본 투자자들은 국내의 낮은 금리를 극복하고자 자국 내의 채권 비중을 축소하고 상대적으로 높은 금리의 해외 채권의 투자 비중을 늘려 왔다. 이 중 대표적인 것이 '우리다시본드Uridashi Bond'이다. "우리다시"는 판다는 뜻의 일본어로, 주로 이머징 국가의 통화로 발행된 고금리 회사채를 뜻한다. 국내기업 중에서는 수출입은행과 산업은행이 호주 달러뿐만 아니라 터키 리라화, 브라질 헤알화, 러시아 루블, 멕시코 페소, 남아프리카공화국 랜드 등의 이머징 국가 통화로 우리다시본드를 발행하였다.

다음 표는 2012년 우리다시본드의 통화별 발행내역이다. 2012년 약 48조 원의 우리다시본드가 발행되었는데 절반 이상이 엔화로 발행되었고, 나머지는 여러 이머징 국가들의 통화로 발행된 것을 확인할 수 있다. 통화는 호주 달러, 터키 리라, 뉴질랜드 달러, 남아프리카공화국 랜드 등의 순서로 많이 발행되었다. 신용등급 분포를 보면 대부분 A등급 이상의 우량한 기관들이 채권을 발행하였다.

우리나라의 경우는 국책은행이 해당되고, 해외의 경우는 글로벌 IBInvestment Bank와 국제기구 중심으로 발행이 되었다.

우리다시본드의 통화별 발행 내역_(2018년 기준)

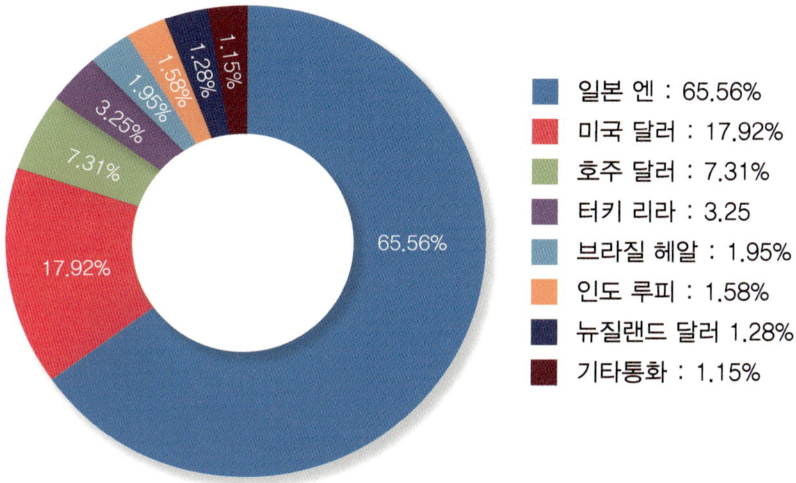

자료: Bloomberg

국내에서는 AAA등급의 한국수출입은행이나 산업은행이 발행하여 디폴트 리스크는 작다고 할 수 있다. 하지만 환율변동에 노출되어 있기 때문에 경우에 따라 원금 손실 위험도 있는 고위험 상품이다.

2013년 증권사를 중심으로 일시적으로 많이 판매 되었으나, 현재는 판매가 거의 없는 상황이다. 그 이유는 바로 '환율' 때문이다. 우리다시본드는 주로 이머징 국가들의 통화로 발행되었는데 환율 하락으로 인해서 손실이 발생하였기 때문이다. 대부분의 이머징 국가 통화는 금리가 국내보다 높기 때문에 환 헤지 시에는 환 헤지 비용이 발생하게 되면서 고금리 메리트가 사라지게 된다. 따라서 환 오픈 상품으로 판매되었는데, 결과적으로 이머징 통화의 가치하락으로 손실을 보게 된 것이다. 우리다시본드는 해외채권투자에서 가장 중요한 부분이 환율이라는 것을 다시 한 번 일깨워 주는 투자 사례라고 할 수 있다.

9. 외화도 이자를 준다고요? : 외화RP

최근 한 증권사에서 "달러에 투자하라"며 대대적인 광고를 하였다. 사람들은 외화에 투자하라면 은행의 외화예금을 떠올리겠지만 증권사에서 대표적인 달러 투자 상품은 바로 외화RP이다. 외화RP 상품의 구조는 원화RP와 동일하게 외화RP를 운용하는 증권사가 개인/법인 투자자에게 외화를 입금 받으면 담보채권을 제공하고 만기 때 약정된 수익률을 지급하는 방식이다.

만약 만기 이전에 해당 증권사가 부도가 나더라도 증권사는 고객에게 담보로 설정했던 채권을 배부하게 된다. 즉, 증권사와 해당채권 발행자가 동시에 문제가 생기지 않는 한, 고객의 이익은 보장된다. 담보 채권들도 수출입은행이나 산업은행 등 공기업이 발행한 KP물 위주로 채권 신용위험은 상당히 낮은 편이다.

외화 RP의 금융구조

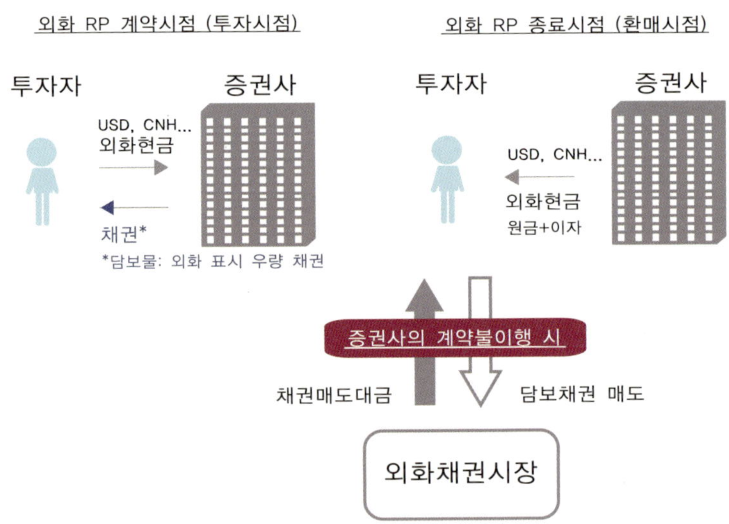

해당 통화의 강세가 기대되면 매매가 번거롭지 않은 외화RP로 투자하는 것이 비용도 적게 들면서 일정 부분 이자도 받을 수 있어서 일석이조이다. 또한 상시

외화가 필요한 법인이나 유학자금이나 여행자금 등으로 외화를 필요로 하는 개인들에게도 외화 RP는 은행의 외화예금보다 높은 금리를 얻을 수 있기 때문에 은행 외화예금의 대체상품으로 인기를 끌고 있다. 혹시 서랍 속에 100달러가 있다면 서랍이 아닌 증권사 외화 RP에 맡기는 것은 어떨까?

증권사별 외화RP 판매잔고

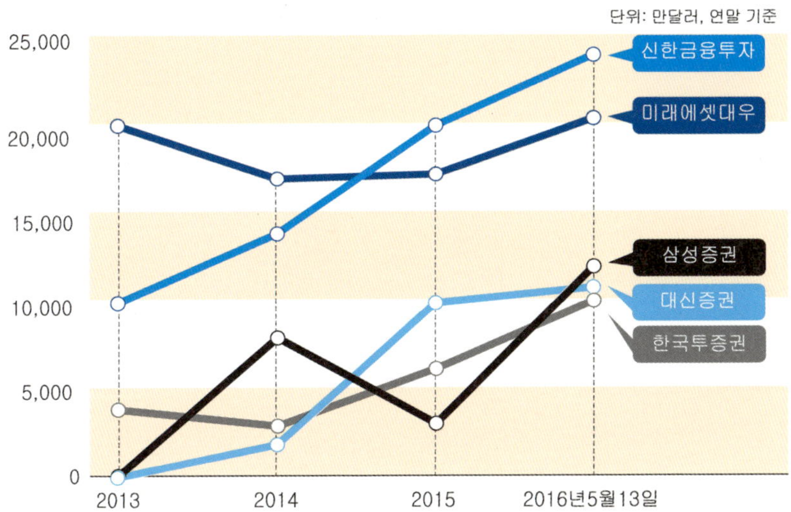

2016.05.19 뉴스핌 '10억불 팔린 달러RP 뭐죠?'기사 중 일부 발췌

금융기관 외화RP (2019년 07월 기준)

(단위:%)

구분		증권사 외화RP					
		한국투자	신한금융	NH투자	미래대우	KB증권	대신증권
수시형	수시	2.00	1.50	1.60	1.60	1.60	1.75
기간형	7 ~ 30일	2.00	2.00	2.00	2.00	2.20	2.00
	31일~	2.00	2.05	2.05	2.10	2.30	2.10
	61일~	2.20	2.15	2.10	2.10	2.40	2.10
	91일~	2.40	2.30	2.20	2.30	2.40	2.30
	181일~	2.40	2.30	2.20	2.50	2.40	2.40
	365일	2.80	2.30	2.70	2.50	2.50	2.40

재미있는 해외채권 이름들

해외채권을 안내하는 기사를 보면 "○○기업이 '딤섬 본드'를 발행하였다. ○○기업이 '사무라이 본드'를 발행하였다". 등 채권의 특별한 이름이 붙는 것을 알 수 있다. 뭔가 채권의 고유한 특징을 가지고 짓는 이름 같은데, 이름만으로는 구분하기가 어렵다. '아리랑 본드'가 있고 '김치 본드'가 있다. 두 가지 모두 우리나라를 뜻하는 용어라는 것은 알 수 있는데 어떤 차이가 있을까?

채권의 거래가 활발해지면서 자국만이 아닌 타국에서 발행하는 채권들이 발행 · 유통되고 있다. 발행자가 자국에서 발행하는 국내채권Domestic Bond외에 발행자가 자국 이외의 지역에서 발행하는 국제채권Internatilnal Bond이 늘어나고 있다. 이러한 국제채권은 크게 발행지 통화로 발행되는 외국채Foreign Bond와 발행지 외 통화로 발행되는 유로채Euro Bond로 구분할 수 있다.

금융기관 예금비교 (2019년 07월 기준)

(단위:%)

구분		은행 외화예금				
		국민은행	우리은행	하나은행	신한은행	산업은행
수시형	수시	1.10	0.98	1.69	0.04	1.99
기간형	7 ~ 30일	1.84	1.73	1.69	1.95	2.01
	31일~	1.99	1.99	1.84	2.19	2.31
	61일~	2.08	2.13	1.84	2.19	2.39
	91일~	2.14	2.19	1.88	2.25	2.46
	181일~	2.25	2.28	1.93	2.37	2.55
	365일	2.25	2.24	1.93	2.29	2.62

VI

국제채권 이름의 예시

발행국가	외국채 (발행지 통화표시)	유로채 (발행지 외 통화표시)
대한민국	아리랑 본드(원화)	김치 본드(원화 외 통화)
일본	사무라이 본드(엔화)	쇼군 본드(엔화 외 통화)
홍콩		딤섬 본드(위안화)
중국	판다 본드(위안화)	
미국	양키 본드(달러화)	
영국	불독 본드(파운화)	
호주	캥거루 본드(호주달러화)	
유럽		유로 본드(달러화)
네덜란드	렘브란트 본드(길더화)	
뉴질랜드	키위 본드(뉴질랜드달러화)	
대만	포모사 본드(대만달러화)	

이렇게 국제채권의 경우에는 이름만 듣고도 어느 나라인지 쉽게 떠올릴 수 있다. 해당 나라의 대표적인 상징, 동물, 인물 등을 별칭으로 지었기 때문이다. 우리나라를 포함한 세계 여러 나라들이 국제채권 시장을 발전시키려고 노력 중이다. 앞으로는 더욱 많은 국제채권의 종류가 생겨나고 새로운 별칭이 생길 것으로 기대된다.

VII

디폴트 사례

채권은 흔히 안전자산이라고 불리지만 부도가 절대로 나지 않는 것은 아닙니다. 회사채의 경우는 수많은 사례들이 있고, 해외로 눈을 돌리면 국가들의 부도 사례들도 있습니다. 하지만 두려워하지는 마세요. 지금까지 배운 내용이면 채권투자 시에 충분히 디폴트(Default)를 피하여 갈 수 있습니다.

이번 장에서는 채권의 디폴트 종류에 대해서 알아보고, 또한 이러한 디폴트 채권의 사례에 대해서도 상세히 살펴보겠습니다.

1. 법정관리? 자율협약? 워크아웃? 무슨 차이죠? 용어 정의

웅진그룹이나 STX그룹 등 대기업들이 무너질 때 언론에서는 워크아웃, 법정관리, 자율협약 등의 어려운 단어가 수시로 등장한다. 다 같은 부도 상태를 뜻하는 단어 같은데 머릿속에 잘 와서 닿지 않는다. 과연 이 단어들의 차이는 무엇일까? 각각의 정의는 아래와 같다.

워크아웃(Work Out)

기업이 도산 등을 피하기 위해 금융기관의 지원을 받아서 진행하는 기업재무 개선작업을 말한다. 채권에 대해서는 부채상환 유예나 출자전환을 통하여 부채를 일부 탕감해 주고 기업은 자산매각 등 고강도 구조조정을 실시해야 한다. 우리나라에서는 1997년 국제통화기금(IMF) 관리체제에서 7개 그룹이 워크아웃 대상으로 선정되면서 은행을 통한 대기업 구조조정 프로그램이 가동되기 시작했다. 이는 채권상환 유예, 협조 융자 및 출자 전환까지 모두 포괄한다.

법정관리(기업회생절차 Legal Mangement)

부도 · 파산 위기에 놓인 기업이 법원에 신청하는 것으로, 회생을 모색하는 제도이다. 법원이 회생 가능성이 있다고 판단해 법정관리를 결정하면 모든 채무는 동결되고 법원이 지정한 법정관리인이 기업을 관리한다.

자율협약(자율협약에 의한 채권금융기관 공동관리)

흑자 기업이 일시적인 유동성 및 신용위기로 도산 위기에 처했을 때, 채권금융기관이 이를 구제하기 위해 지원하는 정책을 말한다. 즉, 채권금융기관과 기업이 유동성 지원과 구조조정 계획에 대해 포괄적 협약을 맺음으로써 경영 정상화를 추진하는 과정이다. 이는 워크아웃까지 갈 필요는 없지만 유동성 지원이 필요한 기업이 대상이 되며, 일종의 선제적인 지원에 해당한다.

기업이 자율협약을 신청하면 채권금융기관들은 청산 가치와 존속 가치 중 어느 쪽이 더 높을지, 일시적 지원이 있다면 정상화가 가능할지 등을 판단한다. 그 결과로 회생가능성이 충분하다고 판단되면 자율협약을 실시한다.

일반적으로 채권금융기관들은 기업 회생을 위해 대출상환기간 연장이나 필요한 운영자금 추가 대출 등을 실시한다. 그러나 자율협약이 원활히 진행되지 못하면 기업은 워크아웃이나 법정관리와 같은 추가적인 구조조정 단계에 돌입한다.

(출처 : 한경, "경제용어사전" "시사상식사전", 박문각)

자율협약은 유동성 위기에 있는 기업과 채권금융기관들이 서로 간의 협의를 통해 구조조정을 시행한다는 측면에서는 워크아웃과 유사하다. 그러나 워크아웃의 절차를 진행하기 위해서는 전체 채권단 75% 이상의 동의가 필요하고 모든 채권단이 기업의 구조조정 전 절차에 관여할 수 있는 반면, 자율협약은 채권금융기관만 참여하고 채권금융기관들이 시행하기로 결정하면 주채권금융기관들이 주도적으로 구조조정을 시행함으로써 기업을 회생시킨다는 점에서 차이가 있다. 또 채권금융기관들이 자율적으로 결정한다는 점에서 법원이 주도하는 기업회생절차(법정관리)와 구분된다.

통상적으로 채권투자자들에게 유리한 순서를 생각해 본다면, 자율협약, 워크아웃, 그리고 법정관리 순이 될 것이다.

워크아웃과 법정관리 비교

구 분	법정관리 (기업회생절차)	워크아웃
조정대상 채무	모든 채무	금융 채무
채권자 부담	회사 정상화를 위한 출자 전환, 채무 탕감, 만기 연장 등	회사 정상화를 위한 출자전환, 채무 탕감, 만기 연장 등을 비롯하여 추가 자금 지원
주주부담	주주 유상증자 및 사재출연[1]	
회사정상화 경영주체	법원 지정 관리인[2]	주채권은행단
시행여부 결정	법원	채권금융기관협의회

1) 주주 입장에서 법정관리 때보다 워크아웃 신청 시, 요구되는 부담 강도가 높은 편

2) 지정하는 관리인은 DIP(Debtor in Possession, 기존관리인유지제도)에 따라 기존 경영진으로 이뤄지는 경우가 많음

2. 직접 겪은 법정관리의 생생한 사례 : 웅진홀딩스 법정관리

2012년 9월 26일, 우려했던 일이던 웅진홀딩스의 법정관리가 현실로 다가오면서 모두들 말을 잃었고 일단 저녁을 먹기 위해 인근 식당을 찾았다. 당시 신입사원이었던 필자는 이 상황에서 무슨 말을 해야 할지 그저 막막하였다. 식당 한 편의 TV에서는 우리를 숨죽이게 만들었던 기업의 법정관리 뉴스를 차분히 전하고 있었다. 대기업 반열에 오를 수 있을 것만 같았던 한 중견 기업이, 무리한 규모 확장과 건설경기 부진으로 말미암아 악화된 재무상태로 결국은 법정관리행을 택했다는 뉴스였다. 자수성가한 오너의 몰락 뉴스와 곧이어 해당 기업이 발행한 채권에 투자한 투자자들의 대규모 손실 우려에 대한 뉴스가 터져 나왔다.

웅진홀딩스의 법정관리 소식을 처음 들었을 때만 해도 법정관리에 대한 정확한 의미를 이해하고 있지는 못했다. 다만, 기업이 경영상의 어려움에 빠져서 구조조정을 해야 한다는 맥락 정도만 이해를 하고 있었다.

웅진홀딩스의 법정관리행은 지금까지 다른 기업들이 밟았던 수순과 큰 차이가 있었다. 일반적으로 위기에 빠진 회사들은 법정관리를 신청하기보다 우선 워크아웃 절차를 밟는 경우가 많았기 때문이었다. 하지만 이 기업의 경우에는 곧바로 법정관리를 선택하였고, 이 결정은 현재까지 많은 시사점을 남겨놓았다.

웅진홀딩스의 법정관리행에는 여러 이유가 있었겠지만 우선 생각해 볼 수 있는 점은 조정될 채무대상에서의 차이이다. 워크아웃의 경우는, **"금융 채무"**만 조정하지만 법정관리의 경우는 **"모든 상거래 채무"**가 조정의 대상이 된다는 점이다.

두 번째 이유는 경영권과 관련한 것이다. 워크아웃은 채권은행단을 중심으로 구조조정이 진행되어 채권은행단의 입김이 강한 반면, 법정관리의 경우는 법원에서 관리인을 선임하여 구조조정을 진행하는 데 기존 경영진을 바로 이 관리인에 선임하는 **기존관리인유지제도DIP**Debtor In Possession를 적용하는 경우가 많았기 때문이다. DIP제도는 기존 경영진이 해당 기업의 상태에 대해서 이미 파악하고 있기 때문에 '부실 경영의 중대한 책임' 이나 '배임의 책임'이 없는 경우에 기존 경영진이 경영을 지속하게 한다. 그렇게함으로써 기업회생을 위한 물적 • 시간적 효율성을 도모하기 위해 도입된 제도이다. 이러한 차이 때문에 워크아웃의 경우는 채권은행단이 경영진의 사재출연이나 출자전환 및 감자 등 기존 오너 경영인 입장에서의 혹독한 구조조정 절차를 요구되는 반면, 법정관리시에는 기존 경영진이 관리인으로 지정되었기 때문에 경영권도 유지하면서 주주의 희생은 최소화하는 구조조정 방안을 택할 수 있다.

그렇기 때문에 웅진홀딩스의 법정관리 결정에 대하여 언론에서는 경영진의 도덕적 해이 이슈를 제기하였고, 채권단들 역시 거세게 반발하였다. 결국에 이 기업의 법정관리절차는 단순히 DIP제도에 따라 관리인이 기업구조조정을 지휘하기보다는, 채권단 중심의 경영채권자협의회를 만들고 경영위험전문관리임원 CRO, Chief Risk Officer을 선임하여 기업경영에 채권자 의견이 적극적으로 반영될 수 있도록 함으로써 기존 경영진의 행위를 일부 견제할 수 있도록 하였다.

이러한 시도를 통하여 일반적으로 워크아웃에서 많이 이뤄지던, 오너의 사재출연이나 출자전환 및 감자 등도 진행될 수 있었고, 이는 결국 채권투자자의 변제율이 높아지는 결과를 낳게 되었다.

현재 웅진홀딩스의 경우 회생채권신고액의 30%는 15 대 1 감자 후 주식으로 상환되었고, 70% 정도는 현금변제하기로 하였는데, 2022년까지 분할상환하기로 하였다. 그런데 현금변제분의 90%를 2015년까지 지급하였으며 조기변제 신청을 받기도 하였다는 점에서 예상보다 수월하게 상환이 이루어진다고 할 수 있다. 이러한 빠른 상환은 다른 법정관리 사례들과 차별화된 것으로, 여타의 법정관리 건들은 현금변제율이 50% 수준을 밑도는 경우가 많다. 이는 현금변제 스케줄에 있어 초반 상환율이 낮기 때문이다. 참고로 조기상환을 신청할 경우에 5.5%의 할인률이 적용되긴 했으나 빠른 변제를 원하는 회생채권자들에게는 큰 도움이 되었다.

이처럼 웅진홀딩스 회생채권이 다른 법정관리 사례들보다 종합적으로 양호한 변제율을 보이고 있는 것은 계열회사인 웅진코웨이의 매각대금이 법정관리 개시 이후 웅진홀딩스에 유입되었기 때문이라고 한다. 하지만 무엇보다 중요한 것은 채권단의 적절한 견제와 기업의 개선의지가 잘 맞아떨어졌던 것이 아닌가 생각된다.

웅진홀딩스 회생채권 현금변제 상환 스케줄 및 상환율

연도	2013	2014	2015	2016	2017	2018	2019	2020	2021	2022
현금상환 변제율	51.5%	10.5%	28.3%	1.8%	0.9%	1.1%	1.4%	1.3%	1.5%	1.7%
누적 변제율	51.5%	62%	90.3%	92.1%	93%	94.1%	95.5%	96.8%	98.3%	100%
신고금액 대비 변제율	36.13%	43.5%	63.35%	64.6%	65.3%	66.0%	67%	67.9%	69%	70.13%

웅진홀딩스(법정관리) 회사채 투자자들에 대한 변제내역

일 자	내 용	비 고
2012. 09. 26	회생절차 개시 신청(법정관리 신청)	
2012. 10. 11	회생절차 개시 결정(법원)	
2013. 02. 22	· 관계인 집회 · 회생계획안 가결 (기업청산이 아닌 회생절차 개시)	[회생계획안 내용] · 회생채권의 29.84% 출자전환(주식 교부) · 회생채권의 70.16% 현금변제
2013. 04. 29	주식 교부	주식 즉시 매도 가능
2013. 12 ~ 2022. 12	현금 변제	매년 말 변제(10년 동안)
2013. 07. 03	1차 조기변제 실시	
2013. 12. 30	2차 조기변제 실시	
2014. 02. 11	회생절차 종결	
2014. 03. 31	3차 조기변제 실시	
2014.12.30	4차 조기변제 실시	
2016.05.31	잔액 모두 조기 변제	

최근 들어 기업들의 경영난으로 법정관리 또는 워크아웃 움직임이 많이 늘어나고 있다. 채권 투자자 입장에서 이런 이벤트들이 발생하게 되면 매우 당혹스럽다. 안정적으로 투자하기 위해 채권을 선택했는데, 원금손실이 발생할 수도 있기 때문이다. 우선은 채권투자 이전에 이런 상황이 발생하지 않을 기업을 구분하는 능력이 필요하겠지만, 투자 중 이런 이벤트가 발생하더라도 꾸준한 관심을 통해 어떤 식으로 상환될지에 대하여 충분히 관심을 가져야 할 것이다. 그 관심은 기업의 법정관리 신청 시는 본인 채권에 대한 권리를 신고하는 것이다.

VII

3. 국가도 부도가 날 수도

모든 기업들은 지속적인 경영을 꿈꾼다. 그럼에도 불구하고 여러 가지 이유로 부도가 발생하곤 한다. 채권투자자들 역시 투자한 채권에 부도가 발생하는 일들을 직접 경험하였거나 혹은 뉴스나 신문 등에서 기업들의 부도에 대해 간간히 접해 봤을 것이다.

그런데 기업의 부도와 마찬가지로 국가 역시 부도가 발생할 수 있을까? 1998년 IMF 사태 때도 우리나라가 단기적으로 외화가 부족하여 IMF에 긴급지원을 요청하면서 일시적으로 국가신용등급이 투기등급까지 간 적이 있었다. 하지만 이때에도 국가부도는 아니었다. 대한민국 정부가 발행한 채권의 원리금은 정상적으로 지급되었다.

2010년에는 그리스를 비롯한 남유럽 국가에 경제위기 사태가 벌어지면서, 우리가 흔히 선진국이라고 생각했던 유럽 국가들도 부도가 날 수 있다는 것을 알게 되었다. 최근 개인들도 선진국 국채나 이머징 국채 등 다양한 해외채권에 투자하고 있기에 이러한 국가부도 가능성에 관심을 가질 수밖에 없다. 과연 국가부도란 무엇인지 실제 사례를 바탕으로 알아보자.

국가부도는 ① 국가가 사전에 지불유예 모라투리엄Moratorium를 선언하는 경우 ② 국채 만기가 도래했으나 상환하지 못하는 경우(이하 미결제) ③ 기술적 부도의 세 가지 형태로 발생한다. 부도채권이 자국통화인지 외국통화표시인지에 따라 최초 부도일자와 방식이 조금 차이가 날 수 있다.

1990년대 이후 국가부도 사례 중 규모가 크고 국제적인 관심의 대상이 되었던 러시아, 아르헨티나, 에콰도르, 우크라이나를 중심으로 살펴보자. 각 나라별로 상황이 다르기에 국가부도의 다양한 국면을 확인할 수 있다.

국가별 부도 상황

나라	자국통화표시채권	외국통화표시채권
러시아	지불유예(1998.8)	미결제(1998.12), 지불유예(1999.5)
아르헨티나	지불유예(2001.12)	지불유예(2001.12)
에콰도르	–	지불유예(1999.9)
우크라이나	기술적 부도(1998.9)	미결제(2000.2)

(괄호 속 일자는 최초 부도일자)

국가별로 채권종류별로 채무재조정이 다양한 방식으로 이루어졌으며, 위의 4개 나라의 구체적인 채무재조정은 다음 표와 같다.

러시아의 경우는 구소련 부채와 자국통화표시 채권에 대해서만 부도를 발생시키고, 새롭게 출발한 러시아 정부가 발행한 외국통화표시 채권과 국제기구 대출은 일정에 맞춰서 상환을 하였다.

러시아의 채무재조정내용 및 손실률

	단위	자국통화 채권		MinFin3	PRINa 및 IANs
		거주자	비거주자		
채무 재조정 내용	액면가(억 달러)	48.1	35.0	12.1	290.8
	액면가 감액	O	O	O	O
	만기 연장	3~5년	3~5년	4년/8년	10년/15년
	현금지급	10%	10%	X	미지급 이자
	통화표시 변경	X	X	(선택)	X
	참가율(%)	85.0	89.0	75.0	99.0
손실률 (Haircut)	평균(%)	45.0	61.1	63.2	52.6
	범위(%)	40~55	50~75	63	52~54

자료 : Sturzenegger & Zettelmeyer(2005), 한국은행

아르헨티나의 경우는 2001년 12월 24일 유예기간 없이 1,400억 달러의 국가부채에 대해 지불유예를 선언하였다. 국가대출을 포함한 모든 국가부채가 지불유예 대상이었다.

아르헨티나의 채무조정내용 및 손실률

	단위	1차(Phase 1)	2차 (Pesification)	3차(2005년 채무 재조정)
채무 재조정 내용	액면가(억 달러)	643.7	575.5	797.0
	액면가 감액	X	O	(선택)
	만기 연장	최대 8년	X	최대 42년(선택)
	현금지급	X	X	미지급 이자
	통화표시 변경	X	(강제)	(선택)
	참가율(%)	65	65	76
손실률 (Haircut)	평균(%)	41.7	45.6	72.9
	범위(%)	25~60	30~65	64~82

자료 : Sturzenegger & Zettelmeyer(2005), 한국은행

에콰도르의 경우는 1999년 9월~ 2000년 2월 중 외국통화표시 채권인 브래디 채권과 유로 채권에 대해 지불유예를 선언하였다.

에콰도르의 채무재조정내용 및 손실률

		브래드 채권 및 유로 채권
채무 재조정 내용	액면가(억 달러)	65.1
	액면가 감액	O
	만기 연장	5~28년
	현금지급	미지급 이자
	통화표시 변경	X
	참가율(%)	98
손실률 (Haircut)	평균(%)	27.4
	범위(%)	19~47

자료 : Sturzenegger & Zettelmeyer(2005), 한국은행

우크라이나의 경우는 1998년 9월 무디스로부터 자국통화표시 채권에 대해 기술적 부도 판정을 받은 데 이어 2000년 2월 일부 외국통화표시 채권의 상환을 불이행하였다. 이러한 국가부도 이후 채권단의 참여하에 만기연장 · 부채감축 · 일부 현금지급 등의 방식으로 채무재조정이 이루어졌으며 1년 6개월 이내에 조정이 완료되었다.

우크라이나의 채무재조정내용 및 손실률

	단위	자국통화 채권		Chase 대출	Ing 대출	포괄적 채무조정안
		거주자	비거주자			
채무조정 내용	액면가(억 달러)	44.7	4.2	1.1	1.6	26.0
	액면가 감액	X	X	X	O	O
	만기 연장	3~6년	2년	2년	2년	최대 7년
	현금지급	X	20%(일부)	25%	20%	미지급 이자
	통화표시 변경	X	(선택)	X	X	X
	참가율(%)	84	89	100	100	97
손실률 (Haircut)	평균(%)	6.9	61.1	63.2	52.6	52.6
	범위(%)	5~9	50~75	63	52~54	52~54

자료 : Sturzenegger & Zettelmeyer(2005), 한국은행

이와 같이 국가별로 채권종류별로 채무재조정이 다양한 방식으로 이루어졌다.

채무재조정 시에 채권자들의 손실률은 거주자 여부나 채권의 종류 등에 따라 큰 차이가 났는데, 작게는 5%에서 크게는 75%에 이르기도 했다. 따라서 고금리 이머징 국채들에 대한 투자를 늘리고 있는 많은 개인투자자들의 경우에 투자손실을 피하기 위해서 해외국채 투자 시에는 그 국가의 신용위험에 대해 특히 유의해야 할 것이다.

그뿐만 아니라 세계경제에 있어 국가 간의 상관성이 높아지고 있기 때문에, 한 국가에서 발생한 디폴트가 연쇄적으로 인근의 국가들이나 경제상황이 비슷한 국가들에 파급효과를 발생시키는 것이 흔한 일이 되었다. 따라서 투자하려는 국가 경제가 어떤 산업에 의존적인지, 어느 국가와의 연관성이 높은지 등에 대해 증권사 직원과 충분한 논의를 거치기를 바란다.

VII

우리나라도 IMF 구제금융을 지원받을 때 채무재조정까지 가진 않았지만, 한순간에 투기 등급까지 신용등급이 강등된 적이 있었다. 지난해 말 무디스가 한국 국가 신용등급을 Aa2로 상향(2015.12.18)한 기사를 보면서, 우리나라가 아마 전세계에서 가장 드라마틱하게 신용등급이 변동된 나라가 아닌가 생각했다. 다음 표를 살펴보자. 우리나라는 1995년 S&P로부터, 신용등급이 A+에서 AA−로 상향 조정되었던 적이 있었다. 하지만 상향된 지 2년반 만에 AA− 신용등급이 외환위기와 함께 B+까지 하락하였다.

우리가 접하는 많은 국가들의 외환위기나 디폴트, 모라토이엄의 발생 근원에는 다양한 이유가 있지만, 공통적인 징후는 마치 1997년에 한국이 겪었던 외환위기처럼, 일반적으로 외환보유고 고갈이었다. 그렇기 때문에 투자 전에 해당 국가의 외환보유고와 외화채무, 특히나 단기외화채무에 대하여 많은 점검을 할 필요가 있다. 자국 통화로 발행된 채권의 경우에 정부가 중앙은행의 발권력을 동원해서라도 지불이 가능하다고 보는 것이 일반적인 관점이다. 따라서 외국통화로 발행된 채권의 디폴트 가능성이 자국통화채권보다 높은 편이다.

한국 국가신용등급 변동 추이

<table>
<tr><th>Moody's</th><th>날짜</th><th>S&P</th><th>날짜</th><th>Fitch</th><th>날짜</th></tr>
<tr><td rowspan="2">Aa2</td><td rowspan="2">15.12.18</td><td>AA0</td><td>16.08.07</td><td rowspan="2">AA−</td><td rowspan="2">12.09.06</td></tr>
<tr><td>AA−</td><td>12.09.15</td></tr>
<tr><td>Aa3</td><td>12.08.27</td><td>A+</td><td>12.09.14</td><td>A+</td><td>05.10.23</td></tr>
<tr><td>A1</td><td>10.04.14</td><td>A</td><td>05.07.27</td><td rowspan="3">A</td><td rowspan="3">02.06.27</td></tr>
<tr><td>A2</td><td>07.07.25</td><td rowspan="2">A−</td><td rowspan="2">02.07.24</td></tr>
<tr><td>A3</td><td>02.03.28</td></tr>
<tr><td>Baa2</td><td>99.12.16</td><td>BBB+</td><td>01.11.13</td><td>BBB+</td><td>00.03.29</td></tr>
<tr><td>Baa3</td><td>99.02.12</td><td>BBB</td><td>99.11.11</td><td>BBB</td><td>99.06.24</td></tr>
<tr><td>Ba1</td><td>97.12.21</td><td>BBB−</td><td>99.01.25</td><td>BBB−</td><td>99.01.19</td></tr>
<tr><td rowspan="3">Baa3</td><td rowspan="3">97.12.10</td><td>BB+</td><td>98.02.18</td><td>BB+</td><td>98.02.03</td></tr>
<tr><td>B+</td><td>97.12.22</td><td>B−</td><td>97.12.23</td></tr>
<tr><td>BBB−</td><td>97.12.11</td><td>BBB−</td><td>97.12.11</td></tr>
<tr><td>A3</td><td>97.11.27</td><td>A−</td><td>97.11.25</td><td>A</td><td>97.11.26</td></tr>
<tr><td rowspan="3">A1</td><td rowspan="3">90.04.04</td><td>A+</td><td>97.10.24</td><td>A+</td><td>97.11.18</td></tr>
<tr><td>AA−</td><td>95.05.03</td><td rowspan="2">AA−</td><td rowspan="2">96.06.27</td></tr>
<tr><td>A+</td><td>89.06.26</td></tr>
</table>

출처 : Mooody;s, S&P, Fitch 각 사

Summary

국가부도의 종류

- 모라토리엄(Moratorium) : 국가가 사전에 지불유예를 선언
- 미결제(Debt Service Default) : 국채만기일/이자지급일이 도래했으나 지급하지 못하는 경우
- 기술적 부도(Technical Default) : 상환계획을 이행하는 것과는 관계없이, 채무자가 채권자와 계약한 조건을 충족시키지 못한 경우

4. 러시아, 디폴트? 모라토리엄?

자국 통화임에도 불구하고 디폴트가 발생했던, 혹은 발생 위기에 있는 주요 사례로 그리스와 러시아 모라토리엄 사례가 있다. 자국화폐가 유로화로 통합됨으로써, 자체적인 발권력을 가지지 못했던 그리스의 경우는 유로화의 효용성에 대해 다양한 논의를 이끌었다.

그 반면에 루블화를 단독으로 사용하는 러시아가 자국 통화에 대하여 디폴트를 낸 것에 대해서는 다소 의아할 것이다. 사실 많은 사람들이 러시아의 경우는 외국 통화로 발행된 채권에 대해서만 디폴트를 낸 것으로 이해하고 있다. 하지만 러시아는 1998년에 외국 통화로 발행된 채권에 대해서는 모라토리엄을 선언한 데 반하여 자국통화채권에 대해서는 디폴트를 선언하였다. 러시아는 왜 이러한 결정을 내리게 된 것일까?

VII

당시 구소련 체제에서 러시아로 전환되는 과정에서 러시아는 힘겹게 경기 회복의 불씨를 살려 나가고 있었다. 1995년 131%에 육박하던 물가상승률이 1997년엔 11%까지 하락하면서 조금씩 안정을 되찾고 있었다. 수출이 늘어나고 서방과의 관계도 개선됨에 따라 세계은행World Bank은 러시아에 20억~30억 달러의 금융을 지원하기로 하였고, IMF와의 협의도 지속적으로 이뤄지고 있었다. 이렇게 러시아 경기가 회복될 것으로 전망되었고 많은 외국인 투자자들이 고금리 메리트에 이끌려서 러시아 국채투자를 늘려 나가고 있었다. 러시아 루블화 표시 단기국채의 경우, 한때 외국인 투자자 비중이 30%를 넘기기도 하였다.

그럼에도 불구하고 러시아의 재정수지는 지속적으로 악화되고 있었다. 1997년 재정적자 수준은 GDP의 7% 수준으로 증가하였고, 단기부채비율이 급증하면서 러시아의 조달금리를 높여 나가게 되었다. 은행들은 낮아진 제약 덕택에 외채의 비중을 늘려 갔으며, 1994년 7% 수준에 지나지 않던 은행들의 외채비중이 1997년에는 17%로 급증하는 등 좋지 않은 상황으로 흘러가고 있었다.

러시아의 부도 상황

(단위: %)

년도	GDP 대비 재정적자	GDP 대비 이자지출비중	GDP 대비 정부부채 비중	실질 GDP 성장률
1995	2.2	3.6	50	-4
1996	2.5	5.9	48	-3.4
1997	2.4	4.6	50	0.9
1998	1.3	4.6	75	-4.9

(Ministry of finance, Goskomstat, and internal IMF report)

더군다나 수출의 45%를 차지하던 원유의 가격 하락이 러시아 경기를 더욱 어렵게 만들었고 아시아 금융위기에 따라 전염효과도 발생하기 시작하였다. 그러던 중 환율방어를 위하여 외환보유고를 소진하던 러시아는 외환보유고가 고갈되면서 환율방어를 포기하고, 1998년 8월 18일 루블화 가치를 대폭 절하하면서 루블화 표시 국채에 대해서는 디폴트를 선언하였고 외채에 대해서는 90일 모라토리엄을 선언하였다.

통상적으로 자국통화부채에 대해서는 발권력을 동원해서라도 지급할 수 있는 것이 보통이기 때문에 자국통화채권의 신용등급이 외국통화채권의 신용등급보다 높은 경우가 많다. 하지만 러시아의 경우는 자국 통화에 대해서 오히려 디폴트를 선언하였는데, 러시아의 이러한 선택의 이유를 다음과 같이 추정할 수 있다.

우선 급격히 상승한 러시아 국채금리의 부담감 때문이다. 단기 국채 수익률이 300%에 이를 정도로 상승하였기 때문에 실제 국채가 재발행이 되더라도 부채 비율의 증가세를 막을 수가 없다는 점을 첫 번째 이유로 들 수 있다.

두 번째, 러시아의 물가상승률이 계속 급등하여 150% 수준에 이르렀다. 발권력을 동원하여 국채 발행을 지속할 경우는 물가상승압력이 더욱 거세질 것이며 루블화 가치는 추가로 폭락할 것으로 전망되었다.

러시아 중앙은행 대출금리 추이

(출처 : Bloomberg)

이러한 악순환을 끊기 위하여 통화량을 늘리기보다 차라리 자국 국채에 대하여 디폴트를 선언한 것으로 추정된다.

러시아 물가상승률(CPI) 전년 비

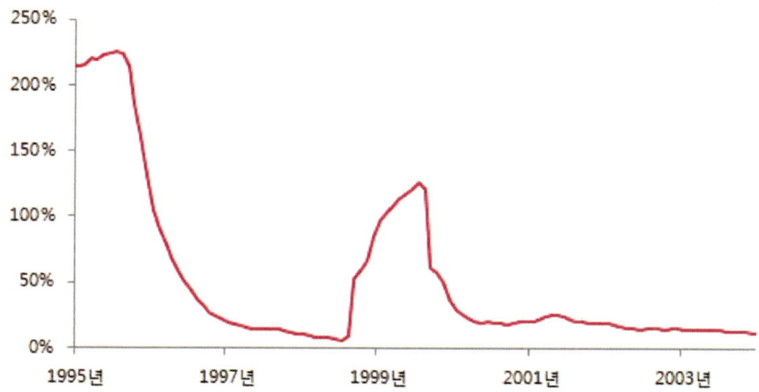

(출처 : Bloomberg)

물론 실질적으로 러시아가 자국 통화 채권에 대해서도 모라토리엄을 선언하고 부채조정을 통해서 수익률을 안정시킬 수 있는 여지는 있었을 것이며, 이를 통해 단기간에 물가상승률의 안정을 취하면서 경제회복을 노리는 것이 합당하다는 견해도 있다.

러시아의 디폴트 선언에 대하여 의문은 아직 완전히 해소되지 않았다. 이에 일각에서는 투기세력으로부터의 공격을 원천적으로 막기 위한 수단으로 디폴트 선언을 했을 가능성도 내다보고 있다.

결론은, 해외채권에 투자할 때 자국통화채권에 대해서도 디폴트가 선언될 가능성이 있다고 생각해야 한다는 것이다. 경제 상황에 따라서 해당 국가들은 자국통화채권 상환에 대해여 투자자보다는 자국의 이익을 고려하기 때문이다.

5. 헤지펀드의 공격 – 아르헨티나 사례

2014년 여름, 아르헨티나의 기술적 디폴트로 전세계에 또 한번의 큰 위기가 온다는 위기감이 돌았다. 아르헨티나가 2001년에 디폴트를 낸 채권과 관련된 사건인데, 투기적인 헤지펀드Hedge Fund의 소송으로 더욱 유명해진 일화였다. 이를 통해 한 국가의 디폴트와 이를 노리는 투기 세력에 대해 알아보자.

2001년 아르헨티나는 약 1,000억 달러에 달하는 채무에 대해 디폴트를 선언하였다.아르헨티나는 2005년과 2010년에 약 93%의 채권단의 참여로 채무구조조정을 시행하여 원금의 75.6%를 탕감받는 데 성공하였다.

이때 전체 채권단의 나머지인 약 7%는 채무재조정에 참여하지 않았는데, 몇몇 헤지펀드들이 바로 이 채무재조정에 참여하지 않은 부도채권의 약 15%를 매입하였다. 이 중 Eliot Management, NML Capital과, Aurelius Capital Management Fund가 액면가 약 4억 달러의 디폴트 채권을 약 4천만 달러에 매입하였는데, 액면가와 이자를 포함하여 13억 달러를 상환하라는 소송을 미국 법원에 제기했다.

이 소송에은 대법원에서 최종적으로 헤지펀드가 승소하였고, 아르헨티나는 이자를 포함한 무려 15억 달러를 헤지펀드에 배상해야 하는 상황에 놓이게 되었다. 왜 그러할까?

아르헨티나의 채무재조정이 미국법에 따라 뉴욕에서 시행되었기 때문이다. 채무상환절차가 미국법의 관할 하에 있으며, 뉴욕 멜론 은행Bank of New York Mellon을 통해 채권자에게 채무를 상환하고 있었다. 따라서 이러한 소송과 관련해서는 아르헨티나는 미국 법원에서의 판결을 따를 수밖에 없는 상황이었다.

더 큰 문제는 따로 있었다. 2005년과 2010년 채무재조정에 참여하지 않은 채권자들에 대한 채무는 이보다 훨씬 막대하여 총 150억 달러 수준이었다. 만약 아르헨티나가 이 헤지펀드들과의 소송에서 패소할 경우에 나머지 채권자들 역시 소송을 제기할 것으로 우려되는 상황이었다. 결국에 아르헨티나의 채무 부담은 이들 헤지펀드들에 대한 15억 달러가 아닌 총 150억 달러로 증가하게 될 것이라고 내다보았다. 또한, 채무재조정에 합의한 93%의 채권자들까지 소송을 제기하여 채무재조정 이전 수준의 원금상환을 요구할 경우에 총 상환규모는 1,200억 달러까지도 증폭될 수 있다며 최악의 상황을 우려하였다.

따라서 아르헨티나는 헤지펀드에 대한 상환이 향후 더 큰 위기를 불러올 것이라고 판단하여 상환을 피하고자 하였다. 그리고 원래 계획대로 같은해 6월 30일 만기가 도래한 채권에 대해 약 9억 달러를 지급하려고 하였다. 문제는 헤지펀드에게 15억 달러를 상환하지 않는다면 소송에서 승소한 헤지펀드들이 아르헨티나가 지급을 위해 예치해 둔 금액을 압류하도록 요구할 수 있었다는 점이다. 결국 헤지펀드들의 상환 요구를 거부한 아르헨티나는 6월 30일 만기 채권에 대해서도 지급에 실패하였다.

아르헨티나는 더 큰 위기를 피하고자 했지만 결과적으로는 디폴트에 빠지게 되는데, 이는 아르헨티나가 지급할 능력이 있음에도 발생한 것이므로 기술적 부도로 분류된다.

결국 2014년 7월 31일 아르헨티나의 기술적 부도가 확정되었다. 아르헨티나 금융시장에서는 주가의 급락과 신용위험지표인 신용 부도 스와프CDSCredit Default Swap프리미엄의 급등 등의 결과가 나타났다. 더 큰 우려는 아르헨티나의 기술적 부도가 주변국가들을 연쇄적으로 위기에 빠뜨릴 것으로 전망되었다.

당시 브라질 역시 경제 여건이 그리 좋지 않은 상황에서 브라질의 최대 무역 상대국 중 하나인 아르헨티나의 연이은 국가부도는 브라질을 더욱 큰 침체에 몰아넣을 것으로 전망됐다. 그러나 천만다행으로 아르헨티나의 부도가 주변국에 미친 충격은 예상보다 크지 않았다.

2016년 2월 29일 아르헨티나 정부는 헤지펀드와의 채무상환 협상을 마무리하였다. 4개의 헤지펀드들이 요구했던 금액의 75% 수준을 지불하는 것으로 합의하였다.

이렇게 디폴트 채권을 악용해 소송으로 수익을 내려는 헤지펀드를 벌처펀드 Vulture Fund라고 한다. 과거 다른 이머징 국가들에서도 이와 유사한 사례들이 있었다. 이번 아르헨티나 사건을 계기로 벌처펀드의 소송에 대한 규제의 필요성에 대한 인식이 커졌고, 또한 국채의 디폴트 시에는 '국제 채무재조정 메커니즘이 가동되어야 하지 않는가'라는 논의가 재개되었다.

벌처펀드의 소송 악용 사례

대상국	펀드사	거래가(백만$)		소송내용	판결	담당법원
잠비아	Donegal Int.	29.8	3.28	전액상환요구 (55백만 달러)	부분승소 (15.5백만 달러)	British
콩고	Kensington Int.	32.6	2.3	전액상환요구 (9천만 달러)	승소	British
콩고민주 공화국	FG Hemisphere	37	2.6	전액상환요구 (1.1억 달러)	패소	Privy

(출처 : Strozeneyyer & Zettelmeyer(2005), 한국은행)

VIII

채권시장의 숨겨진 이야기들

VIII

1장부터 7장까지는 채권과 관련한 지식들을 축적해 왔다면, 이번 장에서는 일반인들에게는 잘 알려져 있지 않은 채권시장의 뒷 이야기들을 들려 드리려고 합니다. 역사적인 금융위기가 투자자들에게 합법적 탈세라는 유례없는 기회를 제공하고 채권맨들을 돈 방석에 앉게 해준 이야기부터 채권시장의 비화들과 채권시장에서 사용하는 약어 등을 통해서 생생한 채권시장의 이야기를 경험해 봅시다.

1. 외환위기, 정부가 탈세를 눈감아 주다 : '묻지마 채권'의 발행

가끔 투자자들이 증권사로 전화를 걸어서 '무기명 채권'을 구할 수 있는지에 대하여 문의하는 경우가 있다. 과거에는 채권이 실물(종이)로 발행되었고, 이 실물채권(채권증서)에 채권 매수자의 이름을 적었다. 따라서 대부분의 채권이 기명 채권에 속했다. 최근에는 대부분 채권의 경우에 실물 없이 한국예탁결제원에 등록되어 발행되고 있기 때문에 따로 채권증서에 기명을 하지는 않지만, 전산을 통해서 각 증권사에 채권 보유자가 기록되어 있으므로 실질적으로는 기명 채권이나 다름이 없다. 그러면 투자자가 찾고 있는 무기명 채권이란 무엇일까? 무기명 채권의 발행은 대한민국이 최악의 경제 위기를 겪었던 1990년대 후반으로 거슬러 올라간다.

1997년, 외환보유고가 텅 비어서 돌아오는 외채를 상환할 수 없게 된 정부는 국제통화기금IMF에 구제금융을 요청한다. 국가 부도 위기에 몰린 급박한 상황으로 인해 국채 등 채권시장의 금리는 크게 치솟았고, 많은 기업들이 연쇄적으로 무너지면서 실업자가 대량으로 양산되었다. 정부는 실업자 구제와 경기 부양 등 '돈'이 필요한 상황이었지만, 조세수입이 급감하고 경기가 크게 위축되면서 '돈'이 너무 부족한 처지에 놓여 있었다. 이러한 상황을 타계하기 위해 정부는 지하자금 또는 부자들의 자금을 끌어내기 위한 묘수를 낸다. 그 묘수가 바로 '비실명 무기명 채권', 소위 '묻지마 채권'의 발행이었다.

1998년에 발행된 '묻지마 채권' 리스트

채권종류	발행액	발행금리	시장금리	발행일	만기일
증권금융채권	2조 원	6.5%	11.7%	1998.10.31	2003.10.31
중소기업구조조정채권	1조 원	5.8%	9.68%	1998.12.31	2003.12.31
고용안정채권	8,735억 원	7.5%	18.3%	1998.6.29 1998.7.29	2003.6.29 2003.6.29

이 채권이 '묻지마 채권'이라고 불렸던 이유는 간단했다. 투자자가 이 채권을 매수하는 데 사용한 자금의 출처를 정부가 묻지 않겠다는 것. '금융실명거래 및 비밀보장에 관한 법률 제3조 제1항'에서 모든 금융거래자는 실명으로 거래할 것을 규정하고 있지만, 제2항을 통해 위의 채권리스트를 그 예외 조항에 편입시켜 비실명거래를 용인해 줬다. 또한 '자금출처 조사 면제' 조항을 두어서 투자자가 해당 채권을 매수하기 위해 증권사를 찾을 경우, 수표의 실명확인을 생략할 수 있도록 했다. 위와 같은 사유로 인해서, 투자자 A가 자녀에게 신고하지 않고 증여한 현금으로 자녀가 '묻지마 채권'을 매수할 경우에 해당 자금의 출처를 묻지 않았기에 자연스럽게 증여세를 면제받을 수 있었다.

VIII

더 나아가서 정부는 '금융실명거래 및 비밀보장에 관한 법률 제 5조'를 통해서 위의 채권들에 대해 '특정채권'으로 규정하고, 이 특정채권에 대해서는 이자소득세 원천징수(1998년~2000년:22%, 2001년~2003년:16.5%)로 납세를 종결하도록 하였다. 일반적으로 고액자산가의 경우에는 이자 및 배당소득이 일정 수준을 초과할 때에 종합소득과세표준에 합산하게 됨으로써 이자소득에 대해서도 고율의 세금을 부과받게 되는데, 법을 통해 '원천징수로 납세 종결'하도록 밝힘으로써 상대적으로 적은 세금만 낼 수 있도록 인센티브Incentive를 준 것이다.

이러한 인센티브들은 시장금리에 대비 4~10% 낮은 금리로 발행되는 단점들을 커버하기에 충분한 것이었다. 하지만 발행 초기에만 해도 정부가 과연 말한 대로 실천할 것인가에 대한 의구심으로 매수자가 좀처럼 나타나지 않았다. 하지만 점차적으로 이를 찾는 고액자산가들이 많아지기 시작했고, 채권시장에서는 없어서 못 파는 채권이 되고 말았다. 이 채권의 인기는 너무나 많아져서 심지어는 만기를 앞둔 2003년에 마이너스 금리로 거래되기도 했다. 즉, 만기에 액면 10,000 원당 14,356 원을 주는 고용안정채권이 시장에서 15,000 원이 넘는 가격으로 거래되기도 한 것이다. 상속/증여세를 생각했을 때 그러한 가격으로 산다고 하여도 최대 50%에 이르는 상속/증여세가 면제되기 때문에 매수자로서는 마이너스 금리에도 불구하고 살 이유가 있었던 것이다.

‘묻지마 채권 ’중에 하나였던 고용안정채권

이러한 ‘묻지마 채권’은 정부에게 급전을 제공하여 경제에 조금 보탬이 되기도 하였지만, 근본적으로 조세정의에 어긋난 것이었기 때문에 부작용도 많았다. 일부 부도덕한 정치인들과 기업인들이 그들의 비자금 조성 또는 자산 증여수단으로 이를 활용하기도 하였다. 이러한 사실은 향후 유명한 비리사건이나 불법자금 유통사건이 발생할 때에 자주 ‘묻지마 채권’이 등장하면서 알려지게 되었다.

‘묻지마 채권’의 이러한 어두운 성격으로 인해서 만기가 되어도 투자금을 찾아가지 않는 사건까지 발생했다. 2003년 6월 ‘고용안정채권의 만기가 도래했을 때, 만기원리금을 상환신청을 한 투자자의 비율은 총 발행액의 36%에 불과했다. 또한 그로부터 1년이 지난 2004년 10월 재경부 국정감사에서 열린우리당의 문석호 의원은 3조 8,735억 원 규모로 발행된 이 ‘묻지마 채권’들 중에 2004년 7월까지 약 6천억 원의 만기상환자금을 투자자들이 찾아가지 않았다고 밝혔다. 이들은 자금의 출처를 조사하지 않겠다는 정부를 못 믿은 투자자들의 자금이거나, 불법적으로 조성되었던 자금들이었다고 한다.

결국에는 만기일 이후 5년이 지났을 때까지 찾아가지 않는 ‘묻지마 채권’은 모두 국고로 환수되었다. 시장에는 더 이상 이러한 특례를 가진 채권은 존재하지 않는다. 현대사 최대의 국난이었던, 1990년 말의 외환위기는 조세정의에 부합하지 않는 기이한 형태의 채권 발행이라는 독특한 사건을 남기기도 했다. 이는 누군가에게는 일생일대의 좋은 투자처가 되기도 했지만, 국난 타계를 위해 아이의 돌반지까지 가지고 나와서 '금 모으기 운동'에 참여했던 시민들의 시각에서는 너무나도 불공정한 모습이었다. 당시 '금 모으기 운동'으로 모인 모금액이 약 2조 원에 달했던 것을 떠올려 보면, 약 4조에 가까운 묻지마 채권의 발행으로 정부가 적게는 5,000억 원에서 많게는 2조 원 이상의 세금을 부유층들에게 면제해 줬다는 사실이 참으로 아이러니하지 않을 수 없다.

VIII

2. 외환위기로 해고된 채권 브로커(채권중개인)들, 돈방석에 앉다

1997년 겨울, 아시아 외환위기의 한파로 한국은 역사상 처음으로 외화부채를 상환하지 못할 위기, 즉 국가부도위기에 처하게 된다. 한국정부는 국제통화기금IMF으로부터 외화 차관을 받아서 가까스로 부도위기를 넘겼으나, 곧이어, IMF로부터 고강도의 경제 구조 조정을 강요 받게 된다. 이러한 일련의 과정에서 많은 기업들이 사라지거나 인수 · 합병되는 상황을 겪었고, 그 안에서 또 많은 근로자들이 실직을 하게 된다.

급성장하는 자본시장에 기대어 성장해 오던 증권사들 중에서도 상당수가 외환위기의 파고를 버티지 못하고 무너졌다. 당시만 해도 한국의 채권시장은 지금처럼 발달하지 못해서 대부분의 채권이 금융회사의 보증으로 발행되었다. 증권사들 역시 수익 다변화의 측면에서 회사채 지급보증에 적극적으로 나섰는데, 외환위기로 인해서 많은 기업들이 무너지자 지급보증액이 많았던 증권사들을 필두로 쓰러지기 시작했다. 증권사들의 연이은 부도로 증권사 직원들도 불안에 떨고 있었다.

하지만 채권 브로커(채권중개인)들로 구성된 A팀은 달랐다. 그들은 어려운 채권시장 상황에서 기회를 찾고 있었다. 위기에 대한 두려움이 커진 채권시장에서 보유한 채권의 매도가 쏟아지면서 금리는 하루가 다르게 치솟았다. 하지만 A팀은 위기는 머지않아서 진정될 것이라고 판단했다. 위기가 진정되면 비이성적으로 올라 버린 금리도 내려갈 것이고, 채권 중개와 운용으로 큰돈을 벌 수 있을 것이라고 생각했다. 이러한 판단을 내린 A팀은 살아남은 여러 증권사들의 문을 두드리기 시작했다. 어려운 금융시장에서 많은 이들이 안정적인 정규직의 자리를 찾을 때, 그들은 계약직으로 들어가길 원했다. 자신들이 기여한 회사의 수익에 대한 보상비율이 높은 조건으로 계약하기 위해서였다. 그렇게 A팀은 기본급은 적어도 팀이 번 수익에 대해 인센티브 배분율이 높은 증권사로 이직을 하였다.

과거에 이들과 거래를 하던 운용사의 매니저들은 항상 열심히 영업하던 A팀과 다시 거래하기 시작했다. 그러던 와중에 1998년이 되고, 국가부도위험을 간신히 넘기자 채권시장을 떠났던 참가자들이 돌아오기 시작했다. 25%를 넘었던 콜금리(금융기관 간 하루 금리)가 5%까지 내려가고 17%까지 올랐던 국고 3년물의 금리가 6% 대까지 급락하는 과정을 겪는 데 불과 1년밖에 걸리지 않았다. 이렇게 시장의 무거운 분위기가 걷히기 시작하자 메말랐던 회사채 거래 역시 다시 활성화되기 시작했다.

채권시장의 금리가 하락하기 시작하자 향후 금리가 더 떨어질 것을 예상한 매니저들이 다급히 채권을 찾았다. A팀은 밤낮으로 기관투자자들을 찾아다니면서 누구보다 열심히 영업했다. 금융위기로 많은 채권 브로커들이 실직을 당하거나 회사가 문을 닫아 버림으로써 채권시장의 채권중개인이 드물었던 상황이어서 A팀에 주문이 몰려들 수밖에 없었다. 시장 거래의 상당부분을 거래하던 A팀은 1998년 채권시장에서 오랫동안 회자될 만큼의 큰 인센티브를 받은 것으로 알려졌다. A팀의 팀원들의 대부분이 외환위기 시절인 몇 년 만에 평생 벌 큰돈을 다 벌고, 채권시장을 떠나서 유유자적 하며 산다고 알려져 있다.

(외환위기 전후 국고3년 물과 콜금리 추이, 출처:한국은행)

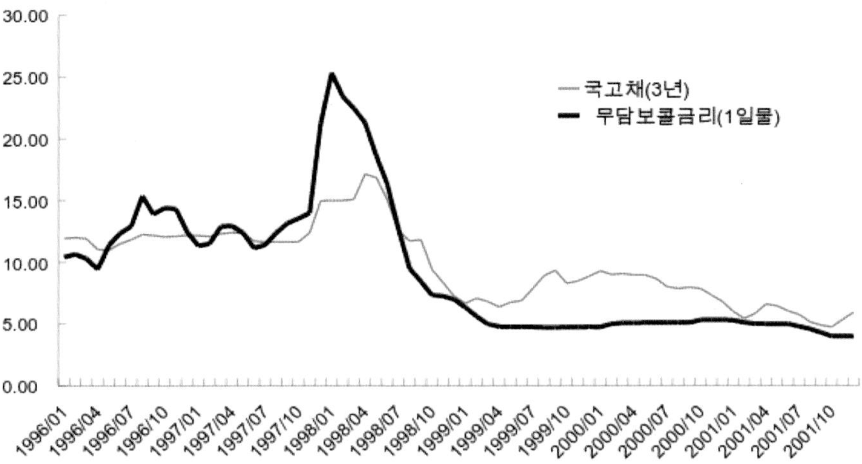

VIII

3. 살로먼, 월가의 제왕이 되다 : CMO의 태동

MBS(Mortgage Backed Securities, 주택저당대출 담보부 증권)란, 주택을 담보로 하여 은행이 대출해 준 자금들을 한 곳으로 묶어 미래에 발생하게 될 현금흐름을 담보로 하여 발행한 채권을 말한다. 과거 미국의 MBS는 흔히 정부기관의 보증으로 발행되기 때문에 매우 높은 신용등급을 가지고 있었다. 미국의 주택담보대출제도는 대출자들이 상환 수수료 없이 언제든지 자금을 상환할 수 있는 구조이기 때문에 고정금리로 담보대출을 받은 후에 시장금리가 내려가면, 기존 대출을 상환하고 낮은 금리로 새롭게 대출받는 것이 가능했다.

이러한 제도는 대출자들에게는 매우 유리하였지만, 이를 담보로 발행한 MBS에 투자한 투자자들에게는 매우 불리한 것이었다. 시장의 금리가 내려갔을 때에 갑작스럽게 원리금을 상환받게 되면, 투자자의 입장에서는 낮은 금리로 재투자를 할 수밖에 없는 상황을 맞게 되는 것이다. 이러한 이유로 인해 1970년대까지만 해도 MBS는 시장에서 인기없는 채권들 중 하나였다.

월가에서 채권중개업으로 큰 명성을 쌓아온 투자은행인 살로먼 브라더스Salomon Brothers는 1970년대 후반에 창의적인 트레이더trader 한 명을 새로 생긴 MBS 트레이딩팀(MBS를 거래하는 부서)에 발령을 냈다. 그의 이름은 루이스 라니에리Lewis Ranieri였다. 쟁쟁한 아이비리그의 MBA 출신들이 가득했던 월가에서 루이스 라니에리는 미국의 100위권 밖의 대학을 중퇴하고도 훗날 월가에서 가장 많은 돈을 벌던 살로먼 브라더스의 부회장까지 올라가게 되는 입지전적 인물이다.

루이스 라니에리는 살로먼 브라더스에서 우편을 취급하는 아르바이트로 커리어(career)를 시작해서 잘나가는 채권 트레이더가 되었다. 입사 초반에 회장은 그런 그를 살로먼 브라더스의 비인기부서인 MBS 트레이딩본부로 발령내었고, 그 후 다들 그의 커리어가 거기서 끝날 것이라고 생각했다. 하지만 역설적으로 그의 진짜 커리어는 그곳에서부터 시작되었다.

앞서 설명한 바와 같이 MBS는 그 현금흐름의 불확실성에 따라 거래가 매우 적은 채권이었는데, 이러한 이유로 인해서 MBS의 시장가격은 매우 저평가되어 있었다. 라니에리는 여기에 뭔가 기회가 있을 것이라고 판단했다. 그는 MBS 연구팀에 수학박사들을 고용하여 주야로 MBS에 대해서 연구한 끝에 자금의 조기상환 가능성을 확률로 계산해 내게 된다.

이로써 그는 조기상환 가능성이 매우 높으나 시장가격이 저평가되어 있는 채권들을 사서 모은 후, 조기상환이 발생하면 단기간에 큰 수익을 올릴 수 있는 투자를 통해 엄청난 수익을 창출할 수 있었다. 예를 들어, 잔여만기 10년으로 시장에서 8,000원에 팔리는 액면 10,000원의 MBS들 중 조기상환 확률이 높은 채권을 사모아서 1년 안에 조기상환으로 액면 10,000원을 상환받는다고 치면 단기간에 2,000원의 수익 (25%의 수익률)을 챙기게 되는 것이다.

이러한 기법으로 MBS시장의 큰 손이 된 그의 팀은 심지어 정부에서 발행하던 MBS를 사는 대신에, 미국의 주택담보대출을 주로 맡은 저축대부조합(이하 S&L)들로부터 직접 주택담보대출을 매입하여 보유하거나 증권화하여 더욱 큰 돈을 벌었다. 그리고 드디어 1983년, 오랜 연구 끝에 그의 팀은 MBS의 최대 단점인 조기상환 극복의 방안을 착안해 냄으로써 세계금융 역사상 최초로 CMOCollateralized Mortgage Obligation를 발행하기에 이른다.

CMO의 구조

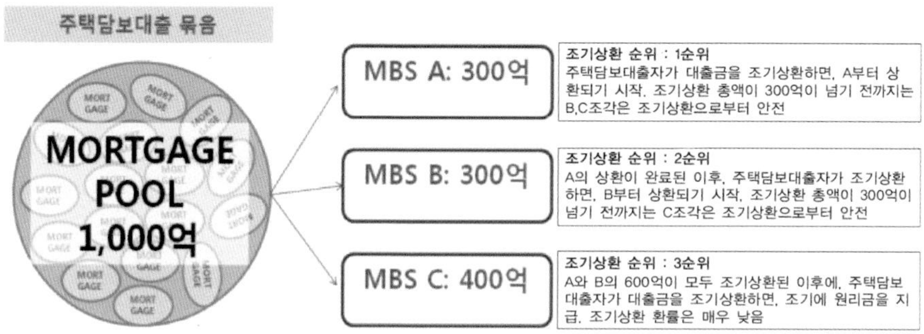

CMO는 MBS를 여러 개의 트란쉬Tranche 분할 발행, 조각로 나눠서, 각 조각별로 담보대출 조기상환으로 인해 자금이 상환되는 순서를 지니게 한 새로운 형태의 유동화증권이었다. 예를 들어 약 1,000억 원 규모의 주택담보대출 POOL묶음이 있다면, 이를 담보로 발행되는 3개의 MBS(A,B,C)를 만든 후, 담보대출의 조기상환이 발생하면 MBS A,B,C의 순서로 상환되도록 약정을 맺어놓는 것이다. 이렇게 된다면 MBS A의 경우는 조기상환 가능성이 높아서 예상 만기가 짧아지게 되지만, MBS C의 경우는 조기상환 가능성이 낮아서 예상 만기가 길어지게 된다.

이로 인해 조기상환의 확률을 계산하여 각 조각의 예상 만기를 제시할 수 있게 되었다. CMO를 통해 MBS의 최대 단점이었던 '조기상환 불확실성'이 어느 정도 개선이 되자, 그 동안 MBS에 투자하지 않았던 기관투자자들과 연기금들이 MBS시장에 참여하기 시작했다. 당시까지 MBS시장의 지배자로써 우월적 위치에 있었던 살로먼브라더스는 CMO를 통해 다시 한 번 큰돈을 벌어들일 수 있었다.

하지만 CMO의 발행은 얼마 지나지 않아서 살로먼브라더스의 수익성을 심각하게 훼손시키게 된다. 시장의 참여자가 많아지면서, 더 이상 저평가된 MBS를 찾을 수 없게 된 것이다. 이와 더불어 새로운 참여자로 나선 투자은행들이 살로먼브라더스 MBS본부의 핵심 트레이더들을 거액의 연봉을 제시하며 스카우트해 가기 시작하였다.

살로먼브라더스와 MBS 시장의 부흥을 이끌며, 부회장 자리에 올랐던 루이스 라니에리 역시 MBS 시장의 수익성이 저하되면서 힘을 잃고, 살로먼브라더스를 떠나게 된다.

그럼에도 불구하고 여전히 그는 MBS 시장의 대부Godfather라는 명성과 함께 20세기 채권시장에서 가장 창의적이고 또 많은 돈을 번 입지전적 인물로 기억되며 아직까지 존경을 받고 있다. 그 이후에 그는 미국증권유동화 포럼American Securitization Forum과 채권애널리스트협회Fixed Income Analysts Society 등으로부터 유동화 증권시장의 발전을 이끈 공로를 인정받아 상을 받기도 했다.

재미있는 것은 그가 개화시킨 MBS나 CMO 등 유동화 증권시장의 발전이 20여 년이 흐른 후에 미국 역사상 최악의 금융위기인 2008년의 서브프라임모기지Sub-Prime Mortgage 위기의 중심에 있었다는 것이다. 이러한 이유로 은퇴한 지 한참이 지난 루이스 라니에리의 이름이 타임즈가 선정한 '2008년 글로벌 금융위기의 원흉으로 비난을 받아야 할 25인' 중의 한 명에 오르기도 했다.

4. 채권시장, 외계어의 천국? : 채권시장의 약어들

타 부서의 직원이 채권 시장과 관련된 팀으로 발령이 나게 되면 한동안 상당히 당황하게 된다. 한국의 증권사 직원들끼리 한국말로 대화하는 데 전혀 알아들을 수 없는 상황들이 펼쳐지기 때문이다. 소수의 참여자들이 지배하는 이 시장에서는 사전에 나와 있지 않은 온갖 생소한 은어들이 오가고 있다.

채권거래가 대부분 장외시장에서 거래되는데 거래의 매체가 "메신저(messenger)"이다. 메신저로 채권을 사고 팔다 보니 채팅 용어들처럼 각종 약어들이 생기기 시작하였다. 채팅(chatting)을 할 때에 빠른 의사소통을 위하여 약어를 쓰는 것처럼 거래의 신속화를 위해 많은 약어들을 사용한다. 아마 채권업무를 하지 않는 사람들이 보면 전혀 이해할 수 없는 단어일 것이다. 이러한 약어에 대한 설명은 자료나 인터넷에서도 찾기가 힘들다. 오직 채권 업무를 하는 사람들만 아는 용어이기 때문이다. 채권에 관심 많은 독자들을 위해 그 중 일부를 소개할까 한다.

* 15-4 : 2015년 4번째로 발행한 국채.
* 15-4 30+ : '국고15-4' 채권을 '2.30%'의 매매수익률에 사겠다
* 민 팔자 : 민평금리 수준으로 팔겠다
  (금액 및 수량을 안 쓴 경우는 일반적으로 100억)
* 민 오버 10 사자 : 민평금리보다 10bp(0.1%) 높은 금리에 사겠다
* 국고02250-2512 : 2.25% 쿠폰인 2025년 12월 10일 만기인 국채
* 통당 : 가장 최근에 발행한 통화안정채권
* 통딱 : 당발물. 엄밀히 말하면 입찰하여 발행조건을 다 갖추고 경쟁입찰일 익일 발행될 통안 2년물을 '통딱' 또는 '통닭'이라 부른다
* 국주 : 국민주택채권
* 국주당발 : 당월 발행된 국민주택채권
* ㅎㅈ(확정) : 상대의 거래 조건을 받아들이고 이것으로 거래를 확정한다는 것으로 거래시 가장 중요한 용어이다. 채권 시장에서 사용하는 메신저 상에서는 'ㅎㅈ'이라는 초성만 사용하기도 한다.

VIII

아래 메신저 내용은 A와 B라는 두 명의 브로커가 2015년 4번째로 발행된 국채인 국고 15-4의를 거래하는 장면이다. 금액 및 수량이 오가지 않는 경우에 암묵적으로 액면 금액 100억 원이 거래된다고 보면 된다. 100억 원이면 일반투자자들은 감이 안 잡히는 큰 금액이지만, 몇 수 조 원 규모의 자금을 운용하는 연기금과 은행, 보험, 증권 등 금융기관에서는 100억 원이라는 규모가 기본단위로 여겨지고 있다.

A: 국고 15-4 사자 관심
B: 15-4 민 팔자. 사자 호가 어떻게 되나요?
A: 민 오버 5 사자~
B: 앗.. 오버 5는 좀 쎈데.. 팔자 측에 물어 볼게요.
(잠시 후)
B: 민 오버 3까지 얘기해놨습니다. 오버 3으로 메이드하시지요~
A: 잠깐만요~
(잠시 후)
A: 오케, 민 오버 3으로 확정 감사감사
B: ㅎㅈㅎㅈ !!!! ㄳㄳ
A: 혹시 국주 팔자는 없어요?
B: 국주 당발이요? 언능 찾아보겠습니다 ㅋㅋ

채권시장은 주식과 다르게 종목의 수가 많고 장외거래가 대부분이기에 삼성전자나 현대자동차와 같은 개별 주식을 가지고 HTS로 편리하게 거래할 수 있는 것과는 다르다. 종목의 이름을 다 외울 수도 없고 각각의 채권의 이자가 몇 %인지 만기가 어떻게 되는지 등을 알기가 어렵다. 또한 금리 몇 bp, 단지 몇 분의 시간 차이로도 하루에도 수십억 원의 수익을 내기도 하고 또 잃기도 한다.

채권시장의 약어 및 은어는 이러한 복잡하고 긴박한 채권시장 내에서 빠른 의사결정을 내리기 위해서 참여자들이 경험을 바탕으로 만들어 낸 하나의 문화라고 할 수 있겠다.

5. 땅에 투자하는 채권 : 토지수익연계채권

토지수익연계채권이란 말 그대로 채권투자수익이 특정 토지에서 발생하는 이익(이용이익과 자본이익), 즉, 토지수익과 연계되는 채권이다. 한국토지주택공사가 보유한 토지를 근거로 토지평가액에 상응하는 총액규모의 채권을 분산 발행하여 매각하고 나서 나중에 당해 토지 가격이 오르면 토지를 매각해 그 차익을 투자자들에게 나누어 주는 형식이다.

한국토지공사가 90년대 중반 일명 '슈퍼 KOLAND 채권'이라는 이름으로 특정토지와 연계해 토지가격의 변동에 따라 수익률이 달라지는 수익증권형태의 채권을 발행한 것이 시초이다. 투자의 안정성을 감안해 토지가격이 떨어지더라도 표면이자는 보장이 되고 만기 전이라도 토지가격이 20% 이상 급등하면 토지를 매각해 이자를 지급한다.

토지수익연계채권은 채권과 부동산에 동시에 투자하는 효과가 있는 채권으로 LH공사에서 발행한다. 투자자 입장에서는 채권을 사는 것이지만 기본적으로 정해져 있는 최소이자율에 토지의 매각 시에 추가수익도 배분받을 수 있는 채권이다. 향후 부동산 경기가 좋아져서 연계되어 있는 토지의 매각 가격에 따라 큰 폭의 수익도 기대할 수 있다.

실제 사례를 예로 들어 보면 2010년 8월 27일 2.6조 원 발행 시에 많은 투자자들이 몰렸다. 증권사를 통해 많은 개인 고객에게도 실제 판매된 채권이다. 특히 거액의 투자자들이 대거 몰린 것으로 파악된다. 전체 발행액 중 1조는 국민연금이 인수하였고, 장기투자기관들 또한 매수하였다.

그 중 일부를 증권사들이 인수하여 일반인을 대상으로 물량을 풀었는데 빠른 속도로 판매되었다. 경기가 좋지 않아서 연계된 토지의 매각이 이루어지지 않더라도 기본적으로 보장받는 수익률이 있기에 안정적이면서, 경기가 좋을 때는 토지매각으로 추가수익도 기대할 수 있기 때문에 많은 투자자들이 몰린 것이다.

VIII

2010년 8월 27일 발행된 채권의 실제 사례를 보자. 기본적으로 액면 10,000원당 3.5%/4 일 경우에 87.5원의 이자수익을 매 이표마다 받는다. 추가로 매매차익(토지매각)이 있을 경우는 추가 이자를 지급받을 수 있다. 실제로 2014년 8월 27일 108.50원, 2015년 8월 27일에 120.50원을 지급받았다.

만약에 수량 1억 원을 투자하였을 때에는 세전기준으로 매 3개월마다 87.5만원을 받는데, 토지매각 대금으로 2014년에는 21만 원을 추가로 더 받았고, 2015년에는 33만 원을 추가로 더 받은 것이다. 올해 분양시장 호재로 연계된 토지의 추가매각을 진행하여 2016년 8월 27일 또한 39만 원의 추가 수익을 얻을 수 있었다.

LH공사가 부채를 줄이기 위해서 2010년에 발행한 채권이었으므로 앞으로 또 정부의 강도 높은 부채 감소의 의지가 있을 때에 이러한 토지수익연계채권이 발행 될 수도 있다. 높은 기대수익률로 기존의 채권들은 매도가 거의 나오지 않는 상황에서 조금이라도 중도 매도가 나오면 바로 매수가 되는 상황이다. 만약 토지수익연계채권 발행소식이 들린다면 가까운 증권사를 찾아가서 꼭 매수하도록 하자.

[발행 사례]

채권 개요

구 분	내 용
명 칭	제42회 한국토지주택공사 토지주택채권 (토지수익연계채권)
발행형태	무기명식 이권부 변동금리부 등록 채권
발행금액	2.6조 원
발 행 일	2010년 8월 27일
만 기	10년
원금 및 이자지급방법	만기일시상환 / 3개월 후급(표면이자) / 1년후급(추가이자)
발행이율 – 표면이자 – 추가이자(α)	연 3.50%+α 연 3.50% α% (연계토지 매각이익* ÷ 잔존 채권권면총)
	* 연계토지 매각이익은 당해 연계토지의 매각대금에서 해당 연계토지의 기준가격과 관리 및 매각에 소요된 제비용(제세공과금, 감정평가수수료, 판매비 · 관리비 등 포함)을 공제한 금액
중도상환청구권 (Put Opiton)	발행일 5년 이후 9년차까지 채권자가 행사가능 (매년 1회씩 총 5회)
만기보장수익률(YTM) 및 중도상환보장수익률 (YTP)	Max[계약일전 7영업일간 국고채 5년만기 민평평균수익률의 산술평균, 발행일전7영업일간 국고채 5년만기 민평평균수익률의 산술평균]+35bps

출처: LH공사

VIII

채권의 수익지급 형태 개요

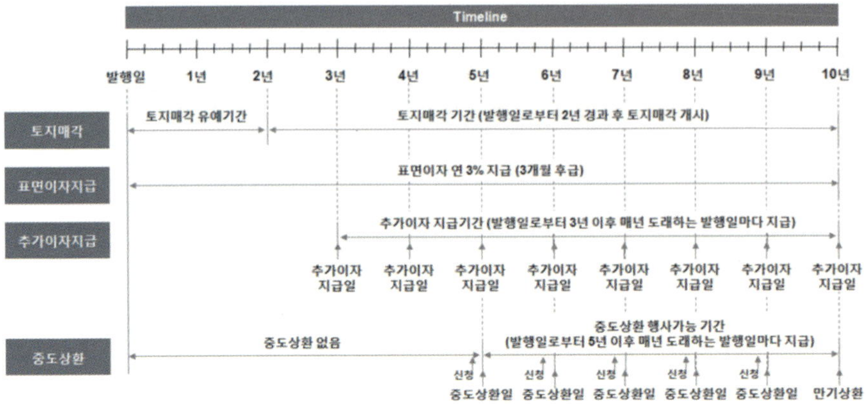

연계토지매각과 추가이자(연계토지매각이익) 지급

연계토지의 매각은 부동산 시장여건 등을 감안하여 채권 발행 2년 경과 후부터 개시한다. 단, 부동산 시장의 호전으로 해당지구가 속하는 시 · 군 · 구별 평균지가변동률이 20% 이상 상승할 때에는 경과기간(2년) 이전에도 매각 가능하다.

Summary

토지수익연계채권

측량이나 정확한 가치 산출이 어려운 토지를 LH공사 등에서 채권화한 형태로, 채권처럼 현금흐름이 주기적으로 발생하고 토지가치의 상승에 따른 수익 또는 손실이 연계가 되는 채권이다.

토지주택채권 투자를 통한 연금? 대박은 옵션

2012년 2월 토지주택공사(이하 LH공사)는 과도한 부채비율(당시 560%) 및 집중된 만기상환을 분산하고자 조기상환(8조 2천억원)과 동시에 최대 20년 만기의 채권을 발행하였다. 이 때, 많은 투자자들이 공기업인 LH공사도 부도날 수 있는 것이 아니냐는 우려가 컸다. 더구나 20년이라는 긴 만기 투자에 익숙하지 않았던 터라 토지주택채권이 리테일 고객들 대상으로 초기에는 큰 인기를 끌지 못하였다.

하지만 이 채권에 유독 관심이 컸던 고객이 있었는데 막 퇴직한 50대 중반 고객이었다. 이 고객은 퇴직한지 얼마 되지 않아 퇴직금을 목돈으로 가지고 있었지만 국민연금을 받을 연령은 아직 시간이 있는 고객이었다. 그래서 목돈을 다른 연금상품에 넣어놓자니 당장 생활할 자금이 아쉽고 퇴직금을 사용하자니 불안한 상황이었다.

그런 그에게 당시 발행된 토지주택채권은 하나의 해결책이 되었다. 20년 만기에 연 4%의 월 이표로 발행되었기 때문에 채권을 사자마자 연 4% 이자를 월 단위로 지급을 받을 수 있었다. 그래서 5억 투자하여 월 140만원의 이자가 발생하니 그 이자로 생활비를 하면 되겠다는 계산이었다.

그렇게 그 고객은 투자한 후 4년 6개월의 시간이 흐른 지금 그 고객은 생각하지도 않았던 놀라운 성과를 얻을 수 있었다. 금리가 하락하면서 현재 그 고객이 투자한 토지주책채권의 총 수익률은 48%를 초과하고 있기 때문이다. 18% 수준은 4년 반의 세월에서 발생한 이자수익이며 나머지 30%는 채권가격의 상승에 따라 발생한 수익으로 고객이 예상하지 못했던 부분이었다.

한 때 퇴직금으로 연금을 만들고자 투자하였던 투지주택채권에서 대박이 난 것이다. 물론, 이 고객이 자본차익을 노렸던 것은 아니다. 연금처럼 당장의 적당한 현금흐름을 만들고자 투자한 것이기 때문에 특별한 대체 투자처가 없다면 만기 보유하겠지만 중도매도라는 선택지가 하나 더 생긴 것이다. 이 사례에서 우리가 주목할 점은 단기적인 관점보다 투자자 니즈에 맞는 장기적인 안목으로 투자를 해야 한다는 것이다. 이런 점을 고려하여 여러 방안을 알아보면 자신의 상황에 딱 맞는 투자처를 발견할 가능성이 커진다.

VIII

IX

채권투자 시크릿 노트
Secret Note

지금까지 채권에 대한 이론과 채권의 종류 등을 알아보았습니다. 이번 장은 저자들이 채권에 대해서 어떻게 생각하는지, 채권을 잘 아는 전문가들이 어떻게 채권투자를 하는지 등을 살펴보겠습니다. 훍수저인 저자들이 현재 어떻게 채권투자를 하고 있는지 살펴보고 따라할 수 있는 것은 당장 실천하여 봅시다.

1. 인구구조의 변화와 저금리시대 조경신(미래에셋증권)

2007년부터 매년 한국의 10대 트렌드를 발표하고 있는 한국트렌드연구소에서는 연초에 2016년 10대 트렌드 중 첫 번째로 '고령화'를 꼽았다. 고령화 이슈는 몇 년째 10대 트렌드에 포함되면서 메가트렌드megatrend로 자리매김하고 있다. 실제로 통계청의 인구 변화 추이(중위값)를 살펴보면, 2016년을 기점으로 생산인구는 감소하기 시작하여, 10년 만인 2026년에는 약 250만 명의 생산인구가 감소할 것으로 예상되고 있다. 그 반면, 고령인구는 꾸준하게 증가하여 2016년 이후 10년 동안 약 400만 명이 증가하게 된다.

산업연구원(2014년)은 한국이 OECD회원국 중 고령 인구의 증가 속도가 가장 빠르다고 경고하기도 했다. 2015년 세계인구현황보고서(인구보건협회)에 따르면, 2010~2015년 한국의 평균 출산율은 1.3명으로 세계에서 4번째로 낮은 상황으로 시간이 지날수록 고령화의 정도는 심해질 것으로 예상되고 있다. 결국은 파격적인 이민제도의 변화가 없다면, 올해부터 한국은 과거에 경험한 적이 없었던 급격한 인구구조의 변화를 맞이하게 된다. 이러한 변화가 한국의 자산시장에 다른 어떤 이슈issue보다 큰 영향을 미치게 될 것임은 자명한 사실이다.

대한민국 인구변화 추이

(단위: 천 명)

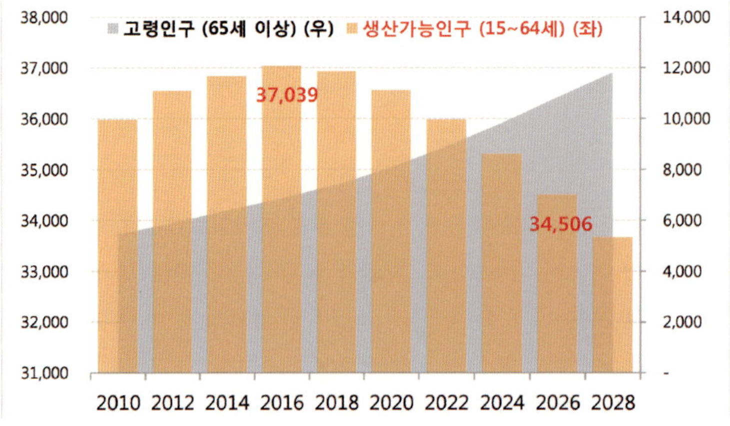

(자료:통계청)

그렇다면 어떠한 변화가 예상되고 있으며, 우리는 어떠한 대비책을 마련해야 할까? 생산가능인구의 감소를 통해 예상해 볼 수 있는 자산시장의 큰 변화는 바로 저금리의 정착 또는 심화를 꼽을 수 있다. 생산가능인구의 감소가 저금리로 연결되는 논리는 간단하다. 돈을 벌고 소비를 하는 인구의 감소는 개인의 주택수요와 기업의 투자수요의 감소로 이어진다. 주택수요와 투자수요의 감소는 자본수요의 감소로 이어진다. 자본수요의 감소는 시장 금리 하락압력으로 작용한다. 자본 시장에서 돈을 빌리고자 하는 사람이 적을수록 돈을 운용해야 하는 사람들은 더 낮은 이자를 받고서라도 돈을 빌려 주려고 한다. 만약에 자본의 수요와 함께 공급 역시 감소한다면 고령화가 꼭 저금리로 연결되지는 않을 것이다.

그러나 한국경제는 현재 자본의 공급이 빠른 속도로 증가하는 '연금사회'에 진입하고 있다. 빠른 속도로 총 자산을 늘려 가고 있는 국민연금과 퇴직연금을 필두로, 기타 연기금의 자산과 개인연금 잔액 역시 크게 늘어나고 있다. 특히나 국민연금 기금 운용액의 약 53%(265.8조/500조, 2015년 9월 기준)가 국내 채권시장에 투자되고 있으며, 퇴직연금 자산 역시 대부분이 예금, 확정금리형 ELSEquity-Linked Securities주가연계증권, 채권형 펀드 등에 투자되면서 직간접적으로 채권시장으로 투자되고 있는 상황이다. 즉, 채권시장으로의 자본 공급은 크게 증가하고 있는 상황이다. 이러한 이유로 자본의 '수요 감소'와 '공급 증가'가 만나며 저금리가 정착되고 있다.

국민연금 적립액(예상치, 조 원)

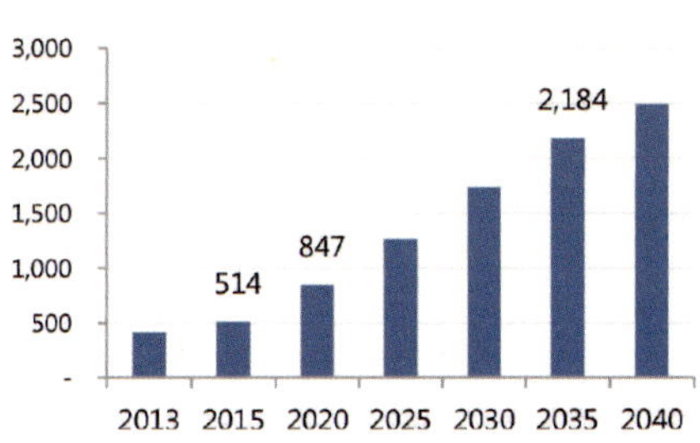

(자료: 보건복지부, 국민연금재정추계위원회, 2013)

퇴직연금 적립액(예상치, 조 원)

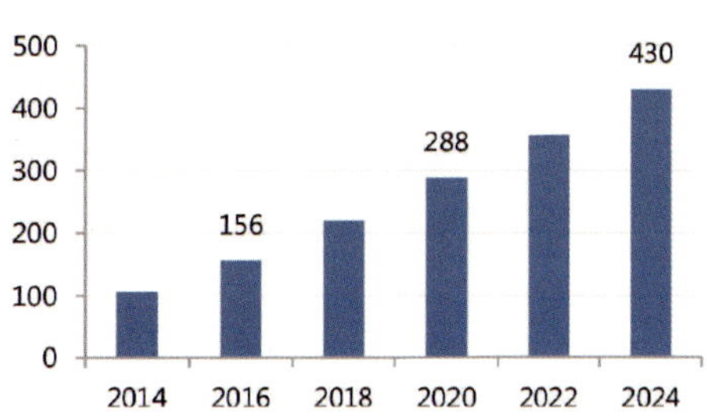

(자료: 미래에셋 은퇴연구소)

사실 우리가 알고 있는 일본의 장기불황인 '잃어버린 20년'이 인구구조의 변화에서 유래됐다는 분석은 많이 있다. 인구구조 상에서 우리나라보다 약 20년 앞서서 생산가능인구가 고점을 찍고 감소하기 시작한 일본의 경우, 현재 한국이 직면한 저성장과 저금리를 그대로 경험한 바 있다.

실제로 일본의 생산가능인구의 고점은 1995년에 형성되었다. 생산인구 고점이 형성되기 약 수년 전부터 경제성장률과 장기금리 하락현상이 나타나기 시작했는데, 이는 최근 3~4년 동안 경제성장률과 장기금리가 점점 낮아지며 1%대에 머무르고 있는 한국의 경제 상황과 묘하게 닮은 측면이 있다.

일본과 한국의 생산인구, 성장율, 금리추이

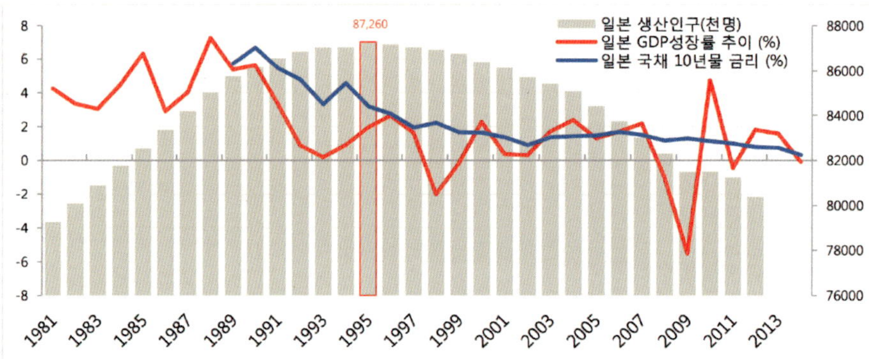

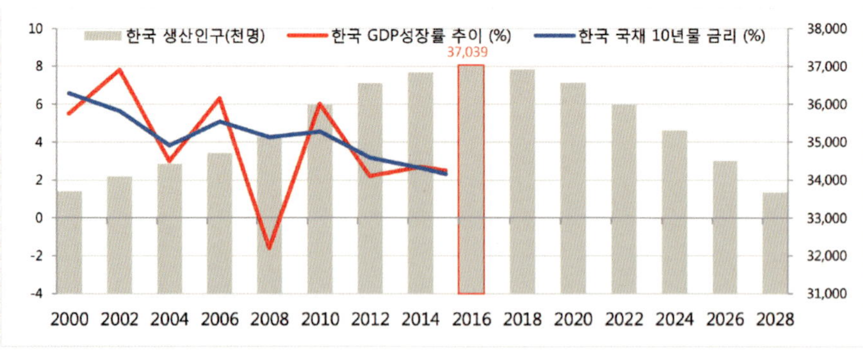

(자료: BLOOMBERG, 미래에셋증권)

이렇게 일본의 경험이 한국의 현재 상황과 절묘하게 닮은 것은 어쩌면 단순히 우연의 일치일 수 있다. 사실 학자들과 애널리스트analyst들 중에는 경제와 금리를 인구구조만으로 재단할 수 없다고 주장하며, 한국의 미래는 일본의 잃어버린 20년과는 다를 것이라고 주장하는 이들도 있다.

하지만 투자자들의 소중한 금융자산을 관리하는 측면에서는 보다 조심스럽게 살펴볼 수밖에 없다. 그런 점에서 이러한 일본의 경험과 함께 명확히 그려지는 미래의 한국 생산인구 감소는 자산 포트폴리오portfolio 배분 시에 반드시 고려되어야 한다.

대부분의 자산이 부동산에 묶여 있고 금융자산의 상당부분은 예금 등 단기상품으로 투자되고 있는 한국 투자자들의 현재 자산 포트폴리오는 저성장 · 저금리 국면이 장기화되고 심화될수록 낮은 수익률로 연결될 수 있다. 따라서 자가(自家)외의 부동산 자산은 점차적으로 축소하고, 금융자산 중 3년 이하 단위의 단기 예금들을 5~20년 만기의 국채 또는 우량채권으로 배분할 필요가 있다.

장기채권에 투자할 경우는 시장금리가 하락하여도 정해진 만기까지 높은 금리의 이자를 안정적으로 수령해 나갈 수 있을 뿐만 아니라, 시장금리가 하락한 상황에서 만기 이전에 매도할 경우는 비과세 자본차익을 얻을 수도 있기 때문에 좋은 장기투자 대상이 될 수 있다.

해외 자산으로의 분산투자 역시 반드시 고려해야 할 사항이다. 한국 시장은 생산인구 감소로 저성장 · 저금리 사회로 변화하여 낮은 투자수익률을 기대해야 할지 모르겠지만, 아직도 글로벌 시장에는 미국 · 인도 · 베트남 · 브라질 등과 같이 생산인구가 크게 증가하거나 적정수준을 유지하는 국가들이 여전히 남아 있다. 이러한 국가들 중 건강한 경제 펀더멘탈fundamental과 성장잠재력을 가진 국가의 주식 · 채권 · 부동산 등에 분산투자한다면, 향후 다가올 인구구조의 변화에 따른 자산시장의 위기를 잘 대처해 나갈 수 있을 것이다.

2. 채권투자, 어떻게 시작해야 할까? 양철욱(신한금융투자)

필자가 채권상품 관련 업무를 5년째 해오면서 느낀 점은 여전히 개인투자자들이 채권투자를 어렵고 생소하게 생각한다는 것이다.

왜 그럴까? 아무래도 채권은 주식과 같은 증권이긴 하지만 개인투자자들이 쉽게 접근할 수 있는 장내시장(거래소시장)이 발달되어 있지 않기 때문에 접근성이 떨어질 수 있다. 채권시장은 장외 중심의 시장이고 HTS로 쉽게 사고 팔 수 있는 주식 장내시장에 비해 채권 장내시장은 유동성이 많이 떨어지기 때문이다. 하지만 채권은 금융투자회사를 통한다면 쉽게 장외에서 다양한 종목에 투자할 수 있다.

또한, 채권은 규모가 커야만 투자할 수 있다고 오해하는 투자자들이 많다. 하지만 채권은 액면 1천 원 단위로 거래가 가능한 유가증권이다. 채권은 정기예금과 다르게 가격이 존재하고 장내 혹은 장외시장에서 거래가 가능하다. 그래서 향후 금리가 하락하게 되면(가격이 상승하게 되면) 유동성이 있는 종목들은 매도해서 이자소득 외에 자본차익까지 누릴 수 있는 장점이 있는 금리상품이다.

자, 그럼 이렇게 장점이 많은 채권투자를 어떻게 시작하면 될까? 무턱대고 금리가 높은 채권에 투자하는 것은 위험천만한 일이다. 먼저 본인의 위험감내 수준을 파악하는 것이 중요하다. 본인이 공격적인 성향인지 보수적인 성향인지 그것부터 파악해야 할 것이다. '고위험 고수익'High Risk, High Return이라는 투자의 기본 명제를 명심하도록 하자. 그 다음에는 투자금액을 정해야 한다. 수많은 금융상품 중 채권상품에 얼마만큼의 자금을 투자할 것인지를 정하는 단계이다. 그 다음에 해야 할 것이 채권종목 선정이다.

일단 본인의 성향파악과 투자금액이 정해졌다면 적정한 채권종목을 찾아야 한다. 이 단계부터는 투자자에 따라 다양한 투자방법이 존재한다. 채권상품 유형별로 어떤 투자자에게 적합한 상품인지, 다음 예시를 통해 알아보도록 하자.

전자단기사채(Asset Backed Short-Term Bond)

유동화 전자단기사채는 3개월 이내의 단기자금을 묶어 두기에 가장 효과적인 상품이다. 하지만 유동화 상품인 만큼 유동화 구조를 금융투자회사를 통해 자세하게 파악하는 것이 중요하고, 신용보강을 어디에서 했는지를 반드시 확인하고 투자해야 한다. 신용보강 기관이 결국 유동화 전자단기사채에 문제가 생겼을 경우, 변제를 해주는 곳이기 때문에 매우 중요하다. 본인의 위험 감내수준에 따라 신용등급 A1~A3에 이르는 전자단기사채에 투자해 보자.

국고채 장기물

국고채는 정부에서 보증하는 채권이기 때문에, 신용등급이 없는 무위험 채권이다. 하지만 금리가 매우 낮아 고수익을 원하는 투자자에게는 적합하지 않다. 10년 이상의 국고채는(10년,20년,30년) 3년(2013년 이후 발행물에 해당)을 보유하면 분리과세(33% 원천징수로 과세종결) 신청이 가능하기 때문에 안전한 자산 투자를 통해 절세효과를 누리려는 투자자에게 적합하다. 그리고 국고채는 유동성이 풍부하기 때문에 향후 금리 하락 시(채권가격 상승 시)에 매도를 통해 자본차익을 얻을 수 있는 장점이 있다.

회사채

회사채는 정기예금 금리 이상을 원하는 투자자들이 많이 투자한다. 회사채를 투자할 때에 가장 중요한 점은 디폴트 리스크Default Risk를 점검하는 것이다. 투자자들은 내가 투자하는 기업의 신용등급과 신용평가서 등을 확인해서 향후 이자 지급과 원금 상환이 문제 없을지를 판단해야 한다. 높은 금리를 주는 회사채는 높은 리스크가 따른다는 점을 명심하자.

은행 신종자본증권

BANK FOR
INTERNATIONAL
SETTLEMENTS

은행이 자본확충을 위해 발행하는 채권이다. 현재 바젤Ⅲ(국제금융협정) 규제 아래에서 발행되는 신종자본증권은 자본 상각이나 보통주 전환 조건이 포함되어 있다. 또한, 특정조건 아래에서 이자 미지급이 가능하고, 30년 만기가 끝난 후에 연장도 가능해 영구채의 성격도 있다. 이렇게 리스크가 많은 채권이기 때문에 은행이 발행하는 선순위 채권에 비해서 금리가 월등히 높다. 은행의 정기예금 금리 수준은 만족을 못하고, 자금 운용을 장기로 할 수 있으며 은행의 안정성에 대한 믿음이 있는 투자자라면 투자해 볼 수 있는 상품이다. 또한, 발행 후 5년 혹은 10년에 은행이 조기상환을 할 수 있는 콜옵션call option이 있으므로 단기에 원금을 상환받을 수도 있다. 금리 수준이 높긴 하지만 위험과 장점이 혼재해 있는 복잡한 상품인 만큼 금융투자회사를 통해 정확한 위험고지를 받고 투자할 수 있도록 하자.

브라질 국채

브라질 국채는 10%의 높은 이자에 비과세 혜택까지 있는 장점이 많은 상품이다. 하지만 환율 변동에 노출이 되어 있기 때문에 헤알화(BRL)의 가치가 하락하게 되면 환손실을 입을 수 있는 위험한 상품이기도 하다. 실제로 헤알화의 가치 하락 때문에 손실을 본 투자자가 많다. 장기로 투자하게 되면 환율이 하락한다고 하더라도 높은 금리의 이자가 환손실을 보전하는 효과가 있기 때문에, 단기 투자보다는 장기 투자가 효과적이다. 환차익을 노린다면 위험이 많이 따르게 되기 때문에 단기 투자자에게는 권하고 싶지 않은 상품이다. 이 상품은 금리가 높고 비과세이기 때문에 높은 수익을 원하거나 금융소득종합과세 대상자들 중에서 환율 변동을 감내할 수 있는 장기 투자자들에게 적합하다고 할 수 있다.

비과세 선진국국채

현재 국내에서는 비과세 채권을 찾기가 어렵다. 과거 2006년부터 발행된 국민주택2종채권이 0%의 금리로 발행되어 비과세 혜택이 있었지만, 발행/유통되는 물량이 없고 금리수준도 매우 낮아서 상품성이 없어진 지 오래다. 해외에서는 투자자에게 비과세 혜택을 줄 수 있는 선진국 국채를 찾을 수 있다. 마이너스 금리로 발행되는 선진국의 단기 할인국채를 사고 USD · EUR · JPY 등의 선진국 통화에서 발생하는 선도환 프리미엄Premium을 받는다면 과세가 되지 않기 때문이다. 한 예로, 필자가 런칭launching한 프랑스 국채의 경우에 프랑스 단기 할인국채의 금리는 마이너스지만, 만기에 받는 유로를 미리 팔게 되면(선도환 매도) 매수환율보다 높은 환율을 약속 받을 수 있어서 금융소득종합과세 대상자(소득세율 최고세율 기준)에게는 정기예금보다 높은 금리를 줄 수 있다. 비과세 채권을 찾는 거액자산가라면 비과세 선진국 국채에 투자해 보자.

IX

해외회사채

해외회사채는 국내회사채에 추가적으로 환위험이 있는 상품이라고 보면 된다. 물론, 환헤지가 가능한 통화와 구간에 있는 채권이라면 환위험은 없앨 수도 있다. 기본적으로 디폴트 리스크와 환율 변동 리스크까지 신경을 써야 하기 때문에 안정적으로 투자하긴 쉽지 않다. 하지만 우리나라도 일본처럼 장기 저금리 기조가 이어지게 된다면 국내에서 이자수익을 얻기 어렵기 때문에 해외투자를 고려하지 않을 수 없다. 해외회사채는 해당 채권의 표시통화를 보유하고 있는 사람이나 주기적으로 외화 현금흐름이 필요한 투자자에게 적합할 수 있다. 하지만 국내 저금리로 말미암아 해외채권에 대한 수요는 지속적으로 증가할 것이다. 따라서 환율 변동에 노출된 해외회사채 원화 투자도 관심을 가져 보도록 하자. 해외회사채 발행 기업에 대한 동향 파악이나 분석이 어렵다고 생각된다면 외화로 발행된 국내기업 채권인 KP에 투자할 수도 있다.

3. 단돈 1천 원이라도 채권투자하자! 손진홍(현대증권)

필자가 리테일 채권업무를 하다 보니 세미나 및 교육 등을 통해 직원 및 고객들에게 채권을 투자하라고 권유한다. 그때마다 듣는 질문이, "강사님(필자)은 돈이 있다면, 혹은 지금 채권으로 어떻게 투자하고 있나요?"이다. 그럴 때마다 그때그때 다른 대답을 했는데, 이 기회에 나의 개인적인 채권투자 방법에 대해서 얘기하고자 한다.

먼저 목적에 따라 돈을 나눈다. 간단하게 나누면 모으기와 굴리기이다. 현재 필자는 큰 재산은 없기에 채권으로 돈을 '모으는' 방법에 대해 실제로 하고 있는 방법을 말하고, 돈을 '굴리는' 방법은 어느 정도 거액이 있다고 가정하고 투자방법을 말하고자 한다.

모으기

필자에게는 사랑스러운 4살짜리 아들과 3살짜리 딸이 있다. 애들을 키우다 보면 명절이나 생일날 친척이나 지인들이 자녀들에게 1만 원이나, 5만 원 등 소액으로 용돈을 꿀 때가 많다. 아직 돈의 가치를 모르는 아이들이기에 용돈을 받으면 엄마나 아빠가 보관하다가 써 버리게 된다. 필자도 몇 번 생활비로 쓰다가 아이들에게 의미 있게 돈을 모아주자고 생각해서 용돈을 구분하여 모으기 시작했다.

저금리시대에 소액을 어떻게 저금하냐도 문제이다. 0%대의 이자를 지급하는 보통예금에 입금할 수도 없고, 자유적금으로 소액을 넣는 것 또한 저금리시대에 이자가 그리 높지 않다. 그렇다고 이 돈들을 이자가 한 푼도 없는 돼지저금통에 저금할 수도 없다. 그래서 필자가 선택한 방법은 매일 보는 채권으로 소액 용돈을 투자하는 것이었다.

아이들의 용돈 모은 돈은 지금 당장이 아니고 성인이 된 이후에나 줄 것이기 때문에 주로 만기 5년 이상의 안전한 채권에 투자한다. 장내채권시장에서 매수할 수 있는 지역채/도시철도채(5년) · 서울도시철도채권(7년) · 은행들이 발행한 신종자본증권(만기 30년이지만 5년, 10년 콜) 등에 골고루 투자하고 있다. 장기

투자이기에 크레디트 리스크credit risk를 낮추기 위하여 주로 AA 이상의 등급의 채권으로 투자를 하고 있다. 단돈 1만 원이라도 아이들이 용돈을 받으면 꾸준히 돈을 입금하고, 장내 채권시장에서 천 원 단위 소액으로 채권을 매수한다.

현재 아들딸의 명의로 나의 비자금보다 많은 금액의 채권을 위탁잔고에 보유하고 있다. 3년 전부터 투자하던 것이라 채권의 평가이익으로 이미 높은 수익률을 보여주고 있다. 앞으로도 아이들의 용돈은 채권으로 매수하면서 아이들이 성인이 될 때까지 채권으로 큰 돈을 모아 줄 생각이다.

실제 자녀의 채권 계좌 잔고 일부

구분	종목코드	보유수량	정산수량	현재가	평가금액	평가손익	평가비중
	종목명	주문가능 수량	매입금액	매입평균가	융자 / 대주 매각대금	평가수익율 (%)	
현금	KR1017014039	60	60	9,834	59,005	6,049	2.12%
	국민주택2종10-03	60	52,956	8,826	0	11.42%	
현금	KR2001014191	93	93	11,472	106,697	10,470	3.85%
	서울도시철도11-09	93	96,227	10,347	0	10.88%	
현금	KR2001014217	27	27	11,414	30,819	3,239	1.11%
	서울도시철도12-01	27	27,580	10,215	0	11.74%	
현금	KR20010143CO	340	340	10,723	364,611	65,377	13.15%
	서울도시철도13-12	340	299,234	8,801	0	21.84%	
현금	KR2001014423	14	14	10,695	14,974	2,094	0.54%
	서울도시철도14-02	14	12,880	9,200	0	16.25%	
현금	KR2004014420	60	60	10,654	63,927	8,157	2.30%
	인천도시철도14-02	60	55,770	9,295	0	14.62%	
현금	KR2005012480	9	9	10,567	9,510	658	0.34%
	광주지역개발14-08	9	8,852	9,836	0	7.43%	
현금	KR2008012370	60	60	11,014	66,927	3,736	2.38%
	울산지역개발13-07	60	62,352	10,392	0	5.99%	
현금	KR2022012414	322	322	10,667	343,482	44,344	12.39%
	충남지역개발14-01	322	299,138	9,290	0	14.82%	
현금	KR2033012320	99	99	11,082	109,717	9,549	3.95%
	충북지역개발13-02	99	100,168	10.118	0	9.52%	
현금	KR2077012335	74	74	11,068	81,908	7,242	2.95%
	경북지역개발13-03	74	74,666	10,090	0	9.69%	
현금	KR356103D410	50	50	11,358	56,794	5,989	2.04%
	토지주택채권융지3	50	50,805	10,161	0	11.78%	

굴리기

리테일 채권시장에서 일하다 보니 일시적인 시장 충격(법정관리, 신용등급 강등) 등 여러 이벤트로 장내에서 거래되는 채권들의 가격이 비정상적으로 싸게 거래되는 경우들을 종종 볼 수 있다.

실제로 동양사태 때, 구 동양증권의 후순위채권들이 장내에서 5천 원대까지 거래된 적이 있다. 수익률로 20~30% 수준까지 거래되었는데, 동양증권이 디폴트가 난다고 보지 않았기에 장내로 채권을 싸게 사서 '일부는 8천 원 수준에서 팔고, 일부는 만기 보유하여 상환한 적'이 있다. 이처럼 채권도 주식처럼 '저평가되었을 때 매수하여, 본연의 가치를 찾을 때에 매도하는 것(또는 만기상환)'이 가능하다.

필자에게 만약 목돈을 채권으로 굴리라고 한다면 다음 방법으로 채권을 매매할 것이다. 70% 정도는 고금리 회사채(A등급 이상의 회사채 or 은행발행 5/10년 콜옵션이 있는 신종자본증권)를 매수하고, 30% 정도는 국공채에 투자하는 것이다. 위의 동양증권 사례처럼 채권투자의 기회가 보일 때 재빨리 국공채를 매도 후에 그 돈으로 기회를 포착할 것이다.

기회는 항상 준비하는 자에게 온다. 뉴스나 TV 등으로 항상 귀를 열어두되, 모두가 공포에 휩싸일 때 기회를 포착해야 한다. 이를 위해서 평소 채권에 대한 관심을 가지는 것은 물론이고, 기업들에 대한 본인의 평가 기준을 가지고 있어야 한다. 리스크에 베팅할 때에는 본인만의 확실한 믿음이 있어야지 일시적으로 평가손이 발생하거나 돈을 잃더라도 버틸 수가 있다.

거래소 일반채권 시장시세현황

40007 당일 전종목 시세판

채권종류	◉ 전체 ○ 국채 ○ 지방채 ○ 특수채 ○ 회사채
신용등급	◉ 전체 ○ AAA+ ~ AAA- ○ AA+ ~ AA- ○ A+ ~ A- ○ BBB+ ~ BBB-
투자기간	◉ 전체 ○ 6개월 미만 ○ 6개월 ~ 1년 ○ 1년 ~ 2년 ○ 2년 ~ 3년 ○ 3년 ~ 5년 ○ 5년이상
출력구분	○ 체결 ◉ 호가

조회　　Excel　CSV

종목명	매매현황				매도최우선호가	
	가격	수익률	거래량(천원)	거래대금(원)	가격	수
한진해운78	1,900.0	339.713	962	153,982	1,900.0	339
경기지역개발채권12-12					11,117.9	[illegible]
농업금융채권2011-12이5Y-D					10,159.3	[illegible]
한진해운71-2	1,680.0	8,828.401	2,104,088	339,215,803	1,680.0	8,8
한진해운76-2	1,650.0	373.464	1,436,476	230,268,315	1,650.0	373
한국철도시설채권198					10,328.7	[illegible]
통화안정증권0222-1610-02					10,046.9	[illegible]
물가연동국고채권01500-21...	10,302.0	0.927	10,391,230	10,717,860,034	10,303.0	(
국민주택1종채권12-04					11,496.7	[illegible]
토지주택채권(토지수익연...					12,200.0	[illegible]
금호석유화학143-3					10,241.0	[illegible]
한국주택금융공사MBS2015...					10,057.2	[illegible]

40008 일자별 전종목 시세판

40008 일자별 전종목 시세판

조회일자	20160906	

조회　　Excel　CSV

종목	현재가			시가	
	가격(원)	대비	수익률	가격(원)	수익률
국민주택1종채권13-03	11,070.3	-	1.400	11,070.3	1.400
국민주택1종채권16-05	10,060.0	-	1.455	10,060.0	1.455
국민주택1종채권16-06	10,048.0	-	1.455	10,048.0	1.455
국민주택1종채권16-07	9,911.0	▲ 6	1.459	9,911.0	1.459
국민주택1종채권16-09	9,896.5	-	1.440	9,895.5	1.442
국민주택1종채권16-06-2	9,925.0	-	1.455	9,934.0	1.436
물가연동국고채권01125-2306(13-4)	10,094.0	-	1.022	10,094.0	1.022
물가연동국고채권01500-2106(11-4)	10,302.0	▼ 1	0.927	10,400.0	0.720
서울도시철도공채증권12-01	11,405.0	▲ 29	1.476	11,405.0	1.476
서울도시철도공채증권12-02	11,390.0	▲ 32	1.483	11,390.0	1.483
서울도시철도공채증권14-07	10,622.0	-	1.525	10,622.0	1.525
서울도시철도공채증권16-07	9,938.0	▼ 10	1.578	9,943.0	1.571
인천도시철도공채증권12-04	11,205.0	-	1.504	11,205.0	1.504
부산도시철도공채증권11-10	11,292.8	-	1.249	11,292.8	1.249

4. 생애주기별 채권투자 : 박성규(교보증권)

증권회사에 재직하는 직원은 투자 시에 많은 규제를 적용 받는다. 어떤 특정상품을 사게 될 경우에는 왜 그 상품을 매수하였는지 혹시 업무적으로 연관은 없는지 등을 준법감시부서로부터 점검받게 되고 주식투자도 회전율 제한 등 회사업무와 직간접적 연관이 있으면 불리하게 작용한다.

따라서 필자가 고수익을 위한 재테크로 선택할 수 있는 투자상품으로는 규제 제한이 없는 ELS와 펀드 정도였다. 하지만 ELS의 경우에는 지수형 ELS가 지수형 인덱스 ETF 기대수익률보다 낮으면서 리스크는 동일하여 차라리 좋은 주식을 장기투자하고 ELS에 편입되는 채권을 직접 투자하는 것이 낫겠다고 생각하게 되었다.

재테크의 방법이나 목적에 따라 다양한 방법이 있겠지만 실제 본인이 투자하였던 사례를 시간순서로 설명해 보겠다. 본인의 투자 성공과 실패 사례를 바탕으로 이 책을 읽는 독자들은 투자 실패를 줄이고 성공 투자하기를 바란다.

1. 채권 초기 투자단계 (결혼 전)

(1) 자투리 세일 채권

필자가 입사했던 모 증권은 당시 A그룹에 인수가 예정되어 있었다. 한국에서 가장 오래된 증권사 중 하나이다 보니 회사 내에 발행한 지 오래되고 수량이 적은 채권들이 만기별로 다양하게 쌓여 있었다. 이러한 채권은 관리가 어렵기 때문에 시장가격보다 싸게 파는 경우들이 종종 있다.

당시 필자는 15만 원, 3만4천원, 70만 원 등 소량으로 이러한 채권들을 사 모으게 되었다. 비슷한 회사채의 판매금리가 5%였다면 특별 판매 채권의 금리는 7% 수준이었다.

> * Tip : 분기 또는 매년 말 가지고 있는 소규모 채권들을 빅세일(Big Sale)을 통해 정리하는 증권사가 아직도 많이 있다. 외부에 특별공지를 하는 경우도 있지만 대부분 사내한으로 공지하고 있기에 친한 직원에게 미리 관심을 표명하는 것도 좋은 방법이다.

(2) 소액 미매각 발생 채권

소액으로 쪼개지지 않고 큰 단위로 거래되는 채권은 보통 금리가 더 좋다. 하지만 거래 단위가 보통 100억으로 워낙 크다 보니 내가 가진 돈으로는 투자가 힘들었다. 다행히 필자가 있는 팀에서는 펀드를 만드는 부서는 아니었지만 매칭펀드matching fund라는 업무를 다루는 권한이 있었다. 당 팀이 주관하는 단일종목이 편입된 사모매칭펀드(사모로 49인 이내만 투자자를 모집하는 채권 또는 CP를 만기보유 전략 투자펀드)의 가입 가능 수익자를 49인 이내로 제한하고 운용사에 연락해 펀드를 설정하고 그 펀드에 내가 원했던 종목의 채권/CP를 매출하는 것이 나의 일이기도 했다. 대부분 규모가 컸지만 간혹 50억짜리 펀드인데 투자자 3명이 48.8억인 경우도 있다. 이렇다면 1.2억을 약 40명 넘는 인원이 쪼개서 매수가 가능한 것이다. 이럴 때 천만 원 단위로 참여하기도 하였다.

IX

> * Tip : 흔치 않지만 환매가 가능한 사모펀드(私募 fund)가 있다. 대신에 환매수수료가 높은 편이다. 만기상환 받는 투자자는 기대했던 수익과 함께 투자자의 환매한 환매수수료도 추가로 받아나가게 된다.

결혼 초기 (아이가 없었을 때)

(1) 공격적 투자

가장 공격적으로 투자하여 돈도 벌기도 하지만 잃기도 많이 하던 시기다. 지수형- 월지급 ELS, DLS (또는 ELF, DLF) 등을 투자하였지만 어느 순간 발행조건이 투자자에게 불리하게 되자 난 ELS와 DLS 구조를 뜯어 보았다. 당시 난 자산운용사에서 일하고 있었고 내 주요 업무 중 하나가 장 종료 직전 펀드의 헤지나 투자공학펀드 · ELF · DLF의 설정을 하였다. ELF · DLF에 편입하는 ELS나 DLS의 발행과 매매에 연관되다 보니 비싼 수수료를 내지 말고 직접 내가 같은 구조를 만들어서 투자하는 것이 낫겠다고 생각했다.

원금보존추구형 ELS나 금융투자펀드는 기본속성이 우량한 채권을 사서 거기서 나오는 이자로 주식이나 선물에 투자하여 추가수익을 내는 구조이다. 델타 헤지delta hedge나 선물 매수 매도 비율 조정으로 헤지하는 것은 펀드 업무를 통해 기본적으로 알고 있었다. 따라서 안전성을 보장해 주면서 헤지나 추가수익을 내는 데 필요한 재원이 되는 이자를 내주는 채권을 고수익채권으로 편입하면 (당시 원금보존추구 ELS 등에 편입되는 채권은 AA+ 이상 등급이어야 했다) 내가 버는 수익이 더 커질 것이라고 결론이 나왔다.

회사에서 펀드매수자금대출로 직원우대금리인 CD금리 +100bp 로 대출을 받아서 ELF나 주식형 펀드를 가입하였다. 동시에 BBB+나 A-등급의 건설채권이나 EB · BW에 투자하였다. 나름의 분석을 통해서 안전하다고 판단한 것이었고 시장상황과 무관하게 만기까지 가져가려고 하였다.

특히 조금 더 욕심을 내어서 대우자동차 판매나 우림건설 등 당시 부도위기인 회사채에도 투자하였는데 후자의 경우는 대부분 만기가 30일 남았지만 원금의 70% 수준으로 할인해서 팔아도 매출이 되지 않을 정도로 기피대상이었다. 결국에 이들 채권은 몇몇을 제외하고는 실패하게 되었다.

(2) 물가연동채권 및 30년 국채

2010년 초반에 본인은 기준금리가 인하하게 될 것이라는 확신이 있었다. 전 세계적 기준금리 인하 추세를 한국만 피해 갈 수는 없었다. 그렇다면 만기가 긴 채권이 영향을 받을 것이기에 장기채권을 물색하였다.

만기가 긴 회사채를 원했지만 10년이 넘는 채권이 흔하지 않았다. 결국에 금리가 낮아서 마음에 내키지는 않지만 회사채가 아닌 국채를 사게 되었다. 국채는 장외로도 소액거래가 상대적으로 활발한 편이었기에 원하는 수준의 소액으로 물가연동국채를 매수하였다. 이후 30년 국채 발행 소식을 알게 되었고 만기가 가장 긴 채권이기에 매수하고 싶어졌다.

하지만 30년 국채를 개인인 내가 사기에는 회사에서 취급하는 단위가 너무 컸다. 본인에게 2,000만 원 정도의 채권을 판매하기 위해 시장에서 10~100억 규모의 채권을 사올 수는 없는 것이었다. 하지만 몇 달 후에 장내채권시장에서 30년 국채 거래가 많이 이루어지면서 장내에서 매수를 하였다. 그리고 이 모든 채권을 약 2년 후에 기분 좋은 수익을 남기면서 시장에서 매도하였다.

결혼 (아기가 생겼을 때)

아이가 생기면 가장으로서 보수적으로 투자를 할 수밖에 없다. 하지만 나는 이 시기 판단을 잘못하였다. 아이가 생기면서 집도 사야 하고 학비 등으로 돈 들어갈 곳이 너무 많았다. 가장 보수적으로 투자하여야 하는 시기에 가장 공격적으로 투자를 하였다. 무리하게 빚을 끌어다가 쓰면서 위험한 ELW 투자를 하다가 큰 손실을 보게 되었다.

레버리지leverage가 높았기에 위험한 선물과 ELW는 속성은 같지만 선물은 시장 프로세스를 속이는 것 없이 정당하다. ELW는 LP가 절대적 영향력을 가지다 보니 시장과 동떨어진 움직임을 보일 수가 있다. 시장을 매일 보고 모니터링하며 회사자금으로 선물을 투자해 칭찬도 받고 하였지만 정작 개인투자는 실패하고 말았다.

결국, 느리더라도 천천히 가자는 원칙으로 돌아왔다.

(1) **국내채권** : 국내에서 증권사들이 발행하여 매월 이자를 지급하는 채권을 샀다. 증권사들의 상황은 여의도에서 근무하는 내가 그나마 빨리 캐치할 수 있는 곳들이다. 또한 현금흐름이 좋아서 적자가 나더라도 현금이 부족한 경우는 별로 없다는 사실도 알았기에 증권사 채권으로 투자하였다. 이 시기 과거 결혼 초기에 투자한 아주캐피탈이나 두산인프라코어 등의 불안 불안했던 채권들의 상환이 잘 이루어진 것과는 달리, 웅진홀딩스가 법정관리가 되면서 일부 금액을 손해 보기도 했다. 나는 주로 긴 채권에 투자하지 않고 기간 RP로 181일 등에 투자하며 현금을 모으고 빚을 갚기로 하였다.

(2) **해외채권** : 비과세 채권의 대명사이며 고금리인 브라질 채권. 나는 이표가 당장은 큰 이표채권보다 인플레이션율이 매년 올라가고 이를 잡기 위해 고금리 정책을 펼치는 브라질의 상황이 지속되리라고 전망하여 브라질 물가연동국채를 샀다. 결국은 인플레이션만큼 원금은 상승했고, 환율하락과 금리 인상으로 인한 가격 하락을 어느 정도 방어해 주었다.

은퇴직전

은퇴를 앞둔 부모님께서 집을 팔면서 어떤 채권을 투자해야 하느냐고 물으셔서 나는 부동산 수익과 연계되어 있는 토지수익연계채권과 일부는 현금창출능력이 뛰어난 브라질 채권에 투자하라고 권유하였다. 은퇴시기가 도래했다고 너무 방어적인 투자를 하기에는 기대수명이 많이 길어졌다. 60대 중후반이신 부모님은 앞으로 최소 이십 년은 거뜬하실 것 같다.

의학기술의 발달로 이십년 후에는 기대수명이 더욱 길어질 것이다. 이제 노년층이라도 모든 자산을 안정자산에만 투자하기엔 수명이 길어졌다. 노년층도 공부하고 일부라도 투자를 해야 하는 시대가 되었다.

마지막으로, 금액을 정할 때에 노트나 컴퓨터로 한 번이라도 기대수익을 따져보자. 이는 당신의 기대수익이나 시장변동성에 대한 마음의 준비를 하는 데 도움이 될 것이라고 생각한다.

5. 합리적 투자자라면 채권투자! 최성욱(한국투자증권)

많은 사람들이 채권투자에 익숙하지 않을 것이고 앞으로도 익숙하지 않을 사람도 많을 것이다.

아무래도 채권투자가 일반적으로 적은 위험을 감수하기 때문에 주식투자보다 기대할 수 있는 수익이 상대적으로 낮을 수밖에 없다. 그렇기 때문에 많은 관심이 가지 않기도 한다. 하지만 그렇다고 해서 채권투자가 무의미하지는 않다. 모든 금융자산을 주식투자만 한다거나 은행 예/적금만 하는 것도 합리적인 선택이 아닐 것이다.

필자는 채권을 금융자산의 일부로 항상 가지고 가는데 채권투자를 하는 대표적인 이유가 두 가지다. 우선 채권투자는 회사채 투자를 많이 하는데 회사채 금리가 은행금리보다 높기 때문에 예금 대신으로 많이 활용을 한다. 보통 은행금리보다 0.3% 이상 나오는 회사채들을 고르게 된다.

IX

회사채 투자를 할 때에는 동일한 회사에 집중하기보다는 섹터와 회사를 다양하게 투자한다. 그리고 수익률을 제고하기 위하여 재무사정은 좋지 않으나 기간산업인 채권에 투자하는 편인데 대표적으로 항공사 채권이 있다. 과점 기업으로 국적항공사가 2개 있는 상황에서 회사의 재무적 위험이 있어도 기간산업으로서 지원가능성이 높기 때문이다. 이러한 이유로 리테일 채권시장에서 아시아나항공 · 대한항공 채권은 활발히 매매되고 있다.

또한 채권 투자는 다양한 만기의 다양한 현금흐름을 만들 수 있어서 자금 운용에 편리하다. 은행예금을 지속적으로 가입하는 것을 '풍차돌리기' 라고도 하는데, 채권 투자를 통해서 보다 더 쉽게 자금을 돌리면서 복리효과를 만들 수 있다.

채권의 경우, 유통시장에서 다양한 만기의 채권들을 매수할 수 있기 때문에 은행에서처럼 3개월 · 6개월처럼 정해진 시간에 구애받고 투자하지 않아도 된다는 점이 유용하다. 더구나 만기에 이자지급을 받는 은행예금과는 달리, 이표채권의 경우는 중도에 이자가 지급되기 때문에 이자를 재투자할 수 있어서 더욱 유리하다.

지금까지 투자한 채권 중 가장 만족하는 채권은 '토지주택채권111'이다. 이 채권의 경우는 월이표채권이면서 만기도 30년인 채권이었다. 금리수준도 4% 수준이어서 30년 동안 지급받는 연금상품처럼 생각하고 투자하였다. 그리고 2년 좀 넘게 시간이 흘러 매달 이자도 받고 있는데, 현재 토지주택채권의 평가 수익률이 22%나 된다는 점에 또 한 번 놀랐다.

자금을 안정적으로 운용해야 한다면 반드시 필요한 것이 채권투자이다. 금리가 낮아지고 있어서 채권투자 환경이 용이하지 않기도 하지만, 이럴수록 회사채 투자가 보다 중요해진다. 회사를 분석하는 능력을 사전에 키워 놓는다면 위험대비 조금이라도 높은 금리를 얻을 수 있을 것이다.

그리고 자산이 보다 커진다면 절세를 노릴 수 있는 해외채권투자까지 반드시 준비해야 한다. 개인투자자로서 해외채권투자에는 제약이 따르기 때문에 긴 호흡을 가지고 안정적인 전략 아래에서 투자가 필요하다.

6. 물가채는 언제 사야 할까요? 장동혁(유안타증권)

이 책의 앞선 장에서 필자는 물가연동국채가 그 메리트를 상당부분 잃었다고 표현하였다. 그 원인은 크게 다음 두 가지이다. 첫째로 국내 시중금리 하락으로 말미암아 물가연동국채의 절대적인 금리 레벨 역시 하락하여 과거와 같은 수익성을 기대하기 어렵다. 둘째로 15-5 종목을 기점으로 향후 발행되는 물가연동국채의 물가상승분에 의한 수익도 이자소득으로 분류되면서 이자소득세 부담이 크게 증가할 것이기 때문이다.

그럼에도 불구하고 물가연동국채는 분명히 관심을 두어야 하는 상품이다. 그리고 때때로 꽤 괜찮은 수입을 얻을 수 있는 기회도 얻게 된다. 여기서는 물가연동국채 매매 전략을 생각해 보기로 하자.

물가연동국채 11-4 종목의 경우 장내 일반채권시장 거래가 매우 활발하다. 그리고 HTS 등을 통해 과거 가격 추이를 보면 그 변동폭 또한 매우 크다는 것을 확인할 수 있다. 아래 그래프를 보면 물가연동국채의 가격은 물가연동계수를 반영한 것을 기준으로 2014년 초에 가장 낮은 수준이었으며, 최근 매우 높은 레벨까지 상승한 상태이다.

물가연동국채(11-4) 장내 거래 추이

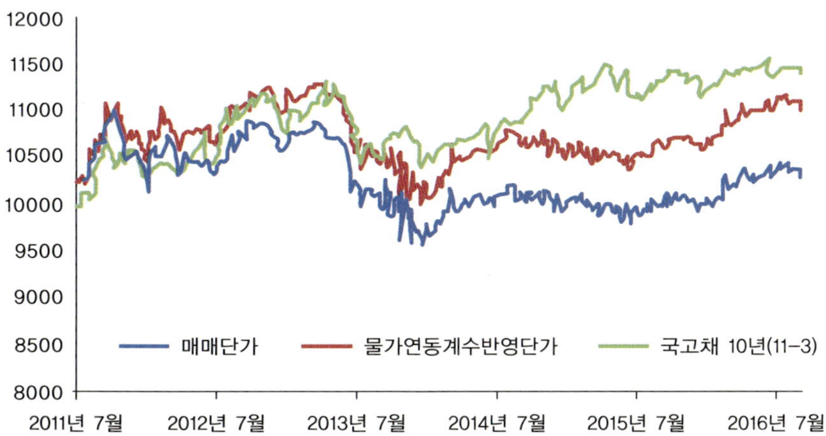

이와 같은 큰 폭의 가격 변동성은 기본적으로 물가상승률에 대한 기대치와 실제 물가지수의 발표치의 괴리, 그리고 이에 따른 물가상승률에 대한 전망치의 수정 등이 반영되었다고 볼 수 있다. 물가연동국채도 기본적으로 10년만기 국채이기 때문에 국고채 10년물과 유사한 가격 흐름을 보여야 하지만, 이러한 물가상승률 전망의 변화는 가격흐름에 있어서 괴리를 만들어 낸다. (국고채10년물(11-3)과 물가연동국채(11-4)의 흐름에 상당한 차이가 보임)

그렇다면 물가연동국채에 대해 어떠한 접근을 할 수 있을까? 필자는 물가연동국채를 통해 단기적이고 빈번한 트레이딩으로 수익을 내는 것에는 반대한다. 물가연동국채 역시 채권이니만큼 시중금리가 급등하는 상황 속에서는 속수무책으로 평가손실이 발생할 것이며, 불가피하게 만기까지 가져가는 경우가 생길 수 있기 때문이다.

그러나 투자자의 자산을 물가상승이라는 위험요소로부터 지켜 주는, 매력적인 상품 중의 하나인 물가연동국채는 분명 그만한 가치가 있다. 그리고 여전히 11-4 종목과 13-4 종목은 물가상승분에 대하여 이자소득세로서 과세하지 않는다. 따라서 투자 포트폴리오 상에 여유가 있으면서, 안정적이고 장기적인 투자대상을 찾는 투자자에게는 물가연동국채를 여전히 적극 권장하고 있다.

문제는 물가연동국채를 매수할 때에 무턱대고 매수하기보다는 현재 물가연동국채의 가격이 적절한 레벨인지를 판단할 수 있어야 한다는 것이다. 그 레벨을 판단하기 위해 다음 두 지표를 보자.

국고채 10년 금리

일반적으로 물가연동국채 금리는 국고채 금리와 유사한 흐름을 보인다. 국고채 금리는 국내 채권시장 수요와 공급에 따라 결정되는 부분이기에 현재 레벨이 적절한지 과도하게 낮은 건 아닌지 등은 판단하기는 쉽지 않다. 다만, 최근 국고채 금리 흐름이 너무 급격하게 낮아진 모양새가 보인다면 잠시 숨을 고르고 조정이나 반등을 기다려 보는 것도 괜찮다.

국고채 금리 추이

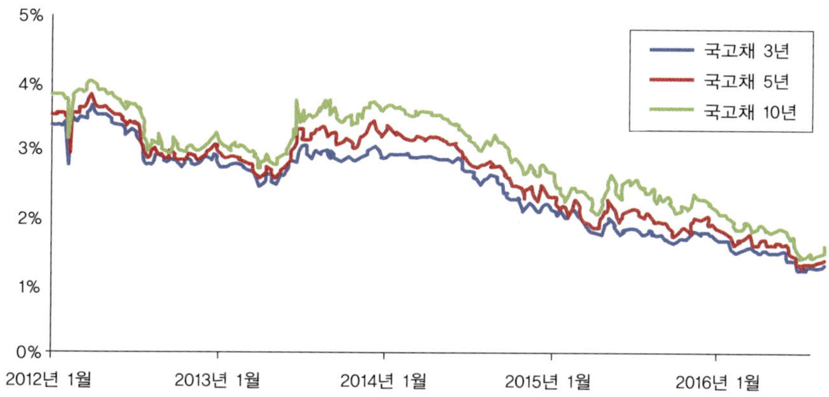

국내 금리의 하락 추세는 이어지고 있으며 향후에도 좀더 하락할 여지가 있다고 본다. 그러나 그러한 추세선 사이에서도 이따금씩 나타나는 금리 반등 시점에서는 물가연동국채를 다시 한 번 떠올려 보는 것도 좋을 것이다.

IX

국고채 금리 - 물가채 금리 차이

국고채 금리와 물가채 금리의 차아는 무엇을 뜻할까? 각 물가연동국채가 발행된 연도에는 동일하게 10년 만기를 가진 국고채가 발행되는데, 물가연동국채(11-4) 종목의 경우와 국고채10년(11-3) 채권이 그것이다. 두 종목의 금리를 과거부터 현재까지 그려보고, 두 금리그래프의 차이(Spread)를 표시해 보기로 하자. 아래와 같은 그래프를 얻을 수 있다.

앞서 말한 두 종목의 금리 차이가 BEI Spread이다. (물가연동국채(13-4)의 BEI Spread는 국고채10년(13-2)나 국고채10년(13-6) 종목과 물가연동국채(13-4)종목간의 금리 차이이다) 이러한 BEI Spread는 채권의 잔여만기 동안 향후 발생할 물가상승률의 기대치가 반영되어 있다. 이론적으로, BEI Spread만큼 물가가 상승한다면 두 종목의 투자성과는 동일하게 나올 것이기 때문이다.

물가연동국채(11-4)와 국고채10년 (11-3)의 금리 변동 추이

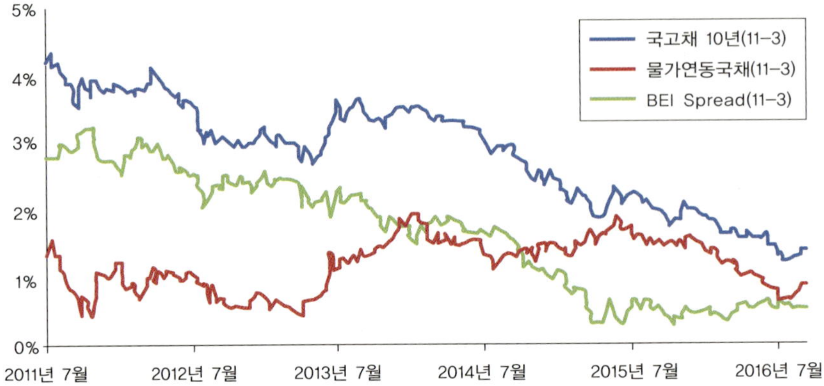

과거 2011년~2013년에는 물가상승에 대한 기대치가 매우 높았다. 국내 금리 수준이 높았던 것만큼 말이다. 당시만 해도 연 2% 이상의 물가상승은 당연한 것으로 여겨졌으며, 오히려 너무 높은 물가상승률로 말미암아 국내 소비 침체를 걱정했던 시기였다. 그러나 상품수요 감소 및 국제 원자재가격의 폭락으로 소비자물가상승률은 1% 대, 아니 그 아래로 주저앉고 말았다. 여기에서 우린 어떤 시사점을 얻을 수 있을까?

BEI Spread는 물가연동국채의 상대적인 가격수준을 의미한다. BEI Spread가 높을 경우는 물가연동국채가 비싸게 평가 받고 있다고 여길 수 있다. 그 반대로 BEI Spread가 낮은 구간에서는 물가연동국채가 저렴하게 평가받는 것이라고 생각하면 된다.

문제는 BEI Spread에 대한 절대적인 평가 기준이 없다는 것이다. 따라서 현재의 BEI Spread가 적절한지에 대한 판단은 각자 다를 수 있다. 다만 확실한 것은, BEI Spread가 0.4%에 불과한 구간에서는 분명 인플레이션 기대치가 과도하게 낮아져 있고, 따라서 물가연동국채의 가격이 매우 저렴한 상황이라는 판단이다.

실제로 BEI Spread가 역대 최저였던 2014년 말이나 2015년 초에 물가연동국채를 매수했다면 꽤 짭짤한 수익을 얻을 수 있었을 것이다. 과연 미래에 우리나라의 연 평균 물가상승률이 꾸준히 0.4%에 그칠 것인가?

많은 사람들이 적어도 1%는 넘을 것이라고 생각한다. 심지어 한국은행의 물가상승률 목표는 연 2%이다. 결국에 물가연동국채의 시장 가격은 올랐다. BEI Spread도 반등했다.

현재 금리 수준이 너무 낮아서 물가연동국채를 매입하는 것이 망설여진다는 투자자도 있다. 이런 사람에게는 단지 두 가지 남기고 싶은 말이 있다. 금리 흐름은 아무도 예측할 수 없다는 것이다. 국내 시장에서 마이너스 금리를 보는 것 또한 아주 불가능한 것은 아니라는 생각이다.

IX

다른 하나는, 국내 경기가 회복되면서 금리 상승 국면이 왔을 때에 적어도 물가 역시 상승할 것이라는 말이다. 이 경우에 물가연동국채의 평가손실은 국고채의 평가손실 대비 매우 양호할 것이다. 물가가 회복되면서 BEI Spread도 확대될 것이고, 국고채의 금리상승 폭 대비 물가연동국채의 금리상승 폭은 훨씬 적을 것이기 때문이다. 그러는 동안 우리는 상승하는 물가만큼 상승하는 물가연동국채 수익을 누리면 되겠다.

다시 강조하지만 물가연동국채는 진입 시점이 중요하다. 그리고 BEI Spread가 충분히 하락했을 때는 좀더 큰 관심을 가지고 물가연동국채 투자에 나서 보도록 하자.

필자 주) BEI Spread에 대해서는 증권사 영업점에 문의하면 데이터를 얻을 수 있음.

부록

이번 장은 증권사 채권 관련 부서에 취업하고자 하는 독자들과 채권에 대한 정보를 어디서 얻을 수 있는지에 대해 궁금해하는 독자들을 위한 부록입니다.

여러 금융기관들이 채권시장에 참여하지만 그 중 저자들이 일하는 증권사의 업무와 채권에 관련된 부서들이 구체적으로 어떤 일을 하는지 알려 드리고자 합니다.

증권사의 채권업무에 관심이 있다면 이번 장의 내용이 큰 도움이 될 수 있다고 생각합니다. 또한 이 책을 읽고 채권에 대한 관심이 높아져서 추가적인 정보를 얻고 싶은 분들에게 참고할 만한 웹사이트를 소개해 드리겠습니다.

1. 금융기관 중 증권사는?

흔히 금융업이라고하면 은행, 증권, 보험 정도를 떠올릴 것이다. 하지만 금융업의 범위는 생각보다 넓다. 신용평가사 · 재보험 · 카드 등 관련된 다양한 업종들이 있다.

아래 표는 금융업으로 분류되는 회사들을 정리한 표이다. 이외에도 많은 금융업종과 회사들이 있다.

금융업의 종류

구 분	기 업 명
금융지주	우리금융지주, 신한금융지주, 하나금융지주, 한국투자금융지주, KB금융지주
일반은행	국민, 우리, 신한, 하나, 외환, SC제일, 한국씨티 등
특수은행	산업, 기업, 수출입, 농협, 수협 등
지방은행	부산, 대구, 광주, 제주, 전북, 경남 등
저축은행	한국, 솔로몬, 현대스위스, 토마토, 제일, HK, 푸른, 서울, 신민 등
증권	미래에셋대우, KB증권, NH투자증권, 한국투자증권, 신한금융투자, 삼성증권, 유안타증권, 하나금융투자, 대신증권, 메리츠종합금융증권, 한화투자증권, 교보증권, DB금융투자, 하이투자증권, SK증권, 키움증권, 유진투자증권 등 57개사
생명보험	삼성, 대한, 교보, ING, 앨리안츠, 미래에셋, 동양, 신한, 흥국, 매트라이프, 금호, AIG, 푸르덴셜, 동부, PCA
화재보험	삼성화재, 현대상선, 동부화재, LIG손보, 메리츠화재, 제일화재, 한화손보,롯데손보, 흥국, 그린
재보험	코리안리
카드	신한, 삼성, 현대, 롯데 등
신용평가	한국신용정보, 한신평정보, 한국기업평가

우리나라에 증권사가 총 몇 개가 있을까? 증권업종에 종사하지 않는다면 정확한 수를 알기 힘들 것이다. 흔히 알고 있는 뉴스나 기사에 나오는 은행계열이나 대기업계열 증권사 정도가 일반인에게 익숙하고 그외 증권사들의 이름은 생소할 것이다. 아래 표는 금융투자협회에 공시된 2015.12.31기준 증권사 현황이다. 최근 증권사끼리의 M&A 등으로 증권사 수는 줄어들고 있는 추세이다.

증권업 현황_2018년 12월 말 기준

(단위: 억 원, 명)

순번	회사명	자산총계	부채총계	자본총계	자본금	영업수익	영업비용	영업이익	당기순이익	임직원현황
1	미래에셋대우	666,839	584,486	82,352	41,020	112,773	107,361	5,412	4,341	4,564
2	NH투자증권	511,242	461,133	50,109	15,313	89,516	84,607	4,908	3,241	2,980
3	삼성증권	356,332	310,252	46,080	4,585	48,035	43,603	4,432	3,207	2,297
4	KB증권	430,015	385,445	44,570	14,931	65,613	62,765	2,848	2,375	2,980
5	한국투자증권	443,513	400,008	43,505	1,757	78,388	71,682	6,706	5,035	2,666
6	메리츠종합금융증권	236,863	202,948	33,915	7,175	82,616	77,908	4,708	3,489	1,451
7	신한금융투자	272,516	238,875	33,641	15,470	54,670	51,455	3,215	2,457	2,462
8	하나금융투자	224,711	192,551	32,159	2,932	37,267	34,931	2,336	1,743	1,684
9	키움증권	150,057	130,831	19,226	1,270	18,515	16,194	2,321	1,908	760
10	대신증권	140,163	122,211	17,952	4,349	22,365	21,088	1,276	1,148	1,531
11	유안타증권	113,111	101,510	11,602	10,625	20,214	19,296	918	1,029	1,703
12	신영증권	90,134	79,263	10,871	822	15,183	14,416	767	607	687
13	한화투자증권	68,590	59,137	9,453	8,862	18,751	17,771	979	727	1,083
14	교보증권	71,392	62,598	8,794	1,800	12,467	11,533	934	763	923
15	현대차증권	58,601	50,263	8,338	1,467	5,928	5,236	692	515	723
16	유진투자증권	64,900	57,351	7,549	5,376	7,241	6,606	634	457	736
17	하이투자증권	57,142	49,710	7,432	2,007	8,146	7,541	606	459	781
18	DB금융투자	54,287	47,944	6,343	2,122	7,252	6,541	710	469	818
19	IBK투자증권	45,413	39,076	6,338	4,770	11,823	11,059	764	570	644
20	씨티그룹글로벌마켓증권	9,383	3,859	5,523	500	1,403	819	583	438	108
21	크레디트스위스증권	16,586	11,111	5,475	1,850	1,621	635	986	905	92
22	SK증권	35,299	29,927	5,372	2,383	5,281	5,123	158	106	777
23	제이피모간증권	20,615	15,678	4,936	172	1,307	643	664	507	96
24	케이티비투자증권	15,653	10,831	4,823	3,530	2,364	1,958	406	204	417
25	유화증권	6,247	1,687	4,560	742	210	154	56	60	64
26	부국증권	14,179	9,685	4,494	668	6,101	5,754	347	269	254
27	비엔케이투자증권	17,978	13,772	4,205	1,130	1,493	1,347	145	114	252
28	이베스트투자증권	31,647	27,605	4,042	2,024	10,448	9,970	478	346	484
29	메릴린치증권	9,559	5,530	4,029	222	1,452	737	715	537	81
30	노무라금융투자	30,463	26,829	3,634	334	42,160	41,954	206	155	118
31	UBS증권	8,293	5,012	3,281	1,500	1,498	567	932	1,040	60
32	한국에스지증권	16,750	13,667	3,083	2,055	1,516	636	880	671	60
33	한국스탠다드차타드증권	2,921	47	2,875	3,000	108	135	-27	-29	36
34	모건스탠리증권	9,546	6,793	2,753	200	1,727	1,252	476	386	98
35	골드만삭스증권	10,571	7,835	2,737	150	1,084	520	564	430	91

순번	회사명	자산총계	부채총계	자본총계	자본금	영업수익	영업비용	영업이익	당기순이익	임직원현황
36	한양증권	18,447	15,748	2,699	663	2,051	1,995	56	47	234
37	비엔피파리바증권	4,937	2,373	2,564	2,500	239	185	54	50	50
38	케이프투자증권	20,201	17,998	2,203	1,700	2,104	1,956	148	113	254
39	도이치증권	6,375	4,176	2,200	416	634	624	11	13	59
40	아이엔지증권 서울지점	1,505	6	1,498	1,480	80	95	-15	-10	15
41	리딩투자증권	4,355	3,246	1,109	469	717	570	147	148	126
42	상상인증권	4,610	3,610	1,000	520	336	414	-78	-105	116
43	맥쿼리증권	2,292	1,317	975	244	394	310	84	62	76
44	다이와증권캐피탈마켓코리아	2,158	1,276	882	217	313	325	-12	-8	73
45	씨엘에스에이코리아증권	3,360	2,522	838	240	543	491	51	39	51
46	홍콩상하이증권	1,442	809	633	440	310	287	23	10	68
47	흥국증권	788	174	615	320	364	256	109	89	106
48	크레디 아그리콜 아시아 증권 서울지점	560	18	542	498	103	60	43	44	14
49	바로투자증권	907	367	540	170	631	468	163	121	143
50	코리아에셋투자증권	4,208	3,694	514	237	1,335	1,245	91	66	194
51	한국포스증권	1,459	1,012	447	780	50	111	-62	-62	39
52	DS투자증권	753	482	270	380	128	168	-40	-43	78
53	케이아이디비채권중개	136	9	127	63	79	69	10	7	34
54	씨지에스 씨아이엠비증권	196	84	112	154	73	114	-41	-41	32
55	미즈호증권	116	10	107	100	43	32	11	10	11
56	초상증권	96	3	92	85	29	21	8	7	18
57	KR투자증권	55	2	53	217	14	38	-25	-28	25

증권사는 과연 어떤 일을 하는 걸까? 흔이 일반인이 증권회사를 떠올리면 '주식'을 먼저 생각하게 된다. 하지만 증권사에서 개인고객들의 주식관련 업무는 회사 전체 업무의 일부분이다. 증권사의 업무를 크게 두 가지로 분류한다면 프론트(영업) 업무와 백오피스(지원) 업무이다. 쉽게 말해 프론트 부서는 돈을 버는 직접적인 역할을 하는 부서를 말하고, 백오피스(Back Office) 부서는 프론트 부서들이 돈을 벌 수 있도록 직간접적으로 지원하는 부서이다.

프론트(Front) 부서(영업부서)들도 크게 3가지로 분류할 수 있다. ①금융상품들을 팔면서 수수료 수익을 버는 부서들, ②유가증권 등을 발행하면서 수수료를 버는 부서들, ③금융상품을 회사자본으로 매매하여 수익을 내는 부서 등이다. 다음 표에 증권사의 조직에 대해 간략히 구분하였다. 영업부서들은 채권 관련된 부서만 예시를 들어서 설명하였다.

증권사의 조직구조

증권사 업무 구분		
Front Office (영업부서)	Brokerage	리테일 지점, 법인영업본부, 채권영업본부 등
	Underwriting(IB)	기업금융본부, 프로젝트 금융본부 등
	Dealing	자산운용본부(주식운용, 채권운용), 파생상품운용본부, 시스템트레이딩 본부 등
Back Office (지원부서)	기획, 마케팅	경영기획, 상품기획, 마케팅 등
	경영지원	인사팀, 총무팀, 결제업무, IT 등
	감사, 규제	감가실, 컴플라이언스, 리스크 관리 등
	리서치센터	투자전략, 기업분석 등
	재무지원	재무관리, 홍보 등

증권사의 업무는 크게 3가지 Brokerage, Underwriting, Dealing으로 나뉜다.

(1) 중개업(Brokerage)

주식, 채권, 파생상품, 펀드, ELS, DLS, CMA, RP 등으로 개인 및 법인 고객 대상으로 금융상품 판매

(채권관련업무 예시) 지점에서 개인 및 법인고객에게 채권 판매, 리테일 채권부서에서 시장의 채권을 지점으로 중개, 채권영업부에서 기관 간 채권중개업무, FICC부서에서 구조화채권 세일즈 등

(2) 증권인수 · 발행(Underwriting)

일반적으로 말하는 Investment Bank: 장기 산업자금 취급 업무

(채권관련업무 예시) DCM에서 회사채 발행업무, 인수영업부서에서 여신전문 금융업을 영위하는 회사가 발행하는 채권 발행 및 세일즈 업무, 구조화채권 발행 등

(3) 거래(Dealing) :

- 프랍(Prop) 운용

  (채권관련업무 예시) 채권운용부에서 자기자본으로 채권운용, 고객 RP자금을 운용, 해외채권 운용, 구조화채권을 발행한 수익을 주기 위한 원금

- book 운용

2015년 12월 말의 기준 증권사 직원의 수는 36,161명이다. 이중에서 채권관련 업무를 하는 직원들은 약 2,000~2,500명 정도로 추정한다. 자산관리 업무의 확대나 금융자산의 급증 등으로 인해 채권 관련 전문 인력 수요는 꾸준히 증가하고 있다.

2. 채권부서에서 하는 일

증권사별로 채권부서의 조직은 다 다르다. 기능별 부서(팀)로 존재하는 회사도 있고, 하나의 부서(팀)에서 여러 업무를 하는 경우도 있다. 기능별로 본다면 다음 분류에서 크게 벗어나지 않을 것이다. 크게 보면 운용, 영업, 리테일과 발행으로 구분할 수 있다. 채권업무를 확장하면 구조화채권과, FICCFixed Income, Currency, Commodity 업무까지 포함되지만 여기서는 전통적인 채권 업무로 한정해서 설명하겠다.

부록

운용

① RP 운용

RP업무에 대해서는 앞부분에 설명한 바 있다. 고객들이 RP로 맡긴 자금을 채권으로 운용하는 업무이다. 증권사별로 다르지만 대형증권사는 5~10조 정도의 RP채권을 보유하면서 운용하고 있다.

② Prop(Proprietary trading) 운용

말 그대로 회사 고유자금으로 채권 운용을 하는 부서이다. 저금리로 인하여 최근에는 국내채권 외 해외채권, FX 등에 같이 투자하기도 한다.

③ 원금북(book) 운용

최근 몇 년 사이 대형증권사에서 운용 사이즈가 커지는 부서이다.

증권사들이 ELS/DLS 등 파생결합증권을 발행하면서 고객들의 파생결합증권으로 투자하는 돈을 채권으로 상당부분 운용한다. 파생결합증권의 발행잔고가 늘어나면서 원금북 운용 규모도 같이 성장하고 있다.

④ PD 업무

정부가 국채시장 조성을 위해 설립한 국고채전문딜러업무를 PD Primary Dealer라고 한다. 증권사들은 10개의 회사들이 참여하고 있다. 국고채의 인수 및 호가제공의무를 지니고 있으며 점수제로 이루어짐으로써 반기마다 기획재정부가 평가하여 인센티브를 제공하는 등 PD들의 경쟁을 유도하고 있다. 최근에는 증권사 자금조달에 이점을 주어 증권사들이 자격유지를 위해 노력하고 있다.

영업

① 채권중개영업

채권거래는 대부분 장외거래로 이루어진다. 따라서 채권의 매수자와 매도자를 연결해 주는 중간 브로커의 역할이 중요하다. 증권 · 운용사 · 보험사 · 공제회 · 연기금 등 채권을 매매하는 부서들을 대상으로 영업을 하여 채권중개를 하는 업무이다.

② 채권인수영업

발행된 채권을 중개하는 업무를 채권중개로 본다면, 발행하는 채권을 세일즈하는 영업을 채권인수영업이라고 한다. 채권 영업부서에 속하는 경우가 있고 일부 증권사의 경우 IB부분에 속해 있기도 한다. 채권발행을 많이 하는 은행 · 카드/캐피탈사 · 공사 등 발행사를 대상으로 영업을 하여 채권을 받아와서 채권수요자에게 세일즈하는 역할을 한다.

③ 국채선물중개

주식시장에 헤지를 위하여 코스피200선물과 옵션 시장이 있는 것처럼 채권시장에도 국채선물시장이 있다. 국채선물은 3년물과 10년물만 활성화되어 있는데, 국채선물을 매매하려는 기관들에게 주문을 받아서 매매하는 영업을 하고 있다. 영업인가에 따라 국채선물중개 부서(팀)이 있는 증권사와 없는 증권사가 있다.

리테일

① 리테일 채권

개인들이 채권투자에 점점 관심이 많아지면서 성장하고 있는 업무이다. 필자들이 속해 있는 부서이며 지금까지 본 책에서 설명한 대로 발행 및 유통시장에서 채권을 사와서 지점에서 고객들이 채권을 살수 있게 모든 유관업무를 하는 부서이다. 쉽게 생각하여 '도매상'이라고 할 수 있다. 채권은 보통 최소 '100억'이라는 큰 단위로 거래되기에 시장에서 거액단위로 채권을 사와서 지점에서 고객이 원하는 단위로 판매하는 업무를 하는 것이다. 이러한 업무를 위해 채권잔고를 일정부 분 보유하기에 일부 운용업무도 겸한다고 볼 수 있다. 최근에는 해외채권에 대한 관심이 커져서 해외채권을 외국에서 직접 소싱(Sourcing)하기도 한다.

② 소액채권

국민주택채권 · 서울도시철도채권 · 지방도시철도채권 · 지역개발채권 등의 첨가부소화채권을 은행과 계약된 매도대행 증권사가 한국거래소를 통해서 채권을 매수하고 매도하는 업무를 말한다. 주로 리테일 채권 부서에서 해당업무를 하지만 증권사별로 운용이나 영업 쪽에서 해당 업무를 하는 경우도 있다.

발행

① 채권발행

채권을 발행하는 업무로 보통 일반 기업들이 회사채를 발행하고자 할 때, 증권신고서 등 발행 업무를 하는 부서이다. 회사별로 다르지만 발행사를 담당하는 부서(팀)와 발행된 채권을 세일즈하는 부서(팀)로 구분되어 있다.

3. 채권업무를 하기 위해서는? Q & A

(1) 신입 지원 시 나이와 성별, 그리고 학벌을 얼마나 보나요?

(답변 1) 취업이 갈수록 힘들어지다 보니 소위 '스펙'이라고 불리는 요건들에 대해서 많이들 신경을 쓴다. 신입사원을 채용하는 것은 인사팀의 고유 역할이기 때문에 신입사원의 채용 기준에 대해서는 본인이 언급할 수는 없지만, 채권시장에서 일하면서 만나게 된 사람들의 스펙에 대해서 선입관과 실제와의 괴리감에 대해서는 말할 수 있겠다. 필자는 성별·학벌·나이 등의 스펙은 실제 일을 하는 것과는 완전히 별개라고 생각한다. 학벌이 좋다고 업무의 이해도가 빠른 것이 아니며, 나이가 어리다고 순발력이 있는 것도 아니다.

신입사원으로서 중요한 것은 업무를 대하는 '태도'와 '열정'이라고 생각한다. 실제 필자의 부서에서 일하던 인턴이나 신입사원들을 보면서 느낄 수 있었다. 정말 채권 쪽의 일을 하고 싶어서 그날그날 모르는 것은 남아서 스스로 학습하는 열정을 보이고, 무슨 일이든지 착실하게 하는 모습을 보면 정이 안 갈 수가 없다. 다른 일들도 마찬가지겠지만 천재가 아닌 이상 열정과 성실한 태도는 기본 무기라고 할 수 있다.

(답변 2) 일반적으로 경력직은 자기소개서를 세세하게 다 읽어 보고 채용이 결정되는 편이지만 신입사원 공채는 너무 많은 서류가 몰리다 보니 일부 회사는 외부전문업에게 의뢰하여 기본적인 몇몇 항목을 통해 필터링filtering한다고 한다. 하지만 필자의 회사는 밤새 야근을 해서라도 자기소개서는 무조건 다 읽으며, 출신학교 및 학점을 감안하지 않은 상태로 자소서 중심으로 좋은 평가를 받은 사람만 서류 전형 합격이 가능하다.

아마 대부분의 회사들이 회사의 일꾼이자 식구가 될 직원을 뽑는 데 바쁘고 비효율적이라는 이유만으로 필터링하지는 않을 것이다. 따라서 자기소개서나 면접이 정말 중요하다고 볼 수 있다. 보통 자기보다 뛰어난 학벌이나 스펙이 있을 것이라고 지원을 주저하는 사람이 많은데, 지원조차 하지 않는다면 기회 자체가 없어지니 마음에 드는 분야나 회사에 꼭 지원하기 바란다. 회사는 유기체와 같아서 다양한 사람들을 공통의 목표와 비전Vision 아래 결합시킨다.

만약 모두가 다 동일한 스펙이나 학벌 성별이나 나이로 구성되면 의외로 외부 충격에 쉽게 무너져 버리는 경우가 많았기에 최근에 와서는 그렇게 단순한 채용은 없는 편이다. 다만, IT팀에 프로그래밍이나 컴퓨터를 전혀 못하면서 지원한다면 뽑기 어렵듯이 꼭 부족한 분야는 이를 충분히 상회하는 다른 장점을 개발해야 한다. 남녀노소 구분 없이 만인이 참여가 가능한 주식시장처럼 증권회사도 오로지 실력으로 승부하는 대표적인 직업군이다. 임직원 모두 이러한 증권업 분야에서 살아남을 실력자를 뽑지, 성별이나 나이 학벌로 사람을 재단하지 않는다고 감히 말할 수 있다.

(2) 증권사 취업 시 자격증이 얼마나 도움이 되나요?

부록

(답변 1) 최근 들어 대학생이 취득할 수 있는 자격증이 많이 제한되었다. 취업에 도움이 되는 자격증이라고 한다면 CFA · CFP · FRM 정도이며 AICPA도 도움이 된다. 자격증은 단순히 자격증을 획득하여 내가 능력이 있다는 것을 증명하기 위해 존재하는 것이 아니다. 자격증을 통해서 내가 관심을 가지고 있어서 대학공부 외에도 추가적으로 공부를 했다는 스토리텔링이 되는 것이다. 내가 금융업에 종사하기 위해서 관심이 많았다고 표현하기 위해서 자격증만큼 확실하고 편한 것은 없다. 그리고 자격증 취득을 통해서 금융용어 정도라도 익숙해져 있으면 실무를 할 때에 편한 것이 사실이다. 다만, 자격증을 딸 때에 내가 어떤 실무에 더 관심이 가며 무엇이 더 적합한지는 확인하고 공부하는 것이 좋다. 모든 자격증을 다 따기보다 내가 하고 싶은 일에 적합한 자격증을 찾아보도록 하자.

(답변 2) 취업에 관한 부분은 사실 채용이 각 금융투자회사 인사팀의 고유 권한이고 회사 정책에 의해 신입직원을 선발하기 때문에 정확한 팁은 줄 수 없지만 동종업계에서 10년 가까이 업무를 하면서 도움이 될 만한 조언은 해줄 수 있을 것 같다. 금융투자업무와 관련된 자격증이 있다면 그 사람이 이 일을 하기

위해서 관심을 가져왔고, 준비를 착실히 해왔다는 점을 확실히 어필할 수 있다.

최근 취업난이 지속되면서 평소 관심이 없었던 업종에도 지원자들이 지원을 많이 하고 있다. 관련 자격증은 인사팀에서 이런 지원자들을 필터링하는 좋은 툴이 될 수 있다. 또한, 특정 부서에서는 CFA·FRM·CAIA·CPA·CFP와 같은 전문 자격증을 요구하는 곳도 있어서 전문 자격증을 대학교 시절에 미리 취득해 두면 관심 있었던 전문부서로 발령받는 데 도움이 될 수 있다. 하지만 자격증은 금융투자회사에 입사하는 데 필수적인 조건은 아님을 명심하자. 자격증이 없더라도 관련 업종에 대한 관심과 본인의 노력을 증명할 수 있는 대내외 활동들이 있다면 충분히 입사에 성공할 수 있다. 필자의 동기들뿐만 아니라 최근 입사하고 있는 신입직원들 중 상당수가 관련 자격증 없이 입사했다.

(3) 어학실력은 중요한가요?

(답변) 결론만 말한다면 일부 부서를 제외하고는 크게 중요하지 않다. 기본적인 어학점수는 성실성을 판단하기 위해서 보는 것이고, 실제 업무에서 필요한 어학실력은 해외 기사나 리포트를 읽을 수 있는 능력 정도이다. 물론, 해외채권을 딜링하는 부서나 장외파생계약 등을 다루는 부서에서는 관련된 비지니스 영어 실력이 뒷받침되어야 한다. 하지만 영어를 못한다고 지레 겁먹을 필요는 없다. 업무를 하며 본인이 필요하다고 생각되는 부분을 스스로 공부하면 된다. 네이티브 수준까지 필요하지는 않기 때문이다.

(4) 자기소개서 작성 시에 팁이 있나요?

(답변 1) 자기소개서 작성시 중요한 것은 자신이 이 회사에 필요한 사람이라는 것을 똑바로 표현하여 설득하는 것이라고 생각한다. 그렇다면 회사가 필요로 하는 사람은 어떤 사람인가? 최근의 취업준비생들은 이미 회사가 요구하는 지식 수준은 대부분 충분히 넘어선 것으로 판단된다. 그러나 진짜 문제는 지원자들이 실제로 회사에서 무엇을 하고 싶은지, 그 일이 어떤 식으로 돌아가는지, 그리고 왜 그것을 하고 싶은지 등을 알지 못한다는 것이다.

예컨대 증권사의 채권업무를 지원하는 지원자들의 경우에도, 그 지원자들 중 대부분은 IB본부의 DCM, 리서치 등에 대해 자신이 얼마나 지식을 쌓았는지를 뽐내는 등 천편일률적인 자기소개서가 넘치고 있다. 이것은 실제로 채권업무를 알아보고 준비했다기보다는 일종의 모범답안을 베낀 듯한 느낌만 준다. 가능한 한, 업계 사람을 만나고, 하루하루 무슨 일이 있는지, 어떤 일에서 보람과 성취감을 느끼는지, 무엇이 고민스러운지 간접적으로라도 느껴 보자. 그리고 이를 토대로 미래에 어떤 시장이 열릴 것인지, 그리고 그러한 시장 상황에서 어떤 대안을 제시해야 하는지 등을 고민해야 할 것이다.

한 가지 또다른 힌트를 주자면 억지로 스펙을 과대포장하여 쓸 필요는 없다. 조금 슬픈 이야기이지만 스펙이 조금 떨어져도 어린 사람이 선호되는 경우가 많다.

(답변 2) 무조건 튀는 단어와 문장으로 시작해야 한다. 생각해 보라. 인사팀에 들어오는 지원서만 해도 수천 장이 넘는다. 인사팀 직원들 중 서류전형에 관여하는 직원은 많아야 4명 정도일 것이다. 4명이 2,000장의 지원서를 읽는다고 생각해 보자. 한 사람이 500장의 비슷한 내용들을 볼 것이다. 그들의 눈에 "이 친구가 더 궁금하다"라는 느낌을 줘야 한다. 본인의 특이한 경력이나 독특한 경험을 쓰는 것도 좋다. 어쨌거나 튀어야 한다. 그렇다고 너무 뻔한 거짓말을 해도 안 된다.

일례로 증권사 입사를 원했던 필자의 동기는 자기소개서마다 해당 증권사의 기업분석을 하며 자신의 인생이라는 우량 자본을 해당 증권사에 투자하고 싶은 이유를 나열했다. 이와 같이 재미있고 기발하게 연결해야 한다.

(5) 채권업무하기 가장 좋은 대학 전공은 무엇인가요?

(답변) 학부의 전공은 크게 의미가 없다고 보는 것이 대부분 현업 종사자들의 공통된 의견이다. 물론, 재무나 투자론 및 재정학 쪽의 과목을 수강한 경우는 개념을 잡기에는 다른 사람보다 유리한 부분이 있지만 업무 수행을 위한 지식적인 면에서는 경영학과 출신이나 기타 인문대나 공대 출신이나 크게 차이가 나지

않는다. 그럼에도 채권업무에 제일 도움이 되는 대학교 전공을 고르라고 한다면 아래와 같다.

① 경영학, 경제학 등 상경계열 관련 과목

② 행정학, 법학과 등 상경계열의 전공을 공통수업으로 듣는 과들 (회계원론, 상법, 경영학입문, 경제학 입문 등) 이 유리

③ 채권 중에서도 특정분야에서 선호하는 과들은 특히 분석 및 리서치 쪽에서 케이스 스터디(case study) 경험이 있는 사회학, 국제지역학 같은 인문학부 출신을 선호하기도 함. 또한 시스템 및 공학을 채권에 결합하는 것이 시대적 흐름이 되어 가는 요즘은 산업공학과나 수학과나 전산과 등의 전공자를 필요로 하는 곳이 많음

(6) 증권사의 채권업무에는 어떤 것들이 있나요? 그리고 각 업무의 장단점은?

(답변) 증권사에서 채권업무는 크게 3가지로 볼 수 있다. 첫째, 채권 운용이다. 금융투자상품을 팔면서 고객의 돈이 유입되면 대부분의 자산을 채권으로 운용하게 되는데 이 자금을 운용하거나 증권사 자체 고유자금을 운용하기도 한다. 금융위기 이후 증권사는 수익의 상당부분을 채권운용부분에서 벌었다.

둘째, 채권중개이다. 발행된 채권을 유통시장에서 기관들끼리 거래하는데 증권사가 중간에서 브로커 역할로 매매시에 수수료를 수취할 수 있다.

셋째, IB 부분이다. 채권을 발행하거나 인수하면서 발행사에게 수수료를 받는데 IB의 DCM 부서에서 이런 역할을 한다.

(7) 증권사 외에서는 어떠한 채권업무가 있나요?

(답변) 증권사외에도 대표적으로 채권투자를 많이 하는 곳은 보험사, 연기금, 은행, 자산운용사 계정을 들 수 있다. 보험사와 연기금의 경우는 부채인 보험금이나 연금에 맞춰서 만기가 긴 채권 위주로 투자를 하고 있으며 은행과 자산운용사는 예금 및 펀드 가입에 대해서 운용을 하게 된다. 대체적으로 은행과 자산운용사 및 증권의 경우, 일반적으로 단기/중기 채권 투자가 많은 편이다.

(8) 채권 애널리스트는 별로 못 들어본거 같은데요, 있다면 어떤 일을 하며 전망이 어떤가요?

(답변 1) 채권 애널리스트 수는 주식 애널리스트 수에 비해 훨씬 적다. 이유는 간단하다. 주식은 종류도 많고 유동성도 높다. 또한 기대수익도 매우 높다. 그리고 주식은 다양한 가능성과 스토리텔링에 따라서 내재가치보다 크게 상승하는 경우가 많다.

따라서 주식과 관련된 다양한 관점의 분석 보고서들에 대한 수요 역시 매우 많다. 하지만 채권은 주식과 다르다. 대부분의 펀드매니저들은 국공채 매매를 한다. 따라서 채권 리서치 보고서는 채권시장에 대한 시황분석들이 주를 이룬다. 개별 채권들의 크레딧 리스크에 대한 분석도 종종 있지만 인기가 없다. 이유는 해당 채권의 수량 및 유동성도 적기 때문에 수요층이 제한되어 있는 것이 가장 크다. 하지만 저금리 정착으로 해외채권 시장이 개화되는 이 시기에 향후 글로벌 채권 시장과 글로벌 채권과 글로벌 소버린(국채)과 크레딧(회사채) 시장에 대한 리서치 보고서 수요는 지속적으로 늘어나지 않을까 싶다. 채권 애널리스트를 꿈꾼다면 그곳에 기회가 있지 아닐까?

(답변 2) 주식의 애널리스트의 역할은 다들 알 것이다. 주식의 주가를 거시전망, 업종전망, 개별회사 전망 등을 통해 예측하는 역할이다. 채권 애널리스트도 비슷하다고 할 수 있다. 다만, 분류가 조금 다르다고 할 수 있다. 채권 애널리스트는 크게 시황 애널리스트와 크레딧 애널리스트로 구분할 수 있다. 시황 애널리스트는 국내외 거시 데이터 등을 활용하여 채권시장 전반적인 사항을 예측하는 것이다. 채권은 기준이 되는 국채의 수익률에 따라 스프레드로 수익률이 정해지는데 주로 국채의 수익률을 예측한다. 크레딧 애널리스트는 국채외에 회사채, 금융채, 여전채 등의 채권의 수익률 및 디폴트 가능성을 전망한다. 주식처럼 해당 업종만 분석하는 것이 아니라 크레딧의 전반적인 내용을 다루기 때문에 다양한 업종에 대한 이해가 있어야 한다.

(9) 성격상 영업에 자신이 없는데요, 증권사 취업이 가능할까요?

(답변) 대부분의 영역에서 영업하는 이들은 말을 잘한다. 그래서 영업을 잘하는 성격이란 것은 활발하고 적극적인 성격을 말한다. 하지만 채권은 보통 과묵한 사람이 많다. 금융업계에서 채권처럼 조용하게 영업하는 곳도 없다. 중요한 포인트 몇 개만 서로 얘기하고 거래가 이루어진다.

채권은 장외거래가 많다 보니 상대방의 신용과 상호간의 신뢰라든가 주변의 평판과 장기간 거래에 대한 지속가능성이 중요하다. 채권 투자 담당자들은 일반적 증권업계 투자(주식, 파생상품 등)에 비해 보수적인 편이다. 사람의 마음을 움직이는 것은 오랜 끈기이지 일반적인 개념의 접대나 화려한 언변과 커리어career가 아니다. 그리고 대부분의 거래는 대면보다는 메신저messenger나 전화로 이루어지다 보니 낯을 가리거나 말솜씨가 뛰어나지 않다고 겁먹기 보다는 도전해 보기 바란다.

(10) 채권업무에 있어서는 대형사가 좋은가요, 중소형사라도 전문 업무를 하는 것이 좋은가요?

(답변) 우선 자신이 맡을 업무분야에 따라 미래를 고민해 보아야 한다. 채권쪽에서 가장 많은 숫자를 차지하는 브로커의 경우에 대형사는 영업이 조금 더 용이한 대신에 중소형사는 반대급부로 성과보수율이 높다.

증권회사는 전문화된 분야일수록 계약직이나 중소형사 같이 영업이 불리한 쪽이 성과급을 많이 주기 때문에 보통은 영업 쪽으로 자신의 기반을 확보한 이들은 대형사에서 중소형사로 옮기는 경향이 있다.

그 반대로 중소형사에서 일하다가 대형사에 없는 분야로 특화하거나 대형사의 커다란 조직을 활용해 더 성장하기 위해 옮겨가기도 한다. 영업이 아닌 다른 업무들은 대형사보다는 중소형사에서 실무나 중요한 업무를 맡을 확률이 높다. 예를 들어 운용이라면 대형증권사나 운용사라면 신입때 하던 일을 중간 관리자가 되어도 계속할 확률이 높다.

반면에 중소형사였다면 한 가지 분야만 하기보다는 여러 가지 일을 같이 다루게 되다 보니 다방면의 일을 수행할 수 있게 된다. 채권시장이 폐쇄적인 곳이다 보니 여유인원이 많이 있지 않아서 이렇게 다재다능한 중소형사 출신에 대한 수요가 많은 편이다. 반면 대형사의 운용이나 리테일 채권팀 같은 경우는 큰조직의 자본과 시스템을 활용해서 새로운 시도나 프로젝트를 하며 발전할 수 있다.

이해를 돕기 위해 삼국지에 비유하자면 중소형사에서 일하게 되면 '유비' 밑에서 전투와 내정 등 다양한 일을 해내었던 '제갈공명'이 되는 것이고, 대형사라면 '조조'의 거대한 위나라에서 전쟁만 전담하던 장군들이나 내정에 집중할 수 있던 관료들이라고 볼 수 있겠다. 당신이 위나라의 참모장이 되기 위해서는 곽가 · 사마의 · 순욱 등의 기라성 같은 인재들과 경쟁해야 하는 반면, 유비의 촉나라에서는 제갈공명이 생각대로 촉나라를 움직일 수 있었다.

(11) 채권업무 이후 타 업계로의 이직 가능성이 높은가요?

(답변) 증권업 내에서 애널리스트 다음으로 다양한 분야로 진출할 수 있는 분야가 바로 채권업무 쪽이 아닐까 한다. 채권부 출신들은 다양한 곳으로 진출한다. 첫째가 운용분야이다. 국민연금을 비롯한 연기금/공제회 · 보험사 · 자산운용사와 은행 등 증권사 외의 금융기관에서 자금운용을 맡는 채권운용역들로 진출하기도 한다. 채권업 쪽에 있다가 일반기업의 자금팀이나 재무팀으로 이직하는 경우도 있다. 채권 발행 등에 대한 지식을 기반으로 이직하기도 하는 것이다. 채권 쪽에서 증권사 지점영업으로 나가기도 한다. 채권은 흔히 어렵고 또 알고 있으면 큰 자금을 끌어올 수도 있다고 인식하는 경우가 많아서 채권부 출신들은 지점에서 매우 환대받는 경우가 많다.

(12) 채권업무를 택한 이유는 무엇인가요? 그리고 후배들에게 과감히 추천하나요?

(답변) 채권 자체에 매력을 느꼈기 때문이다. 채권은 정기예금과 같이 고정된 이자를 주는 상품이면서 주식처럼 매매가 가능해서 만기 전에 이자수익과 매매차익을 포함한 수익을 얻을 수도 있다. 만기투자와 트레이딩이 모두 가능한 상

품이다. 또한 주식은 셀 수 없이 다양한 변수에 의해 움직여서 예측하기 어렵다고 한다면, 국고채를 비롯한 채권은 상대적으로 상당부분 거시 경제의 흐름에 따라 가격이 변동된다고 생각했기 때문이다.

물론, 회사채와 같이 크레디트물들은 개별 요인에 의해 크게 변동되기도 한다.

증권사에 입사를 생각하고 있다면 채권 관련 업무를 꼭 해보라고 권하고 싶다. 단지 채권 자체에 대한 영업 · 운용 · 세일즈뿐만 아니라 파생상품의 기초자산이 금리상품인 채권이 되기도 하기 때문에 업무의 범위가 광범위하다. 또한, 자본시장을 이해하고 금융에 대한 전반적인 식견을 기르는 데도 채권시장을 이해하는 것은 큰 도움이 된다.

(13) 채권업무를 통해서도 많은 돈을 벌 수 있나요?

(답변) 채권시장의 금리가 이미 1%대로 내려온 만큼, 채권운용을 통한 수익 창출 여력 역시 많이 낮아져 있다. 이로 인해 채권 세일즈 부서의 수익성도 악화되고 리서치 부서의 규모는 위축될 수밖에 없다. 채권시장의 한파라고 할 수 있다.

사실 국내 경기가 부진하고 금융시장도 어려운 상황에 있는 만큼 금융투자업계의 어느 부서도 요새는 돈을 많이 벌기 힘든 상황이다. 굳이 질문에 대한 답을 하자면, 채권업무에 종사하고 있다면 꾸준히, 그리고 회사 직원들 평균보다는 좀더 여유있게 수입이 들어올 거란 말은 하고 싶다. 여기서 중요한 것은 꾸준한 수입이다. 시장에서의 채권 전문가의 수요는 여전하다. 채권시장에서 엄한 짓을 하지 않는다면 주식 등에 비해 큰 실패를 맛볼 가능성도 상대적으로 작다. 이러한 요소들이 채권 플레이어들의 직업 안정성을 높여 준다고 생각한다.

(14) 채권전문가는 주식이나 다른 분야에 비해 직업 안정성이 높은가요?

(답변) 채권과 주식 분야의 전문가들은 서로 각자의 영역을 깊이 들어가다 보면 같은 분야를 보더라도 관점과 사고방식이 다른 경우가 많다. 개인적으로 주식이나 펀드를 투자할 때 채권 종사자는 현재 숫자로 보여주는 지표들을 먼저 본다.

반면에 주식을 다루는 사람은 현재보다 미래 성장 가능성 등 수치화하기 어려운 가능성 등에 주목한다.

그러다 보니 똑같은 투자를 하더라도 채권 종사자가 주식이나 파생상품 등의 전문가에 비해 상대적으로 더 보수적이고 방어적일 수밖에 없다. 단기로 보면 큰 차이가 없지만 이러한 차이가 장기로 갈수록 직업적 안정성을 높여준 결과를 낳게 되었다. 따라서 사람들의 선입관과는 다르게 채권 분야가 무조건 다른 분야보다 전문적이거나 카르텔이 강해서 안정성이 높은 것이 아니다. 채권 분야이기 때문에 안정성이 높다기 보다는 접근방식이나 경향의 차이가 다른 분야보다 어떤 부분에서는 더 나은 결과를 가져온 것이다. 사족을 달자면 위의 이유로 금융권의 각 운용팀이나 비금융권 재경팀 등에서도 채권관련 출신을 선호하는 편이다.

(15) FICC부서의 FI가 채권으로 알고 있습니다. 그 부서에서는 채권과 통화, 상품 거래를 모두 하나요?

부록

(답변) 당연히 채권뿐만 아니라 외환 및 원자재 상품까지 다루는 것이 맞다. 그러나 현실적으로 채권 이외의 투자대상, 특히 상품(원자재)은 워낙 변동성이 크며 충분한 정보 습득이 어려워서 다루기 힘들고, 결국 상품거래까지 빈번히 하는 회사는 드물다. FX 거래까지는 병행하는 곳이 꽤 많이 있다. 증권사의 FICC부서의 FX거래는 회사 내부의 환전수요를 처리해 주는 플로우 트레이딩을 하거나, 단순한 투기거래나 현-선물의 베이시스트레이딩 등의 프랍 거래를 하곤 한다. 혹은 해외채권투자에 있어 수반되는 환위험을 헤지하는 업무가 진행되기도 한다.

간혹 외환 트레이더를 하고 싶다고 증권사의 문을 두드리는 경우가 있는데, 사실 그걸 목적으로 한다면 은행이 좀더 잘 맞는다고 본다. 증권사는 은행보다 한정된 거래라인과 제한적인 거래규모, 비용이 더 많이 소요되는 구조를 가지고 수익을 내야 하는 부서이기 때문이다. 어쨌든 결론적으로는 현재까지는 FICC부서라고 해도 채권투자를 바탕으로 FX업무가 보조적으로 있다고 할 수 있다. 물론, 장기적으론 FICC부서의 FX업무의 비중이 점점 더 확대될 가능성이 높다.

(16) 채권업무와 관련된 책들을 추천한다면?

(답변 1) 우리나라의 채권 실무에 관한 책은 사실 거의 없다고 볼수 있다. 하지만 채권 이론과 시장 전반적인 내용을 다른 책들은 많은데 이론서 한 권과 시장의 전반적인 내용을 다룬 한권을 추천하겠다. 이론에 대해서는 윤평식 교수가 쓴 "채권의 가치평가와 투자전략"이 가장 잘 되어 있는 책이다. 채권시장 전반적인 내용은 한국거래소에서 출판한 "한국의 채권시장" 최신판을 추천한다.

(답변 2) Liar's Poker, 코스톨라니 투자총서, 보물섬.(금융시장의 어두운 단면을 드러내지만 그래도 읽었으면 한다.)

(17) 지점에서도 채권영업만으로 수익을 많이 낼 수 있나요?

(답변 1) 실제로 리테일 채권 영업만으로도 영업실적 우수사원에 선정된 직원들이 존재한다. 다만, 모든 금융상품 영업이 그렇지만 특히나 채권은 거액단위로 거래를 많이 하기 때문에, 고객(개인, 법인)들을 확보하기 위해서는 신뢰를 얻고 자금을 유치하는 데 오랜시간이 필요하다. 채권 세일즈 고객 기반이 마련되면, 다른 영업직원보다 수익을 더 창출할 수 있는 확실한 채널이 생긴 것이다. 그리고 채권은 연보수나 후취 개념이 없고 매매차익에서 발생하는 선취 수수료가 전부이기 때문에 장기물을 세일즈하는 것이 수익확보에 유리하다. 리테일 채권 세일즈 트랜드는 과거엔 주로 회사채 지역금융기관 세일즈를 통해서 수익을 창출했다면, 최근엔 물가연동국채 · 브라질 국채 · 국고채 장기물 · 신종자본증권/후순위채 등의 장기물들을 개인 자산가들에게 세일즈 해서 수익을 창출하는 형태로 바뀌고 있다.

(답변 2) 사실 지점에서 채권 영업만 하는 사람은 드물다. 만약 개인투자자를 상대로 영업하는 영업직이라면, 포트폴리오 차원에서 국채와 전단채 같은 채권 종류를 함께 영업하기도 한다. 내공이 쌓이면 국채 장기물을 트레이딩하여 높

은 수익을 내기도 한다.

경력이 쌓여서 법인투자자와 고액자산가들을 상대하게되면 채권에 대한 지식과 채권영업능력은 큰 빛을 발한다. 지점에서 100억 단위의 전단채 거래를 하는 차/부장님들도 있다. 또한 초고액자산가들 (자산 100억 이상)을 만나게 된다면, 그들의 금융자산 대부분이 예금이 아닌 채권들로 이루어지고 있다는 것을 알게 될 것이다. 그들 중에는 채권을 모르면 아예 상대하지 않는 사람들도 있으니, 지점의 PB로 꿈을 이루고 싶다면 채권에 대한 공부를 꾸준히 해야 할 것이다!

(답변 3) 더 이상 본사와 지점간의 영업 경계가 존재하지 않는 시대이다. 예전에는 본사의 법인영업 담당부서가 있었고, 지점에서는 개인영업을 주로 담당하여 영업을 하였지만 지금은 그렇지 않다. 지점에서도 대기업이나 중견기업 등의 자금을 적극적으로 위치해서 지점상품으로 승부할 수가 있다. 상품정보들이 공개되고 있기 때문에 각 금융기관별 상품들의 상품성이 크게 차이가 나지 않고, 영업직원도 본인의 영업에 따라 얼마든지 본사부서 영업에 비해 경쟁력을 갖출 수 있다. 실제 지점에서 큰 법인들의 단기자금을 전자단기사채로 매매하는 영업직원의 경우에 주식 수수료 수입으로 영업하는 직원보다 훨씬 더 큰 수익을 내고 있다.

(18) 채권트레이더랑 채권매니저는 다른 건가요?

(답변 1) 다르다. 채권펀드매니저는 펀드의 포트폴리오를 조정하고 특정 채권의 매수와 매도를 지시한다. '반면에 채권 트레이더는 펀드 매니저의 지시를 받아서 해당 펀드의 비중 조정이나 특정 채권의 매수/매도의 업무를 수행한다. 과거에는 매니저와 채권 브로커가 직접적으로 거래하는 경우가 많았지만, 내외부적 규제들로 인해 점차 트레이더의 역할이 중요해지고 있다. 주변을 보면 채권 브로커가 트레이더가 되고 매니저로 성장하는 경우를 자주 보았다. 물론, 처음부터 운용을 하거나 브로커를 하다가 매니저가 되기도 하고, 매니저를 하다가

부록

브로커가 되기도 한다.

(답변 2) 채권 매니저는 실제로 펀드 전체금액의 포트폴리오를 조정하면서 비중을 조정한다. 예를 들어 전체가 100일 때, 국채 70 크레디트 30의 비중을 정하고, 국채 안에서도 2년 통안채는 20%라는 식으로 정한다. 이렇게 종목까지 선정하면 트레이더가 정해진 종목 · 수량으로 시장에서 직접 주문을 내는 것이다. 예전에는 매니저들이 이러한 주문까지 직접 지시하였지만, 최근 규제 강화 등의 이유로 매니저와 트레이더의 역할을 분명하게 구분하는 추세이다. 채권 트레이더도 채권시장에 대한 이해와 시황에 대한 판단이 있어야 한다.

(19) 외국계 IB에서 채권업무를 할 때의 이점이 있다면 무엇인가요?

(답변 1) 외국계 IB에서 채권 관련으로 일하게 되는 경우는 보통 세일즈인 경우가 많다. 가끔 홍콩 쪽에 트레이더로 채용이 되는 경우도 있지만 대다수의 인력이 세일즈로서 일을 하게 된다. 외국계 IB들이 국내증권사 세일즈보다 강점을 가지는 부분은 해외채권 관련 상품들로 발행시장에서부터 참여하여 세일즈까지 이어지기 때문에 상품을 우선적으로 보유하게 되어 유리한 경우가 많다. 그리고 외국계 IB들은 연봉이 국내 세일즈 부서 대비 높은 편이어서 억대 연봉이라고 보면 된다. 그리고 해당 외국계 IB가 국외로 철수하는 경우에도 위로금을 상당 지급하기도 하며 세일즈 시에 영업을 지원하는 법인카드 지원금이 국내사보다 넉넉하다.

(답변 2) 외국계라는 것 자체가 외국에서 인지도가 있는 회사들이 거의 100%이다. 이들 회사는 한국의 채권이나 관련 정보를 자국이나 타국에 있는 지사의 주문을 종합해서 처리할 수 있다. 예를 들어 필자의 채권영업팀은 각국의 중앙은행들과 거래하는데 이들의 투자 규모는 상당히 크다. 한국계 회사인 당사는 실사Due Diligence 등의 규정이 빡빡하게 적용되지만 외국계 IB는 유연한 적용을 받기에 채권 중개및 DCM 쪽에서도 시간이나 기타 네트워크에서 먼저 시작하게 된다.

단점도 있는데 한국에서의 성과와 상관없이 본사에서 철수나 감원 등의 명령을 내릴 수도 있고 몇몇 특화된 분야를 제외하고서는 국내에서의 채권 영업이나 중개 등은 한국계 IB들의 빠른 성장에 어려워 하고 있다. 특히 IT강국 대한민국은 맨투맨 노하우를 무시하고 일률적인 수수료 적용을 강요하다 보니 몇몇 특화된 분야를 제외하면 외국계 IB가 차지하는 파이가 자꾸 작아지는 추세이다.

(20) 엑셀능력은 얼마나 필요한가요?

(답변 1) 잘할 수록 유리하다. 본인은 신입사원 때 선배가 채권이 증권시장에서 거래된 역사가 수백 년도 넘고, 컴퓨터나 전화기가 없던 18세기에도 거래된 기록이 있으니 수기로 계산을 할 줄 알아야 한다고 하였다. 만약 제2의 한국전쟁이 발발하면 한국 전시국채를 팔아야 하지 않겠냐며 신입사원이던 나를 단련시켰다. 덕분에 엑셀을 많이 다루게 되었다. 증권회사 · 은행 · 보험사를 다 보아도 또는 중소형사 및 대형사 나눌 것 없이 채권 쪽은 어렵다는 선입관이 있어서 전산팀 등에서 개발이 더디다.

결국 현업 종사자들이 엑셀로 먼저 체계를 갖춘 후에 전산팀과 협업하여 개발해야 한다. 규모가 증권사보다 작은 운용사의 경우는 거의 모든 운용전략들이 엑셀 모델을 기반으로 한다고 보면 된다. 기본 정보를 얻는 터미널인 CHECK EXPERT나 BLOOMBERG 단말기, 그리고 이에 연동된 강력한 툴을 사용하더라도, 자신만의 노하우가 담긴 모델을 개발하지 않는다면, 경쟁상대나 자동 알고리즘에 따른 컴퓨터 트레이더들에게 밀리고 결국 시장으로부터 도태당해 버린다. 따라서 엑셀은 기본이며, 조금 더 효율적인 처리를 위해 VB(비쥬얼베이직)이나 C++ 등의 프로그래밍 언어를 통해 자신이 원하는 것을 만들 수 있으면 업무가 편리해진다. 최근 FICC등에서는 MATLAB 등을 통해 잡다한 잡무를 빨리 끝내는 것이 추세이다.

사실 이정도 수준은 아니더라도 일하는 데 문제는 없다. 다만, 엑셀은 모든 업무의 효율과 시간단축에 필수적이니 꼭 일정수준은 할 수 있어야 한다. (채권은 ACCESS 등의 데이터 정리 쪽은 잘 쓰지 않는다)

(답변 2) 채권 업무를 함에 있어 엑셀 활용능력이 뛰어나다는 것은 분명 큰 장점이다. 여기서 엑셀 능력은 반드시 매크로나 VBA를 말하는 것은 아니다. 내장 함수만으로도 업무에 필요한 대부분의 모델을 구현할 수 있기 때문이다. 채권 리테일부서에서는 새로운 구조의 채권이 발행될 때 빠르게 투자분석을 수행할 수 있어야 한다. 채권 딜러의 경우에 차익거래 모델링을 엑셀을 이용해 많이 구현하곤 한다. 해외채권투자를 수행할 경우는 환율 변동위험 측정 및 환헤지를 위해 엑셀을 통해 투자분석을 돌려 본다. 이처럼 엑셀에 능하다는 것은 업무상 상당한 이점이 될 수 있다. 입사 전에 엑셀 전문가가 될 필요는 없지만 너무 서툰 것은 좋지 않다.

(21) 인턴으로 경험할 수 있는 업무는?

(답변) 사실 인턴으로 채권 관련부서에 배치되면 시킬 수 있는 분야가 제한적이다. 인턴에게 최소 100억 이상 거래되는 매매와 관련된 일을 시킬 수가 없어서 보통은 리서치 관련 자료 작성이나 수집 등의 작업을 지시한다. 매일 아침 채권시황을 볼 때 보는 지표 · 뉴스 등을 정리하거나, 크레디트채권에 대하여 분석하거나 내부 회의자료 작성을 하기도 한다.

인턴으로 일하는 입장에서 본인이 하는 일에 대해서 실망할 수도 있지만, 본인이 맡은 일을 단순히 지시받은 것 이상으로 고민하여 더 발전된 자료를 결과물로 준다면 짧은 인턴 기간에도 인정받을 수 있을 것이다.

4. 채권관련 사이트

채권투자를 할 때도 다양한 정보가 필요하다. 채권 투자 관련 업무를 하는 사람들의 경우에 전용 단말기를 통해 다양한 자료를 얻고 있지만 부득이한 경우나 일상적인 경우에 특정 사이트에 접속하여 정보를 직접 얻는 경우도 있다.

다양한 사이트가 있지만 이 중 중요하다고 생각되는 몇 개의 사이트에 대하여 자세히 설명하고자 한다. 그 외에는 어떤 정보나 자료를 얻을 수 있는지 제시하여 앞으로 채권 투자하는 데 있어 조금이나마 도움이 되길 바란다.

(1) 어떤 채권을 살 수 있을까?

증권사별로 보유하고 있는 채권들이 각기 달라 특정 증권사에서 취급할 수 있는 채권은 다른 증권사에서 반드시 구할 수 있는 것이 아니다. 이런 점에서 주식하고 차이가 나는데 이는 채권이 주로 장외거래로 이뤄지기 때문이다. www.bondmall.or.kr(소매채권 판매정보집중시스템)에서 증권사별 판매 채권을 확인할 수 있다. 하지만 많은 정보를 포함하고 있지 않기 때문에 주거래 증권사 영업점을 통하여 어떤 채권이 판매되는지를 확인해 보는 것이 좋다.

부록

(2) 무엇보다 발행사가 어떤 곳인지 알아야지!

발행사가 어떤 곳인지를 알기 위해서는 기업신용평가사 홈페이지를 참고하면 도움이 된다. 물론, 일부 자료에 대해서는 유료로 자료를 제공하지만 무료로 제공되는 자료도 충분히 활용 가능하다. 주로 3대 신용평가사가 있으며 한국신용평가 www.kisrating.com, 한국기업평가 www.korearatings.com, 나이스신용평가 www.nicerating.com 이다.

그리고 공모로 발행된 채권의 경우는 발행업무를 한 증권사가 투자 설명서 및 증권신고서를 작성하는데, 이 정보는 금융감독원 전자공시시스템dart.fss.or.kr 에서 확인 가능하다. 그리고 주식 투자에서 많이 활용하겠지만 한국거래소의 기업공시 시스템(kind.krx.co.kr)을 통해서 발행자의 특정 공시 내용을 확인해 보는 것도 채권 투자에 도움이 된다. 여기서 재미있는 점은 기업공시 시스템 홈페이지 주소에 kind (친절한)이 붙어 있다는 점이다. 친절하게 공시를 하겠다는 내용이 아닐까 하는 생각이 든다. 그런데 금감원의 전자공시 시스템에는 Dart가 들어가는데 정확한 정보를 제공하겠다는 의지가 아닐까?

(3) 스마트폰으로도 금융정보를

스마트폰이 보급되면서 업무 외적인 인터넷 사용은 컴퓨터를 통한 접속보다 스마트폰을 통한 사용 빈도가 늘어났다.

스마트폰으로 사용하기 좋은 어플application들이 몇 가지가 있다. 우선 뉴스를 제공하는 어플들이 전반적으로 사용이 편리하다. 국내 매일경제나 한국경제 신문의 어플도 사용하기 좋지만 글로벌 뉴스를 원한다면 CNBC · Bloomberg · Reuters 어플들을 추천한다. 이 세 어플 모두 뉴스뿐만 아니라 시장데이터도 확인할 수 있는 서비스를 제공하고 있어서 유용하다.

유료정보를 제공하기는 하지만 월스트리트저널 · 파이낸셜타임즈 · 이코노미스트 등도 깊이 있는 뉴스를 제공하기 때문에 금융에 관심이 많은 독자라면 하나 정도는 구독하길 권한다. 그 뿐만 아니라 Marketwatch 와 Investing.com 어플도 유용하다. 이 어플들을 무료임에도 불구하고 시장데이터를 실시간으로 제공하며 경제지표 스케줄 및 뉴스나 동향 등 전반적인 정보를 제공하여 현업에 종사하는 담당자들도 많이 사용하는 어플이다.

(4) 보다 전문적인 채권 투자를 위해서는?

투자자 스스로 더 많은 정보를 얻기 위해서는 기초자료에 접근해서 원하는 자료로 가공이 필요하다. 이러한 기초자료를 받을 수 있는 곳을 소개하고자 한다.

우선 국내자료를 위주로 본다면 한국은행(bok.or.kr) 사이트를 먼저 이용해 보도록 하자. 한국은행 사이트에는 한국은행의 정책에 관한 내용뿐만 아니라 국내외 시장 상황에 대한 분석이나 논문 등 훌륭한 자료들을 확인할 수 있다. 그 뿐만 아니라 거시경제 관련한 기초자료 또한 제공하고 있는데 한국은행경제통계시스템ecos.bok.or.kr을 활용하면 된다.

물론, 한국은행 외에도 각국의 중앙은행들은 그 나라의 거시경제와 자료를 한국은행과 마찬가지로 제공하기 때문에 각 국가의 거시경제 정보는 그 나라의 중앙은행 홈페이지에 접속하여 다운로드받으면 된다. 그리고 각국의 내용들을 모아놓은 곳이 IMF(IMF.ORG)이다. 그렇기 때문에 IMF에서 필요한 자료를 먼저 찾아보고 충분하지 않으면 각국의 중앙은행 홈페이지로 가는 것이 효율적이다. 그리고 IMF의 경우도 마찬가지로 논문이나 시장상황에 대한 의견을 발간하기 때문에 참고할 만하다.

그 밖에 참고할만한 사이트

명칭	주소	내용
IMF	www.imf.org	국가별 거시경제 자료 및 내부 리서치 및 뉴스
OECD	www.oecd.org	국가별 거시경제 자료 및 내부 리서치 및 뉴스
Trading economics	www.tradingeconomics.com	국가별 거시경제 자료 및 시장 데이터
국고채통합정보시스템	www.ktbinfo.or.kr	국고채 관련 입찰, 발행, 유통, 통계 등 모든 정보 확인 가능
금융투자협회 채권정보센터	www.kofiabond.or.kr	채권관련 다양한 정보 확인 가능
기획재정부	www.mosf.go.kr	국고채 입찰, 발행, 교환 결과 확인 가능
국세법령정보시스템	www.txsi.hometax.go.kr	대한민국과 외국과의 조세제약 확인 가능
금융감독원 금융감독법규정보시스템	www.law.fss.or.kr	자본시장법, 금융투자업, 증발공 규정 등 확인 가능
증권정보포털SEIBro	www.seibro.or.kr	한국예탁결제원이 제공하는 금융시장 지표현황 자료
금융위원회	www.fsc.go.kr	대한민국 금융정책 및 규정 확인
KEB하나은행	www.keb.co.kr	각국 환율데이터 조회
KOTRA 해외시장정보포텔	www.globalwindow.org	국가별 무역 통계 및 경제상황 관련자료 확인
모네타	www.finance.moneta.co.kr/bestintcat06List.jsp.co.kr.	CMA등 금리 비교 사이트
금융감독원	www.fss.or.kr	각종 민원 신고, 법규정보 등
한국교육학술정보원	www.riss.kr	각종학술논문 검색 사이트
한국경제연구원	www.keri.org	매크로 및 거시정책, 연기금 등 정책방안 조회

용어 해설

( )는 쪽수 번호

Basel Ⅲ (129) "국제결제은행(BIS) 산하 바젤은행감독위원회(BCBS)가 2010년 9월 12일(현지시간) 스위스에서 중앙은행 총재 및 감독기관장 회의를 열고 내놓은 새로운 국제은행자본규제 기준. 현행 은행자본규제였던 바젤 2를 대폭 강화한 것이 특징으로, 2013년 12월부터 국내 은행에 도입됨 (출처: 시사상식z사전, 박문각)"

BEI Spread (288) Break Even Inflation Spread. 국채금리 – 물가연동국채금리를 의미

BLOOMBERG (314) 전세계 금융시장의 뉴스, 데이터, 분석정보 등을 서비스하는 미국 회사. 일반적으로 블룸버그 단말기를 의미

Brokerage (295) 금융상품을 판매하면서 일정 수수료를 수취하는 사업

C++ (314) C언어의 확장판으로 만들어진 프로그램 언어

CAIA (302) Chartered Alternative Investments Analyst. 공인대체투자분석가로 대체투자상품 분야의 국제 자격증

CDS프리미엄 (246) Credit Default Swap Premium. 부도 위험을 사고파는 금융파생상품. 채권의 부도가능성을 헤지하기 위해 해당 위험을 매도하면, 매수하는 투자자는 일정 수수료를 수취하고 위험을 보유

CFA (302) Chartered Financial Analyst. 공인재무분석사로 국제적으로 권위를 인정받는 자격증으로 금융분야에서의 최고의 자격

CFP (302) Certified Finance Planner. FPSB에서 주관하고 한국 FPSB에서 대리하는 국제공인재무설계사를 의미

CHECK EXPERT (314) 코스콤에서 제공하는 종합금융정보 단말기

CLN (152) 신용연계채권. 신용위험방지요소가 결합된 채권을 의미하는데 일반적인 CLN은 채권 매입자의 신용위험 부담을 덜어주기 위해 채권에 신용옵션을 결합시킴. (출처: 시사상식사전, 박문각)

CNBC (317) 미국 경제뉴스 전문 방송

Coupon Rate (64) 표면금리와 동일한 개념

CP (22) 기업에서 금융시장으로부터 단기자금을 조달하기 위해서 발행하는 '기업어음: Commercial Paper'의 약자로 채권과 비슷한 성격을 가지나, 발행 시에 정해진 권종(1억, 5억, 10억, 50억, 100억 등)들이 있어 그 이하로는 분할 양도가 되지 않는 등의 특징을 가짐

CPA (302) Certified Public Accountant. 공인회계사를 의미.

Dart (316) 금융감독원 전자공시시스템 명칭

DCM (303) Debt Capital Market. 자본시장 중에서 채권과 관련된 자본시장을 의미

Dealing (296) 자가자본으로 금융상품을 매매하여 수익을 내는 사업

Due Diligence (313) 일반적으로 투자자보호 목적으로 적용되는 의무사항을 의미

Fed (80) 미국의 중앙은행제도인 연방준비제도(Federal Reserve System) 또는 이들의 의사결정기구인 연방준비제도이사회(Federal Reserve Board)를 의미, 미국의 중앙은행을 통칭할 때 사용. 1년에 8번에 걸쳐 연방공개시장위원회(FOMC)를 열어 미국의 정책금리를 결

정하고, 달러 통화량 조절 등 미국의 통화정책들을 결정

FICC (297, 314) Fixed Income Currency Commodity. 채권, 외환, 원자재 등과 관련된 현물 및 파생상품을 운용하고 세일즈하는 업무 또는 부서를 의미

FRM (302) Financial Risk Manager. 국제재무위험관리사로 미국의 GARP에서 주관하는 국제 자격증

FX (297) Foreign Exchange. 일반적으로 외환 관련한 거래를 의미

High Risk, High Return (270) 모든 투자의 기본 원칙. 높은 수익률을 제시하는 상품은 그만큼 위험을 감수해야 한다는 의미

HTS (258) Home Trading System. 투자자가 주식을 사고팔때 증권사 지점 대신 인터넷이 연결된 컴퓨터에서 가능하게 하는 프로그램

Investing.com (317) 국제시장 데이터 등을 실시간으로 제공하는 해외 사이트

Marketwatch (317) 국제시장 데이터 등을 실시간으로 제공하는 해외 사이트

MATLAB (314) 통계 및 공학용 프로그램

PD 업무 (298) 국채시장에서 국채 인수 등에 대한 권리를 받는 대신 장내시장 조성의무를 수행하는 국채딜러업무를 의미

Reuters (316) 국제시장 데이터 등을 실시간으로 제공하는 해외 사이트

Underwriting (295) 유가증권을 발행하면서 수수료를 수취하는 사업

VB (314) Visual Basic. 윈도우용 프로그램 개발 언어로 엑셀에 연동되어 사용이 편리함.

가산 금리 (85) 특정 수준의 금리에서 추가적으로 더해진 금리. (금리) 스프레드(Spread)라고도 함.

고용안정채권 (248) IMF 위기 때 실직자의 생계 지원자금을 마련하기 위해 발행한 특별채권

공개시장조작운영 (93) 중앙은행이 환매조건부 채권의 매입 또는 매도 등의 방법으로 금융시장에 직접 개입하여 통화량을 조절하는 행위

과세표준 (30) 정부가 세금을 부과함에 있어 기준이 되는 대상 소득

국공채 (22) 정부에서 발행한 국채와 지방자치단체에 의해 발행된 지방채, 그리고 특별법에 따라 설립된 정부산하의 특수법인이 발행한 특수채를 포괄하는 개념

국민주택채권(국채) (181) 정부가 국민주택사업에 필요한 자금을 조달하기 위하여 발행하는 채권. 국채의 일종이며 「국채법」에 따른다. (출처: 시사상식사전)

국제통화기금 (230) 브레튼우즈 협정에 의해 1947년 발족한 국제통화 협력 및 경제성장에 필요한 공동기금을 운영하는 국제기구

글로벌 소버린채 (306) 해외채권 중에서 국채를 의미. 예) 러시아국채, 그리스국채, 프랑스국채 등

금융종합과세 (192) 이자, 배당 등 금융소득이 년 2천만 원 이상인 경우 초과분을 다른 소득과 합산하여 누진세율을 적용하는 과세 방법

금융채무 (232) 채무 중에 은행,저축은행 등 금융기관에 대한 채무

금융투자협회 (183) 한국금융투자협회는 증권사, 자산운용사, 선물거래회사 등 금융시장에서 활동하는 기업들을 대표하는 협회이다. '자본시장과 금융투자업에 관한 법률'에 의해 의무적으로 설치된 금융단체. (출처: 네이버 기관단체사전)

기술적 부도 (236) 상환계획을 이행하는 것과는 관계 없이, 채무자가 채권자와 계약한 상환조건을 충족시키지 못한 경우를 의미

기업공시시스템 (317) 기업의 내용을 일반인에게 알리는 시스템을 의미. 우리나라는 전자공시 시스템이 구축되어 있음

기존관리인유지제도 (232) 회사가 법정관리에 들어갈 경우 기존 회사의 대표자를 관리인으로 선임하는 제도. 기존 경영인들이 경영권을 유지하기 위해 악용하는 사례도 있음

기준금리 (77, 78) 한 국가의 금융시장의 금리 체계에서 기준이 되는 금리로 정책금리라고도 함. 한국의 경우, 중앙은행인 한국은행 안에 설치된 금융통화위원회에서 매달 회의를 통해 결정

기타기본자본 (130) BIS기준 자기자본비율을 계산할 때, 자기자본의 핵심이 되는 자본을 기본자본이라고 하는데 이 기본자본의 조건 위에 추가적으로 기본자본으로 인정되는 자본

내적 요인 (89) 어떤 자산의 가치 또는 지표의 변동의 원인을 그것이 가지고 있는 내부적인 성질에서 찾을 때, 이를 내적 요인에 의한 변동이라고 함.

단기금리 (90) 일반적으로 만기 1년 미만의 금리를 단기금리라고 정의하지만, 채권시장에서는 주로 잔여만기 3개월 내외의 채권 금리를 뜻함.

더티프라이스 (19) 일반적인 채권 가격으로 액면가격에 채권의 가치 변화인 자본차손익만을 더한 클린프라이스에 경과이자가 포함된 가격

듀레이션 (214) 채권의 만기까지 발생하는 현금흐름을 만기수익률로 할인하여 나타낸 값으로 통상 채권에 돈을 투자하며 회수하기 까지 걸리는 기간을 뜻함.

디플레이션 (98) 인플레이션의 반대 개념으로 물가가 지속적으로 하락하는 현상

만기수익률 (60) 매매수익률과 동일한 개념

말킬의(채권) 가격정리 (72) 버튼 고든 말킬 교수가 채권금리와 채권가격 간의 관계를 5가지의 일반 원칙을 통해 정리

매매수익률 (60) 채권 투자로부터 발생하는 현금흐름의 합계액과 현재의 그 채권가격을 일치시키는 할인율을 의미. 만기수익률(YTM) 등으로도 불린다. 채권시장에서 채권거래 시에는 채권의 단가(가격) 대신에 주로 매매수익률을 호가로 하여 거래

모든 상거래 채무 (232) 기업이 동시에 완료된 매출을 제외한 모든 거래 과정에서 생긴 채무를 총칭하는 표현

무기명 채권 (248) 채권 증서상 채권자가 표시되지 않는 채권. 현재는 존재하지 않음.

물가연동계수 (186) 해당 일의 물가지수를 기준일의 물가지수로 나눈 값(물가연동계수가 1보다 크면 기준일보다 해당일의 물가가 상승한 것이다.)

물가연동국채 (31, 185) 물가 변동에 따라 이자와 액면 원금이 변동하는 국채, 매월 발표되는 소비자물가지수의 변동분이 물가연동국채의 액면가격에 반영되고, 약속된 표면금리를 변동된 액면가격에 곱한 이자금액을 약속된 지급주기에 따라 지급

민평가 (14) 민간 채권평가사들(3사 또는 4사)이 평가한 채권의 전일 종가의 평균가격. 3사: KIS채권평가, 나이스P&I, 한국자산평가, 3사에 FN자산평가를 더해서 4사라고 부르기도 함.

발행물 (86) 발행이 예정되어있거나, 막 발행되어 유통되기 시작한 채권

버튼 고든 말킬 (74) 미국의 프린스턴 대학의 경제학 교수이자 유명 작가. 채권의 가격과 수익률 간의 관계를 정리한 '채권 가격 정리'와 저서를 통해 주식시장의 '랜덤워크이론'을 널리 전파

법정관리(기업회생절차) (230) 기업이 채무를 갚기 어려운 상황에서 통합도산법에 근거 법원의 감독아래 지정된 제3자의 경영진을 파견하여 회생가능하면 계속 경영하며, 불가하면 청산 및 강제매각 조치

변제율 (233) 회생신청후 기존의 채권 금액대비 조정받은 채무상환금액의 비율

보상(Risk Premium) (90) 해당 자산을 보유할 때의 안전 자산을 보유할 때에 비해 위험을 감수할 만큼, 이에 대해 투자자들이 요구하는 수준의 보상을 의미

보완자본 (130) 기본자본과 함께 BIS 기준 자기자본비율의 분자인 자기자본을 형성하며, 전형적인 자기자본은 아니지만 자기자본에 포함될 수 있는 정당하고 중요한 성격을 갖고 있다고 인정되는 항목으로 각국의 회계 · 조세제도에 따라 감독 당국의 재량으로 결정하되 BIS 기준에 제시된 일정한 조건을 충족하여야 한다. 우리나라의 경우 재평가적립금, 유가증권평가익, 대손충당금, 부채성자본조달수단, 기한부후순위채무 등이 이에 해당된다. (출처: 한경 경제용어사전)

부채상환 유예 (230) 채무자가 과도한 채무로 인해서 (사업) 자체가 어려워지게 되어, 특정일에 도래하는 만기상환 및 이자지급을 일정기간 뒤로 미루어 주는 것

분리과세 (172) 어떠한 소득을 종합소득과세표준에 합산하지 않고 따로 분리하여 과세하는 것

브래디채권 (237) 1980년대 남미 국가들의 금융위기시 브래디 전 미국 재무부장관이 제시하여 발행한 미국정부가 지급을 보증한 채권

서브프라임 모기지 (97, 256) 서브프라임(subprime)은 프라임(prime=초우량)보다 낮은 등급의 비우량 주택담보대출을 의미. 신용등급이 낮은 저소득층에게 주택자금을 빌려주는 미국의 주택담보대출상품. 프라임, 알트-A, 서브프라임의 순서로 신용등급이 낮아진다. 서브프라임모기지를 유동화한 금융상품으로 인해 글로벌 금융위기가 발생

선급법인세 (30) 법인의 회계연도 중 미리 납부한 법인세

세액공제 (172) 과세소득금액 등에 세율을 적용하여 산출한 세액에서 일정액을 공제하여 실제로 납부할 세액을 산출하는 것. (출처: 회계세무 용어사전)

세전수익률 (30) 세금을 납부하기 전 총 수익을 투자한 원금으로 나누어 계산한 수익률, 개인투자자들이 채권에 투자할 경우 총 수익이 이자소득(과세)과 자본차익(비과세)을 모두 포함하므로 세전수익률로는 채권의 수익성을 가늠하기가 어렵다. 따라서 증권사에서는 개인투자자들에게 채권의 실질 수익성을 안내하기 위해 예금환산수익률을 제시한다.

세후연평균수익률 (63) 채권 투자수익에 대한 세금을 모두 납부한 이후의 총수익을 투자한 원금으로 나누어 계산한 세후수익률을 연 단위로 환산하여 계산한 수익률이다.

스프레드 (16, 85) 가산 금리와 동일한 개념

시가평가 (31) 자산의 시장 가격에 의한 평가. 시장에서의 가치가 반영됨.

시공사 (152) 시행사로부터 발주 받은 공사를 진행하는 회사, 일반적으로 많이 알려진 건설사들을 뜻함.

시장금리 (78) 금융시장, 일반적으로는 채권시장에서 적용되는 채권의 금리로 해당 채권의 시장에서의 가치를 의미 이를 기준으로 매매수익률이 결정됨.

시행사 (152) 부동산 개발사업의 기획, 자금조달, 발주 등 모든 사업 과정을 관리하는 회사

신용 경색 (82) 시중의 자금이 제대로 유통되지 않는 현상으로 시장 참여자들의 채무불이행 위험이 높아졌을 때 발생. 금융위기 상황에서 신용경색 현상이 나타나며, 단기금리가 크게 올라 이자부담이 증가하면서 금융기관과 기업들이 연쇄적으로 도산하기도 함.

신용평가사 (316) 채권을 평가하는 회사 우리나라에는 한국신용평가, 한국기업평가, NICE 가 있음.

실물자산 (98) 부동산, 금 등과 같이 실체가 존재하는 자산으로 가치가 변동하여도 '0'이 되지는 않음.

안전자산 (81) 미래에 수익률이 정해져 있는 자산을 의미. 원리금 상환이 국가에 의해 보장되는 국채가 안전자산에 해당. 다만, 자국민에게 자국의 국채는 안전자산에 해당되지만, 외국의 국채들은 환율변동 위험과 국가부도위험을 내포하므로 위험자산으로 분류

앤캐리 트레이드 투자 (222) 일본의 저금리 기조로 저렴한 비용으로 조달한 금액을 해외의 고금리 상품에 투자하는 방법

양적 완화 (97) 중앙은행이 국채의 직접 매입을 통해 통화를 시중에 직접 공급해 신용경색을 해소하고, 경기를 부양시키는 통화정책으로 2008년 금융위기 이후 위축된 글로벌 경제를 부양하기 위해 Fed에서 시행하면서 널리 알려짐.

연방준비제도이사회 (80) 미국 중앙은행의 의사결정기구이다. 1년에 8번에 걸쳐 연방공개시장위원회(FOMC)를 열어 미국의 정책금리를 결정하고, 달러 통화량 조절을 비롯해 미국의 통화정책을 결정한다.

예금보험공사 (11) 금융기관이 파산 등으로 예금을 지급할 수 없는 경우 예금의 지급을 보장함으로써 예금자를 보호하고 금융제도의 안정성을 유지하기 위한 '예금자보호법'에 의거하여 설립된 공기업

예금환산수익률 (30, 63) 개인투자자가 채권을 투자하여 만기보유 시에 기대되는 세후 수익률을 투자자의 소득세율을 감안하여 역산한 수익률로, 복잡한 채권의 투자수익률을 단순화하여 예금금리와 바로 비교할 수 있도록 하기 위해 제공

예탁결제원 (23) 기관투자자와 개인투자자가 보유한 주식 · 채권 등의 유가증권을 관리하는 기능을 수행하는 국내의 유일한 유가증권 중앙예탁결제기관

와타나베 부인 (196) 오랜 저금리로 일본에서의 투자보다는 저금리로 돈을 조달해 적극적으로 해외투자에 나선 일본 주부들이 투자의 큰 손이 되면서 이들을 지칭하게된 용어

완화적인 통화정책 (98) 기준금리를 인하하거나 금융시장에서 채권을 매입하므로써 시중의 유동성 증가를 유도하는 통화정책

외국통화표시채권 (236) 자국통화외의 해외에서 통용되는 외화로 발행한 채권. 주로 달러화로 발행

외적 요인 (89) 어떤 자산의 가치 또는 지표의 변동의 원인을 그것이 가지고 있는 외부적인 성질에서 찾을 때, 이를 외적 요인에 의한 변동이라고 함.

외환보유고 (242) 국가가 보유하는 대외외화자산의 총합을 의미. 주로 외화채권, 외화예금, 금 등에 투자

워크아웃 (230) 기업구조조정촉진법에 의거 은행 등 채권단 중심으로 채권 채무를 동결시켜주고 대상기업의 정상화를 촉진하는 방안(법정관리에 비해 강제성 낮음.)

원천징수 (172) 특정의 소득지급자는 그 소득을 지급할 때에 지급받는 자가 부담할 세액을 일정한 기간 내에 국가를 대신해 징수하여 국가에 납부하도록 하는 것. (출처: 시사경제용어사전)

위험자산 (81) 미래에 수익률이 정해져 있지 않는 자산을 의미. 주식이나 원자재는 물론이고, 부도 위험을 지니고 있는 회사채 역시 위험자산에 속함.

유동성 (82, 91) 자산이 현금으로 손쉽게 전환될 수 있는 정도. 어떤 자산의 유동성이 높다함은 해당 자산의 보유자가 자산을 팔아 현금화하고자 할 때 손쉽게 이를 실행할 수 있음을 의미

유통물 (86) 이미 발행되어 채권 시장에서 유통되고 있는 채권

유효이자율 (31) 복리를 고려하여 계산된 이자율 만기보유 금융자산으로 분류된 채권의 경우 유효이자율은 일반적으로 매수수익률을 의미

이자소득세 (168) 이자소득에 대한 세금

이중과세 (172) 동일한 과세기간에 동일한 과세대상에 대하여 두 개의 동일 또는 유사한 조세가 부과되는 것 (출처: 두산 백과)

인플레이션 (81) 물가가 지속적으로 상승하는 현상

자국통화표시채권 (236) 발권력 있는 자국의 통화로 발행한 채권으로 일반적으로 외국통화표시 채권보다 상환력이 높음.

자본 차익 (30) 클린프라이스 기준, 채권의 만기상환 혹은 중도상환 시의 가격보다 높을 때의 그 차익분. 반대의 경우 자본차손이라고 함.

자율협약 (230) 채무자 기업이 유동성이나 과도한 채무로 사업위기 있을 경우 채권단에 요청하여 채권자 전원의 동의를 전제로 채권의 내용을 변경하는 협약

장기금리 (90) 국내에서는 1년 이상의 금리를 장기금리라고 정의하기도 하지만, 채권시장과 영미권에서는 일반적으로 만기 10년 이상의 채권금리를 장기금리라고 지칭

장기채권 분리과세제도 (177) 소득세법 제 129조 1항 제3호에 의거하여 발행만기 10년 이상의 채권을 3년 이상 보유한 이후에 발생하는 소득에 대해서는 이자와 할인액에 대해 33%(지방소득세 포함)를 과세하고 종합소득과세표준에 합산하지 않는 분리과세를 선택할 수 있게 함.

장부가평가 (31) 자산의 장부상의 가격. 시장에서의 가치가 제대로 반영되어 있지 않은 경우가 많음.

재할인율정책 (93) 중앙은행이 시중은행이 할인해준 기업어음을 다시 할인해줄 때 적용되는 할인율(재할인율)을 조정함으로써 시중의 통화량을 줄이거나 늘리는 금융정책수단을 통칭하는 말

전단채 (145) 전자단기사채의 줄임

전매제한 (163) 일정기간 동안 타인에게 상속 이외의 방법으로 매매 · 증여 및 그 밖의 권리 변동을 수반하는 일체의 행위를 제한하는 것

전자공시시스템 (317) 상장법인 등이 공시서류를 인터넷으로 제출하면 투자자 등 이용자는 제출 즉시 인터넷을 통해 조회할 수 있도록 하는 종합적 기업공시 시스템

전자단기사채 (22) 종이로 된 실물없이 '전자' 방식으로 발행 및 유통되는 만기 1년 미만의 단기금융상품으로, 기존의 단기금융시장에 대부분을 차지하던 기업어음(CP)이 가진 단점들을 보완하기 위해 2013년 1월에 도입

정량적 · 정성적 방법 (36) 정량적 방법: 재무비율과 같이 수치화할 수 있는 지표들을 기준으로 점수를 매겨 해당 채권의 등급을 부여하는 방식, 정성적 방법: 정부, 계열사의 지원 가능성 등의 수치화할 수 없는 요소들을 감안하여 채권의 등급을 부여하는 방식

제로쿠폰 (110) 표면금리가 0%, 즉 채권을 보유하고 있는 동안에 발생하는 이자수익이 전혀 없음을 의미

조달금리 (244) 금융기관 내부의 기준금리를 의미. 증권사의 경우 Call금리, RP금리 등을 이용

종합소득과세 (172) 법이 정하는 기간 내에 각자에게 귀속된 일체의 소득을 종합하여 그 소득금액을 하나의 과세표준으로하여 소득세를 과세하는 방법. (출처: 회계세무 용어사전)

준조세 (114) 경제주체가 세금 외에 부담하는 각종 공과금이나 정부에 의해 의도된 손해가 세금(조세)처럼 해석될 수 있는 경우에 이를 '준조세'라고 함.

지급준비율정책 (93) 중앙은행이 시중의 통화량을 원하는 방향으로 유도하기 위하여 시중은행에 지급준비제도에 의해 강제되는 지급준비금의 비율을 조정하는 정책

지방도시공사 (183) 지역의 발전과 시/도민의 삶의 질을 향상시키기 위한 목적으로 지방공기업법에 의거하여 지방자치단체에서 전액 출자하여 설립된 공기업. 지방자치단체와는 달리 '지방정부에서 출자한 기업'에 속하므로 부도위험을 가짐.

지불유예(Moratorium) (236) 국가 등의 기관이 채무에 대해서 상환을 연기하는 것

지역개발채권(지방채) (188) 서울을 제외한 지방자치단체가 지방재정법에 근거하여 해당지역의 교통, 교육, 수도사업 등에 필요한 재원을 조달하기 위해 발행하는 채권. (출처: 매일경제 용어사전)

지표물 (85) 국채 지표물이란 특정한 만기에서

가장 최근에 발행된 국채들. 이들은 채권시장에서 각 만기별 시장금리의 '기준'이 됨.

채무불이행 (90) 채권의 발행자가 이자나 원리금을 최초의 발행조건대로 상환하지 못하는 상황을 의미. 디폴트(Default)라고도 함.

채무재조정 (238) 채무자의 채권변제 능력이 떨어져서 대출자에게 지급하기로 한 채무를 조정하는 것. 만기연장, 채무면제, 금리인하, 출자전환 등의 방법이 있음.

청산 (230) 채권을 갚을 능력이 없고 사업이익을 기대할 수 없을 경우 사업체를 해산시키고, 모든 자산을 처분해 채무관계에 따라 잉여금을 분배하고 종결시키는 행위

출자전환 (230) 채무자의 채무가 과도하여 부채를 채무기업의 자본인 주식으로 전환시켜 채권액을 줄여주는 방법

캐시카우(Cash Cow) (105) 지속적으로 이익을 발생시켜 기업으로 현금이 들어오게하는 상품 또는 사업을 의미

크레딧 애널리스트 (306) 국채외 회사채, 여전채, 은행채 등의 채권에 대한 의견을 내는 애널리스트

크레딧스프레드 (81) Credit Spread, 채무불이행 위험을 갖는 회사채와 동일한 잔여만기를 가진 안전자산인 국고채와의 금리 차이를 의미. 회사채의 등급, 잔여만기, 개별 회사채의 유동성 등 기타 위험에 따라서 크레딧 스프레드의 정도(크고 작음)가 결정됨.

클린프라이스 (19) 일반적인 채권 가격으로 액면가격에 채권의 가치 변화인 자본차손익만을 더한 가격다. 즉, 더티프라이스에서 경과이자분을 제거한 채권의 실질 가격

통안채 (183) 통화안정증권의 약자. 한국은행에서 시중의 통화량을 조절하기 위해 통화안정증권법에 의거하여 발행하는 금융채

통화정책 (80, 99) 한 나라에서 화폐(법정화폐 및 본원통화)의 독점적 발행권을 지닌 중앙은행이 경제 내에 유통되는 화폐(통화, 본원통화 및 파생통화)의 양이나 가격(금리)에 영향을 미치고 이를 통해 화폐의 가치, 즉 물가를 안정시키고 지속가능한 경제성장을 이루어 나가려는 일련의 정책. (출처: 한국은행 홈페이지)

파산 (230) 발행한 채권을 갚을 능력이 없어서 채무자가 파산시점을 기준으로 모든 채권자들에게 채권비율대로 변제하는 절차

표면금리 (59) 채권의 액면가액에 대한 연간 이자지급률. 쿠폰금리, 표면이자율도 같은 의미

표준투자권유준칙 (183) "개인투자자가 금융투자상품에 가입하기 전 금융상품판매사는 개인투자자로부터 투자경험, 재산상황 등에 대한 정보를 제공받은 뒤 투자자의 투자성향에 적합한 상품을 권유해야 한다. 표준투자권유준칙은 이를 포함한 금융투자사들의 판매절차 등을 규정한 것이다. (출처: 한경 경제용어사전)"

한국은행 (78) 한국은행법을 근거로 하여 설립된 한국의 중앙은행이다. 화폐를 발행하고 유통시키며, 기준금리의 조정, 공개시장조작 등 통화정책을 통해 시중의 통화량을 조절하고 물가를 관리한다. 그 외 외환보유액 관리, 지급결제업무, 국제협력업무, 조사통계업무 등 한국 경제에 있어 매우 중요한 역할들을 맡고 있다.

현금변제 (233) 채권자에게 채무를 재조정 받을 때 채무의 일정부분을 현금상환계획에 따라 채무자가 채권자에게 현금을 지급하는 방법

호가제공 의무 (298) 장내 시장에서 매수/매도 양방향 호가를 제시하여 유동성을 제고하는 의무

환매조건부증권 (78) 금융기관이 일정기간 후에 다시 사는 조건으로 발행한 채권. 중앙은행이 시중은행을 통해 이 증권을 매도 또는 매입하며 시중의 통화량을 조절.

환헤지 (198) 환율이 오르거나 내리면서 이익이나 손실이 날 변동 가능성을 환선물이나 기타 방법으로 없애는 행위

참고 자료

- 금융감독원
- 기획재정부
- 미래에셋 은퇴연구소
- 미래에셋증권
- 보건복지부
- 국민연금재정추계위원회
- 통계청
- 한국거래소
- 한국기업평가
- 한국은행
- Bloomberg
- Fitch
- KOSCOM
- LH공사
- Moody's
- NICE신용평가
- S&P

- Ministry of finance, Goskomstat, and internal IMF report
- 오마이뉴스 "조세정의에 정면도전하는 묻지마 채권" (장현근 기자, 2003.01.15)
- 한국경제 "98년 발행 비실명 묻지마 채권" 만기상환율 36% 그쳐 (박민하 기자, 2003.06.29)
- 연합뉴스 "묻지마채권"미상환 잔액 6천억원 대 (경수현 기자, 2004.10.11)
- "라이어스 포커" (마이클 루이스 저, 정명수 역, 2006.09.04)
- 위키피디아(www.wikipedia.org)

채권투자의 비밀 [개정3판]

2016년 11월 25일 초판 발행
2017년 4월 20일 개정판 발행
2019년 9월 1일 개정3판 발행

저 자 손진홍 · 박성규 · 양철욱
장동혁 · 조경신 · 최성욱

발행인 주 병 오 · 주 민 기

발행처 ㈜지구문화
JIGU CULTURE Co.Ltd

경기도 파주시 회동길 209
파주출판문화도시

마케팅부 (031) 955-7566 · 7577
편집부 (031) 955-7731
FAX (031) 955-7730

독자의견 전화 (031) 955-7577
홈페이지 www.ji-gu.co.kr
이메일 profjangchoon@hanmail.net
등록번호 1979년 7월 13일 제 9-57호

ISBN 978-89-7006-795-7

8
5
3
+/-
2
4
1
0
C
401
4 240
1 852
110
75 262
63
455
3 494
138
95 153
429
3 054
135
93 293
720
12 251
338
542
46
9 570
316
-8997
2000

Pitcairn
14 926
15 214
Poland
Portugal
28 388
33 661
Puerto Ric
165 021
180 495